U0900659

权威·前沿·原创

皮书系列为

“十二五”“十三五”国家重点图书出版规划项目

进博会蓝皮书
BLUE BOOK OF
CHINA INTERNATIONAL IMPORT EXPO

中国国际进口博览会发展研究报告（No.3）

DEVELOPMENT RESEARCH REPORT OF CHINA INTERNATIONAL IMPORT EXPO (No.3)

上海研究院项目组　研创

社会科学文献出版社
SOCIAL SCIENCES ACADEMIC PRESS (CHINA)

图书在版编目(CIP)数据

中国国际进口博览会发展研究报告 . NO. 3/上海研究院项目组研创 . -- 北京：社会科学文献出版社，2021. 10

（进博会蓝皮书）

ISBN 978 - 7 - 5201 - 9000 - 8

Ⅰ. ①中… Ⅱ. ①上… Ⅲ. ①国际贸易 - 进口贸易 - 博览会 - 研究报告 - 中国 Ⅳ. ①F752. 61 - 282

中国版本图书馆 CIP 数据核字（2021）第 184219 号

进博会蓝皮书

中国国际进口博览会发展研究报告（No. 3）

研　　创 / 上海研究院项目组

出 版 人 / 王利民
责任编辑 / 杨桂凤
责任印制 / 王京美

出　　版 / 社会科学文献出版社 · 群学出版分社（010）59366453
地址：北京市北三环中路甲 29 号院华龙大厦　邮编：100029
网址：www. ssap. com. cn
发　　行 / 市场营销中心（010）59367081　59367083
印　　装 / 天津千鹤文化传播有限公司

规　　格 / 开 本：787mm × 1092mm　1/16
印 张：15. 25　字 数：228 千字
版　　次 / 2021 年 10 月第 1 版　2021 年 10 月第 1 次印刷
书　　号 / ISBN 978 - 7 - 5201 - 9000 - 8
定　　价 / 138. 00 元

本书如有印装质量问题，请与读者服务中心（010 - 59367028）联系

版权所有 翻印必究

进博会蓝皮书编委会

主　　任　李培林

副 主 任　李友梅　张国华　周国平

编委会成员　赵克斌　姚枝仲　夏杰长　张恒龙

主　　编　李友梅

副 主 编　周国平　赵克斌

课题组成员　（按姓氏拼音排序）

何树全　李　萌　潘红虹　盛智明　王春雷

王玉柱　杨　涤　禹钟华　张　娟

主父海英

主要编撰者简介

主　编

李友梅　法国巴黎政治研究院社会学博士，中国社会学会原会长；现任上海大学教授、中国社会科学院－上海市人民政府上海研究院第一副院长、上海市重点智库基层治理创新研究中心首席研究员、费孝通学术思想研究中心主任、《社会》杂志主编、*Chinese Journal of Sociology*（*CJS*）编委会主任。担任上海市人民政府决策咨询专家（2008 年至今）、上海市委决策咨询委员会委员（2010 年至今）；曾获教育部“第二届高校青年教师奖”和“法兰西金棕榈骑士勋章”。主要研究领域为组织社会学、现代复杂社会的人类合作机制、社会转型与社会治理。2005 年以来，先后主持国家社会科学基金重大招标项目 3 项（“新时期社会协调机制建设问题研究”“当代中国转型社会学理论范式创新研究”“新时代社会心态研究”）、教育部重大攻关课题 1 项（“新时期加强社会组织建设研究”）；获教育部高等学校科研优秀成果一等奖 1 项、上海市哲学社会科学优秀成果奖一等奖 3 项。在《中国社会科学》《社会学研究》等重要刊物上发表学术论文 10 多篇；出版专著《组织社会学与决策分析》，合著《社会的生产》《中国社会生活的变迁》《中国社会治理转型（1978～2018）》《解码社会建设的思想逻辑》等。

副主编

周国平　中央党校研究生学历，研究员，上海市人民政府发展研究中心党组成员、副主任，一级巡视员，中国社会科学院－上海市人民政府上海研究院副院长，《科学发展》杂志执行副主编，上海社科院国家高端智库资深专家组特聘专家；多次荣获中国发展研究奖和上海市决策咨询研究奖。主要研究成果：《关于世博会与上海新一轮发展战略研究》、《河北省发展战略研究》、《献策世博——从申博到办博》、《上海“十二五”总体发展思路研究》、《未来30年乌鲁木齐发展战略研究》、《卓越的全球城市——不确定未来中的战略与治理》（合著）及《上海“十四五”发展若干重大问题研究》。

赵克斌　中国社会科学院科研局副局长，中国社会科学院－上海市人民政府上海研究院常务副院长，兼任中国社会科学院国情调查与大数据研究中心秘书长等职；曾参与中国社会科学院“百县市经济社会调查”“当代中国城市家庭”“企业保障社会化”“中俄社会变迁比较研究”“中国与中东欧国家的社会变迁比较研究”等重点课题研究。

摘　要

第三届中国国际进口博览会（以下简称进博会）是在疫情防控常态化背景下举办的一场重要的国际经贸盛会。进博会持续放大溢出带动效应，为世界经济复苏注入了动力、带来了活力，受到国际社会的广泛关注和普遍赞誉。

中国社会科学院－上海市人民政府上海研究院（以下简称上海研究院）是由中国社会科学院和上海市人民政府共同创建并在创新探索中不断发展的新型智库。从首届进博会在上海举办开始，上海研究院就组织了一批专家，对进博会进行全方位的和系统深入的研究。本部蓝皮书是第三本，以“进博会与‘双循环’新发展格局”为主题展开研究。

总报告强调在“双循环”新发展格局下，需要发挥进博会所带来的经济增长和区域协同溢出效应，为长三角地区高质量发展提供新动力，以长三角地区“小循环”促进国内“大循环”，进而推动国内国际双循环相互促进新发展格局的构建。发挥进博会贸易创造的衍生功能，推动投资双向流动，实现两个市场、两种资源的互动发展。以国际产能合作和国内企业“走出去”为动力，助推共建“一带一路”国家和地区的产业发展，进一步增强我国本土企业跨国运营能力，扩大国际影响。

分报告研究了如何抓住进博会带来的潜在机遇，促进中国与欧洲、共建“一带一路”国家产业链、供应链合作，促进长三角产业链、供应链发展，促进内需扩大、实现消费升级的路径；探讨了上海利用进博会贸易促进金融发展，在临港新片区进行离岸制度创新，提升上海国际金融中心能级及打造国际会展之都、促进贸易数字化的可能性并提出了对策建议；此外，还对进博会如何促进文化、旅游发展等进行了前瞻性探讨。

本部蓝皮书由来自上海研究院及全国多家高校、科研机构与智库的专家学者合力撰写而成。他们对进博会进行了高站位、多视角、多领域的研究与解读，提出了很多有启发、有见地的观点和对策建议，可供学术界、政府部门与企业等参考。

关键词： 进博会　溢出带动效应　新发展格局

目 录

Ⅰ 总报告

Ⅱ 分报告

皮书数据库阅读使用指南

总 报 告

General Report

B.1

"双循环"新发展格局与进博会的未来使命

周国平　张鹏飞*

摘　要：中国国际进口博览会（以下简称进博会）是新时代我国进一步扩大对外开放的一项重大举措。在新冠肺炎疫情在全球蔓延的特殊时期，第三届进博会被赋予了新使命，成为构建国内国际双循环相互促进的新发展格局的重要窗口和纽带。第三届进博会的成功举办，为构建"双循环"新发展格局提供了重要平台。未来需要进一步放大进博会的溢出带动效应，发挥进博会的平台和纽带作用，加强进博会与构建新发展格局、长三角一体化发展战略和"一带一路"倡议的联动，助力构建新发展格局，推动我国经济实现高质量发展。

* 周国平，研究员，现任上海市人民政府发展研究中心副主任、党组成员、一级巡视员，中国社会科学院－上海市人民政府上海研究院副院长；主要研究领域为宏观经济、区域经济。张鹏飞，上海社会科学院世界经济研究所助理研究员，研究方向为数字经济。

关键词： 进博会 “双循环” 新发展格局

进博会是新时代我国以进口为主题、主动向世界开放市场的一项重大举措。作为世界上第一个以进口为主题的国家级博览会，前两届进博会的成功举办使其溢出带动效应得以不断放大，为世界创造了更多互利共赢的机会。第三届进博会是在新冠肺炎疫情全球蔓延的背景下举办的重要展会，展会按照“越办越好”的总要求，延续了“新时代，共享未来”的主题，实现了“安全、精彩、富有成效”的预期目标，成为中国构建国内国际双循环相互促进的新发展格局、助益全球经济复苏的重要窗口，促进了国内国际两个市场、两种资源的深度融合互动，凸显了我国国内大市场对全球经济增长的重要意义。

一 进博会成为新冠肺炎疫情背景下推进更高水平对外开放的重要平台

2020 年 11 月 5 日，第三届进博会在国家会展中心（上海）开幕。国家主席习近平以视频方式在开幕式上发表主旨演讲，强调中国将坚定不移地全面扩大开放，愿同世界分享市场机遇，让中国成为世界的市场、共享的市场、大家的市场，推动世界经济复苏，并宣布中国全面扩大开放新举措。[①] 相比前两届进博会，第三届进博会是在新冠肺炎疫情防控常态化背景下，中国举办的一场规模最大、参展国别最多、线上线下相结合的国际经贸盛会，参展企业 2600 多家，其中世界 500 强和行业龙头企业 274 家（首次参展企业近 50 家）；展览面积近 36 万平方米，比上届扩大近 3 万平方米；按一年计，累计意向成交 726.2 亿美元（见图 1），比上届增长 2.1%，创历史新

① 《习近平在第三届中国国际进口博览会开幕式上的主旨演讲（全文）》，http：//www.gov.cn/xinwen/2020－11/04/content_5557392.htm，2020 年 11 月 4 日。

高；近40万专业观众到会采购，累计进场65万人次。展会期间，各类大型贸易对接会共吸引了674家展商、1351家采购商参会，达成合作意向861项，实现了安全、精彩、富有成效的预期目标。①

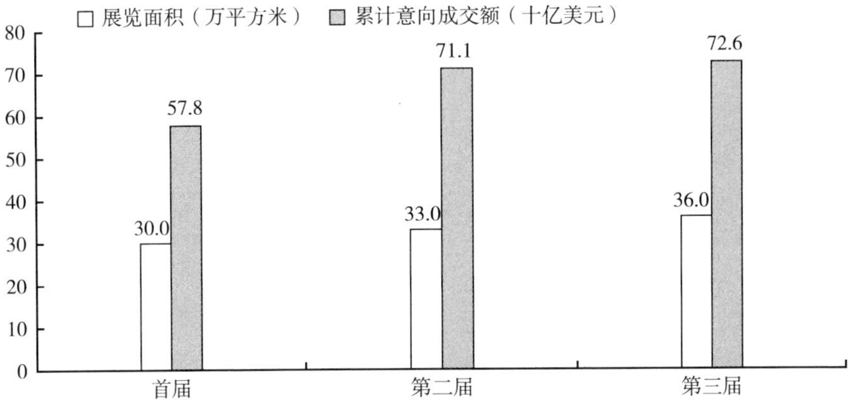

图1　三届进博会展览面积和累计意向成交额

资料来源：《关键数字读懂首届进口博览会成果》，http://www.xinhuanet.com/world/2018-11/10/c_1123694508.htm，2018年11月10日；《第二届中国国际进口博览会闭幕：再续精彩 成果丰硕》，https://baijiahao.baidu.com/s?id=1649820421601213997&wfr=spider&for=pc，2019年11月10日；《参展商盛赞：第三届进博会取得丰硕成果》，https://baijiahao.baidu.com/s?id=1682978127935491228&wfr=spider&for=pc，2020年11月10日。

第三届进博会是在前两届进博会基础上，通过进一步推动展品变商品、展商变投资商，强化四大平台功能，持续放大溢出带动效应，为世界经济复苏注入动力，得到国际社会的广泛关注和普遍赞誉。第三届进博会主要有以下八大亮点。

一是首发首展新品400多项。在第三届进博会上，参展的新技术、新产品和新服务达到411项，比上届增加20项。在"拥抱进博、引领潮流"新品集中发布周上，开展了逾100场新品发布活动，集中首发新品240余款。②

---

① 《数读〈第三届进博会传播影响力报告〉：最热话题、最亮展品、最火展区……》，https://mp.weixin.qq.com/s/5lZH5fzFYyIM3XsYT_F5qQ，2021年1月29日。

② 《2020"首发经济引领性本土品牌"新品集中发布周启动100余场　新品发布密集举行》，https://baijiahao.baidu.com/s?id=1681977688340968692&wfr=spider&for=pc，2020年10月30日。

42 家国际知名参展企业发布 90 多项新产品和新服务，均为“全球首发”“亚洲首秀”“中国首展”，其中“全球首发”占比最高。[①] 同时，在“首展”名单中，很多展品［如技术装备区欧姆龙（中国）有限公司的“亚洲首秀”产品——第六代 Forpheus 乒乓球教练机器人、雅诗兰黛集团的“全球首发”美妆黑科技——专家级肌肤诊断仪等］和技术服务的研发团队、生产过程和服务目标等都和中国联系密切。

二是首设公共卫生防疫区。在新冠肺炎疫情背景下，医疗器械及医药保健展区成为整个展会最火爆、最具科技含量的展区之一，整个展区有 300 多家参展企业，其中 70 多家是世界 500 强和行业龙头企业，展览面积也从最初规划的 2000 平方米，增加到 1.2 万平方米。在展览内容上，可谓丰富多样，从 N95 口罩到医用防护服、从呼吸机到新一代人工心肺机、从最新的核酸检测设备到发热门诊综合解决方案、从抗病毒药物到处于临床试验阶段的新冠疫苗等。其中来自美敦力的世界最小的心脏起搏器成为第三届进博会上的“网红”。在新冠疫苗研发上，尽管没有展示具体实物，但是阿斯利康、默沙东、复星医药等企业都公布了最新的研发进展。

三是全面展示“数智化”生产生活场景。第三届进博会几乎所有展区都展示了数化技术、智能化应用，如技术装备区展示的飞利浦应用 5G + 8K 技术的电视、消费品展区展示的舒达 iComfort 智能睡眠系统等。此外，还首设智慧出行专区，集中展示整车及零部件企业在自动驾驶、智能网联、智慧座舱、车路协同、控制系统、核心传感器等新技术领域的探索和尝试。服务贸易展区汇集了金融、物流、咨询、检验检测、文化旅游五大板块的全球顶尖企业，全面展示了智慧服务赋能全产业链的图景。正如新华社报道所描述的“更加‘聪明’的机器、更加‘接地气’的场景，让观众清晰地感觉到，‘数智化’生产生活正在加速朝我们走来”[②]。

---

① 《“首发”“首展”齐聚进博会，展品注入中国基因》，https://baijiahao.baidu.com/s?id=1683257018128198931&wfr=spider&for=pc，2020 年 11 月 13 日。

② 《“数智化”生产生活奔涌而来》，https://www.sohu.com/a/431006292_255783，2020 年 11 月 11 日。

四是创新“云”办展参展模式。与前两届相比，第三届进博会更加注重线上线下相互融合，积极探索与疫情防控要求相适应的“云”办展参展模式，推出“云招商”“云签约”“云展台”“云逛展”，实现“非接触、无时差、零距离”，打响“线上进博会”新品牌；5G 网络实现全覆盖，推出 5G + VR 直播、5G + 大数据等，助力打造智慧展会。

五是新增展品进境便利化等举措。根据海关总署印发的《2020 年第三届中国国际进口博览会海关通关须知》和《海关支持 2020 年第三届中国国际进口博览会便利措施》，前两届进博会的一些支持举措（如派员入驻现场提供咨询服务、授权行政审批方便企业就近办理、延长 ATA 单证册有效期、允许展品在展后结转到特殊监管区、支持保税展示交易常态化等）在第三届进博会继续有效，展期内销售的进口展品免“三税”、对婴幼儿配方乳粉实施 6 天临时许可等 13 项政策转化为制度性安排。同时，又新增允许展品展后转入特殊监管区开展跨境电商业务、参展的进口化妆品优先办理备案审批等 6 项便利措施，进博会 CCC 免办便捷通道、特殊食品临时许可证延长使用时间等创新政策效果明显，展品入境实现通关“无纸化”、作业“零等待”，便利化水平不断提升。

六是进一步放大溢出带动效应，拓展投资合作新空间。第三届进博会期间，组织开展投资促进活动 46 场，推出 50 条特色投资线路，推动乐高乐园、雅诗兰黛全球研发中心、阿斯利康全球研发中心等一批高能级项目落地。构建贸易集散新平台，累计搭建 56 家“6 天 + 365 天”常年展示交易平台，共引入 1390 家进博会展商的近 18 万种（件）展品，部分平台已在全国设立分中心，建立起覆盖全国的进博商品集散网络。

七是精准抓好疫情防控工作。在全球抗击疫情的特殊背景下，充分做好疫情防控预案，形成“1 + 23 + 6 + 13”进博会疫情防控体系（1 个防控总体方案、23 个专项方案、6 个疫情处置预案和流程、13 个技术指引和操作手册），加大精准防控力度。围绕“人、物、馆”3 个重点，实施全员核酸检测、全程佩戴口罩等制度，对进口冷链食品实施“分批进库、统一进馆、全程控制”管理模式，强化场馆全面消杀工作，增加防疫标识 5.5 万个，现场设置医疗点、临时观察处置点；组建疫情防控处置队伍。展会期间，没有发生一例与进博会相关的疫情病例。

八是细化展会服务。在做好常态化疫情防控的前提下，确保展会各环节高效运转，切实提高参展客商的体验度和感受度。创新“固定餐饮 + 临时供餐 + 流动餐车”供餐新模式，累计服务 33 万多人次。打造全新智能监控平台，对场馆食品安全等进行智慧监管，开展综合巡查；发布 1151 家接待酒店名单，客房供应充足、价格平稳、服务优化；深化志愿服务行动，42 个窗口服务行业、4844 名“小叶子”志愿者、600 个城市志愿者服务站和 220 支志愿服务队伍零距离服务中外宾客；开通进博法律服务专线，提供 7 ×24 小时服务；采取一体化安检、智能化测温等措施，实现“无感入馆”，得到参展客商的高度评价。①

二　进博会是构建国内国际双循环相互促进的新发展格局的重要窗口和纽带

“双循环”新发展格局是以习近平同志为核心的党中央在全面统筹国内国际两个大局基础上做出的战略部署和科学决策，强调要形成以国内大循环为主体、国内国际双循环相互促进的新发展格局。进博会作为世界上第一个以进口为主题的国家级博览会，通过发挥中国超大规模国内市场优势和内需潜力，吸引了数量众多的世界一流企业、一流产品、一流服务和一流文化，成为国内大循环和国际大循环的汇集点与链接纽带，促进“双循环”新发展格局的形成。

（一）有力促进了国内国际双循环战略链接

进博会的举办标志着中国经济发展模式从出口拉动转向消费拉动。以进

① 《第三届进博会将呈现七个方面特色和亮点》，https://baijiahao.baidu.com/s?id=1681980797401658843&wfr=spider&for=pc，2020 年 10 月 30 日。

博会为重要平台扩大进口对中国形成新发展格局意义重大。进口是促进国内国际双循环的战略纽带，积极扩大进口可以把国内大循环和国际大循环有机链接起来，有利于提升国内生产质量、提高生产效率，有利于通过进口国内生产和消费急需的要素与产品来服务国内市场和生产，有利于通过增加高质量产品的供给，满足国内消费升级的需求。[①] 进博会的运作模式，是通过扩大进口，把全球顶尖消费品、服务引进中国，促进国内消费结构转型升级，同时为世界经济发展提供新的市场空间，带动全球经济复苏。国内国际两大市场以进博会为纽带，相互促进，共同发展。从这个意义上讲，进博会是中国在更大范围、更宽领域、更深层次构建新发展格局的一个缩影。进博会作为一个全球共享的公共产品，主要通过国际采购平台、投资促进平台、人文交流平台、开放合作平台来联通国内大循环和国际大循环，正如西门子大中华区总裁兼首席执行官赫尔曼在接受人民网记者采访时所说：“进博会为各国企业分享中国机遇、参与中国发展搭建了重要平台。”[②]

作为国际采购平台，进博会主要通过发挥进口商品集散功能、进口平台辐射功能、进口资源配置功能，构建了一个“买全球、卖全球、惠全球”的网络体系。作为投资促进平台，进博会主要通过举办多场投资贸易洽谈会，并精心准备多条投资考察路线和多场投资促进活动，加大对境外创新主体的引资力度，拓展与国际创新企业的合作深度，加快国际高端品牌的导入速度。作为人文交流平台，进博会是会客厅，以品牌文化、文化资源、文化创新为主要合作内容，让各国文化在充满现代魅力的上海碰撞交流。作为开放合作平台，进博会汇集了大量的全球前沿产品、技术和服务，以此为基础，在把国外企业“引进来”的同时，又促进国内企业“走出去”，形成多

① 《想“进宝”了吗?》，https：//baijiahao. baidu. com/s? id = 1674881402347877728&wfr = spider&for = pc，2020 年 8 月 13 日。

② 《专访：“国际合作是战胜疫情的唯一途径”——访西门子大中华区总裁兼首席执行官赫尔曼》，https：//baijiahao. baidu. com/s? id = 1669532030915611683&wfr = spider&for = pc，2020 年 6 月 5 日。

元合作模式。比如韩国化妆品公司爱茉莉太平洋已是第三次参加进博会，为了畅通本地循环机制，已经在上海建立了集生产、研发、物流于一体的工厂，本地人才比例已达到94.5%。

（二）固链、补链、强链，畅通国内大循环

进博会参展企业以世界500强及行业龙头企业为主，大量的新产品、新技术、新服务创造了“新供给”，为我国企业升级供应链等提供了必要的、高附加值的技术装备和配套服务，有助于我国企业固链、补链、强链。此外，为了减轻疫情的影响，部分跨国企业还把研发中心放在国内，如雅诗兰黛集团宣布在上海建立研发中心，这种示范带动效应和创新溢出效应，将会对我国企业的技术创新和城市能级的提升产生持久的影响，增强我国产业链治理能力，畅通国内大循环，具体表现在以下四个方面。

第一，创造“新供给”。进博会上，新产品、新技术、新理念纷纷亮相，提高了供给体系与国内需求的匹配度，形成需求牵引供给、供给创造需求的更高水平的动态平衡，成为产业升级的发动机和推进器。第二，带来“新视野”，大量国际尖端技术、高端装备进入国内市场，让国内企业不出国门就可以饱览全球前沿科技，打开了国内企业的国际视野，使他们认识到差距，并通过不断创新、补短板，持续推动中国产业升级。第三，集聚“新产业”，众多首发新品，展示了大量未来的新兴产业，为我国大量中小企业引进新技术和未来转型发展指明了方向。通过进博会提供的合作机会，中小企业能够有的放矢地拓展业务范围，为将来做大做强打好基础。第四，引入“新竞争”，进博会带来的大量最终消费品订单，在提高国内产品供给质量的同时，也改变了国内产业的竞争格局，倒逼国内企业加速改革，加快转型升级的步伐。

（三）带动世界经济复苏，促进国际大循环

2020年以来，受到新冠肺炎疫情冲击和防控措施造成经济停摆的影响，全球贸易和经济增长均出现衰退，根据国际货币基金组织2021年5月发布

的《世界经济展望》的数据，2020 年全球经济产出下降 3.5%[①]；根据世界贸易组织发布的《全球贸易数据与展望》报告，2020 年全球商品贸易下降 5.3%[②]。得益于有效的防控措施和适当的经济政策，我国率先恢复了经济正增长，2020 年经济增长率达 2.3%，是全球主要经济体中唯一实现经济正增长的国家。2020 年十一黄金周期间，全国出游人次超过 6 亿，零售和餐饮等重点监测企业销售额约 1.6 万亿元，更加印证了我国市场的强大韧性和中国消费者的巨大购买力。

此外，在新冠肺炎疫情背景下第三届进博会办出了新高度，使得全球参展商进一步增强了对中国市场的信心。汇丰银行最新发布的报告[③]显示，超过 2/3 的受访企业把中国当作未来拓展业务的重要的三大市场之一。进博会不仅直接刺激全球贸易和投资规模的增加，促进全球经济的复苏，还会随着合作洽谈的推进、溢出带动效应的持续释放，为全球主要参展创新企业维系现金流和持续创新能力、深度激发全球贸易活力、有效促进国际大循环提供良好的国际市场环境。

三　依托进博会，构建国内国际双循环相互促进的新发展格局的战略平台

进博会作为新时代我国进一步扩大对外开放的重大举措，按照习近平总书记的要求，不仅要年年办下去，而且还要办出水平、办出成效、越办越好。未来，进博会还要与上海能级提升、长三角一体化发展战略和“一带一路”倡议等持久联动，充分发挥进博会的窗口和纽带作用，助推“双循环”新发展格局的构建。

---

① IMF,“World Economic Outlook,” https：// www. imf. org/en/ Publications/WEO/ Issues/2021/03/23/ world-economic- outlook-april-2021.

② WTO,“Global Trade Data and Outlook,” https：// www. linkedin. com/ pulse/authoritative-analysis- report-2020-global- trade-changes- lydia-lee.

③ HSBC,“Sustainable Financing and Investing Survey,” https：// www. gbm. hsbc. com/insights/sustainable-financing/ sustainable-financing-and- investing-survey-2019.

（一）放大进博会的溢出带动效应，助推上海打造国内大循环中心节点和国内国际双循环的战略链接

作为我国改革开放的排头兵、对外开放的先行者，在“双循环”新发展格局下，上海要充分发挥作为进博会举办地的优势，强化四大功能，努力打造国内大循环的中心节点和国内国际双循环的战略链接。因此，上海在全力做好城市服务保障工作的同时，需要继续发挥进博会的溢出带动效应，以贸易升级、产业升级、开放升级和消费升级为重点，以上海自贸试验区及临港新片区为制度创新试验田，在商品展示、制度型开放、跨境电商等方面承接进博会功能，并在制度高地建设、新型国际贸易、产业聚集与布局、物流与金融等方面与进博会形成联动机制。

一是推动贸易升级。依托进博会，实施以进口促进出口战略，加快培育外贸出口龙头企业、外贸高成长企业。深度开发欧美发达国家细分市场，大力拓展“一带一路”国家和地区的新兴市场。支持企业在临港新片区建设海外仓，加强国际营销服务网络建设。打通跨境电子商务发展关键环节，重点培育发展转口（离岸）贸易、数字贸易等新贸易模式，增强上海国际贸易中心功能。

二是推动产业升级。鼓励企业通过线上线下多渠道参与进博会，了解全球产业前沿和科技发展最新趋势，引进国际先进技术、标准和管理经验，提升生产效率和产品质量，实现从商品到技术到品牌的赶超。广泛向境外展商宣介临港新片区的制度优势、产业环境等，依托国内大市场和各种应用场景，加强与国际创新企业的合作，重点发展大数据、人工智能等前沿技术，加快布局新一代信息技术、智能制造装备等战略新兴产业，围绕产业数字化、数字产业化发展要求，改造传统优势产业，同时大力发展贸易金融、专业中介、法律仲裁等现代服务业，不断提升开放水平。

三是推动开放升级。一方面，进一步加大政策开放力度。临港新片区可以在延长和推广进博会期间仅适用于 6 天展会期的便利化政策或创新举措，尤其是进博会期间展品通关便利化、精准监管等方面的创新举措上先行先

试，并进行压力测试，充分发挥临港新片区在全国自贸试验区中的制度创新引领功能。待在临港新片区成熟后，先在上海全市推广，之后在全国推广。另一方面，进一步扩大开放的领域，重点聚焦商贸、物流和信息服务等领域，加快推进临港新片区在跨境数据流动、知识产权保护等领域的改革，为进博会更高质量的举办提供最大便利，并逐步向全市推广。

四是推动消费升级。进博会为国内消费者提供了优质产品。基于第三届进博会引领创新消费的最新趋势，尤其针对高端医疗器械、人工智能产品等消费走高的趋势，上海需要加快布局相关产业，吸引、培育一批细分领域的新消费领军企业，增加消费供给。此外，还需要借助进博会平台，依托上海在品牌导入方面的经营渠道优势，鼓励本地企业与参展品牌企业合作，获取国际高端品牌买断经营权和总代理权，增强上海在国际品牌建设中的话语权；同时鼓励有国际影响力的高端品牌在上海首发新品，打造高端品牌首选地和集聚地。

（二）发挥进博会的纽带作用，加强进博会与长三角一体化发展战略的联动，以“小循环”推动“双循环”

勇当我国科技和产业创新的开路先锋，努力成为联通国际市场和国内市场的重要桥梁，是习近平总书记 2020 年在合肥主持召开扎实推进长三角一体化发展座谈会上对长三角区域提出的新要求。长三角区域作为中国经济最发达、开放程度最高的地区，率先承接进博会带来的经济增长和区域协同溢出效应。同时，进博会也成为推动长三角区域实现一体化高质量发展的重要平台。在“双循环”新发展格局下，需要长三角区域以区域“小循环”来促进国内大循环，[①] 进而推动国内国际双循环。进博会所带来的经济增长和区域协同溢出效应，为长三角发展“小循环”提供了新动力。因此，未来需要进一步发挥进博会的纽带作用，促进进博会与长三角一体化发展战略相互促进。

① 吴明华：《长三角新力量》，《决策》2020 年第 9 期。

一是进一步发挥进博会对长三角区域的溢出带动效应。进博会的举办有力推动了长三角一体化发展。要充分发挥进博会在推动长三角一体化发展中的独特作用，持续引导长三角区域企业利用进博会提供的国际采购平台，加大对国际尖端设备、高新技术等的采购力度，推动长三角区域产业转型升级。通过线上直播、VR 等技术向国际参展商推介长三角区域的营商环境、投资市场，吸引更多外资企业来长三角区域投资，助推长三角产业高质量发展。

二是探索长三角区域主要城市参与举办进博会的合作机制。目前上海虹桥国家会展中心展馆资源有限，每年都有很多观众和企业未能通过报名直接进入展会，而长三角主要城市如杭州、苏州等地有丰富的会展资源。一方面，可进一步深化长三角主要城市在进博会举办过程中的参与程度，探索合办进博会的路径，形成长三角区域政府间重要的合作交流机制；另一方面，未来可考虑将部分展区移至长三角主要城市如杭州和苏州等，通过扩大受众规模来提升长三角主要城市的参与度与国际市场影响力。

三是发挥长三角政策协同功能，形成商务对接常态化机制。长三角区域拥有雄厚的产业基础，在构建“双循环”新发展格局的背景下，亟须将“6 天 +365 天”常年展示交易平台的创新举措推广至长三角更多区域，并按照“同一规格”和“统一标准”加强标准化管理。可以依托长三角一体化已经取得的成果以及主要省份（除上海外）的自贸试验区进行制度创新，形成常态化机制，对接进博会的各种创新举措。

（三）依托进博会平台，推进共建“一带一路”走深走实，以跨境区域大合作助推“双循环”

我国“一带一路”朋友圈已扩至五大洲 138 个国家、31 个国际组织，进出口贸易更是实现了年均 6% 的增长速度。在构建“双循环”新发展格局的大背景下，“一带一路”倡议的“五通”将为“双循环”提供更加坚实的发展平台，助力国际大循环，也将同步增强国内大循环。而进博会与“一带一路”倡议这两大国际公共产品同频共振，将给“双循环”新发展格局带来新的发展机遇。

一是探索构建双向开放机制。在“双循环”新发展格局下，需要发挥进博会贸易创造的衍生功能，推动投资的双向流动，实现两个市场、两种资源的互动发展。共建“一带一路”国家在进博会上举办相关的国别推介活动或专业展览，成为我国企业了解这些国家的投资环境、商机和发展前景的重要窗口。这就需要进一步探索构建双向开放机制，以国际产能合作和国内企业“走出去”助推共建“一带一路”国家的产业发展。

二是增强我国企业产业链自主可控力。基于共建“一带一路”国家在进博会上展示的技术与产业特征，结合我国相对优势技术和产业，以周边国家为首要区域，以产业园区为载体，构建区域化产业链，并以产业间的共同基础设施和共性技术为节点，形成区域产业网络，扩大我国产业的地理空间布局，增强我国企业的产业链治理能力，同步带动上述国家的产业发展。

三是培育本土企业跨国经营能力。借助进博会提供的平台，引导我国已经在共建“一带一路”国家投资的企业，将生产的产品返销国内，并与国内采购商建立长期合作机制，在增加这些国家的出口、帮助这些国家获得经济发展所需要的外汇等资源、满足国内多元化需求的同时，对于进一步提升我国本土企业的跨国运营能力和国际竞争力也具有重要作用。

总之，在新冠肺炎疫情持续蔓延、世界经济前景不明的背景下，第三届进博会如期举办，意义非凡，既向全世界展示了我国的疫情防控能力，也表达了我国推进更高水平开放和推动建设开放型世界经济的坚定决心，更为构建“双循环”新发展格局提供了重要平台。世界各地的企业积极参展，将进博会视为平台和机遇，也是对当前逆全球化思潮、单边主义抬头等现象最有力的回应。从“卖遍全球”到“买遍全球”，我国顺应经济全球化历史潮流，以开放倒逼改革，着力形成全面开放的新格局。未来，随着能级的不断提升、溢出带动效应的持续释放，进博会将推动我国经济高质量发展，促进形成新发展格局，更好地满足人民的多元化需求。

分报告

Topical Reports

B.2

破解全球化逆流，发挥超大市场优势

——进博会与中欧供应链的新合作研究

何树全　任金鑫　王晴晴　张婉婷　陆玉婷*

摘　要：在逆全球化和2020年新冠肺炎疫情叠加的影响下，全球供应链遭受严重冲击。而在此背景下的中欧供应链合作表现出强大的韧性。中国国际进口博览会（以下简称进博会）与中欧供应链协同发展，在世界范围内成绩突出，同时也面临各种难题。本报告通过分析进博会在国际采购、投资促进、人文交流、开放合作方面联通中国和世界的强大作用，进一步分析了中欧供应链建设与合作发展的现状和特点。分析认为，中国供应链有较好的韧性，欧洲供应链由跨国公司主导。中

* 何树全，上海大学经济学院教授，目前为上海市世界经济学会副会长，上海市国际贸易学会副秘书长；主要研究领域为世界经济、国际贸易、国际商务。任金鑫，上海大学经济学院博士研究生。王晴晴，上海大学经济学院硕士研究生。张婉婷，上海大学经济学院硕士研究生。陆玉婷，上海大学经济学院硕士研究生。

欧供应链合作主要集中在少数国家和行业，互联网技术在逆全球化的背景下发挥着促进中欧供应链合作的作用，物流和金融方面的合作是中欧双方开展供应链新合作的重点。此外，中欧供应链合作也面临贸易、投资、跨境电子商务等方面的限制。最后，从增强中欧政府间战略互信等三个方面提出了进一步深化中欧供应链合作的建议。

关键词： 逆全球化　新冠肺炎疫情　进博会　中欧供应链　中欧合作

一　逆全球化与新冠肺炎疫情对供应链的冲击

（一）逆全球化对供应链的冲击

逆全球化导致全球供应链中断。目前，全球供应链已经发展为一个网络，某个节点发生变化，将导致整个产业链瘫痪。“制造业回流美国”等一系列逆全球化措施给我国制造业发展造成了一定影响，造成的“供应冲击”导致各个国家的产能下降,[①] 或将导致全球范围内的失业率上升。

美国等国家采取的一系列逆全球化措施严重影响全球供应链。美国等国家保护主义的弊端将通过供应链的传导机制影响别国供应链的发展，尤其是发展中国家供应链的稳定发展。

（二）新冠肺炎疫情对供应链的影响

新冠肺炎疫情在全球的蔓延使得全球化推进更加艰难，在很大程度上或将催化逆全球化浪潮，使全球供应链遭受最严重打击。受新冠肺炎疫情影响，2020 年前三季度世界经济增速全面放缓，通胀疲软，各主要经济体制

① 马涛：《逆全球化从“供需”两侧影响全球供应链》，《世界知识》2020 年第 11 期。

造业投资和产出持续低迷。数据显示，2020 年全球经济产出下降 3.5%，为 20 世纪 30 年代以来最严重的萎缩。在党中央和全国人民共同努力下，中国有效遏制了疫情大面积蔓延，国内各行业全面复工复产。2020 年，中国 GDP 首次超过 100 万亿元，全年全国规模以上工业增加值比上年增长 2.8%。[①] 持续恢复的中国经济为世界经济复苏注入新动力。

新冠肺炎疫情导致供应链中断，也将倒逼供应链多样化。全球供应链如果高度集中在某一国家或地区，则其抗风险能力会较低；而供应渠道多元化，可避免过度依赖单一渠道，推进全球供应链发展。

二　进博会体现中国超大市场优势

（一）国际采购：做好世界市场

在经济和政治环境复杂多变、经贸往来减少的时代背景下，中国以积极的态度富有成效地控制住了疫情，重新带领国民经济走上正轨。2021 年 4 月 8 日发布的《世界经济展望》认为，尽管中国经济在 2020 年恢复到疫情以前的水平，但世界上的许多国家预计到 2023 年才能恢复到疫情前的水平。[②] 为加快推进世界经济复苏、构建人类命运共同体，中国决定继续扩大开放，充分发挥国内大市场的潜力和优势，举办第三届进博会。第三届进博会的举办不仅为世界各国提供了大型采购平台，也向世界传递了中国坚定不移地走对外开放道路的信号，展现了中国继续做大、做好世界市场的坚定决心和推动世界经济复苏的大国担当。

虽然全球疫情阴霾尚未散去，但各国参展商积极参加进博会的热情不减。受疫情影响，许多参展商不能直接到会，为此，第三届进博会特以线

① 《2020 年国民经济稳定恢复　主要目标完成好于预期》，http：//www. stats. gov. cn/tjsj/zxfb/202101/t20210118_ 1812423. html，2021 年 1 月 18 日。

② IMF，"World Economic Outlook，" https：//www. imf. org/zh/Publications/WEO/Issues/2021/03/23/world-economic-outlook-april-2021.

上线下相结合的方式组织了一系列大型贸易投资对接会，为 674 家参展商、1351 家采购商提供专业服务，达成合作意向 861 项，累计意向成交额同比上升 2.1%。[①] 第三届进博会的国际采购平台作用显著，平台溢出效应大增。

国际采购是进博会最重要的功能之一，背后的成交量数据直接反映了举办进博会的成效。虽然疫情阻挡了许多外国参展商赴华参会的脚步，但第三届进博会仍然实现了“越办越好”的承诺，总展览面积比上届扩大近 3 万平方米，向世界展示了 411 项新产品、新技术和新服务，世界 500 强及行业龙头企业参展回头率超过 70%。[②]

（二）投资促进：推动技术合作

全球客商云集的进博会是促进对外投资和引进外资的最佳平台。每年进博会开幕前后，上海市都会积极设计、举办一系列投资促进交流会，为进博会的招商引资工作做好准备，使各参展商和意向采购商能够更加顺畅地达成交易意向。在疫情防控常态化的大背景下，第三届进博会又多了一层意义：向世界分享市场机遇，推动全球贸易复苏，在开放合作中推动世界经济重回高质量发展轨道。

为最大化发挥第三届进博会的投资促进平台作用，除了进博会的主场上海为这场全球经贸盛事做好了充分准备外，我国许多省级代表团也将参加第三届进博会视为扩大销售市场、盘活实体经济、加快转型升级的良好契机。福建派出了 4214 家单位，筹划了“1 + 3”系列活动，包括一场企业家座谈会，开展新一轮开放政策解读，举办项目对接会、医疗器械及医药保健采购对接会、海洋战略性新兴产业对接会[③]；山西省组织了 13 家交易分团、

① 《第三届进博会闭幕，展期带来了这些亮点!》，https：//mp. weixin. qq. com/s/wIcNHFey7_1GKKn2DdusuQ，2020 年 11 月 10 日。

② 彭瑶 、栗卫斌：《第三届进博会 11 月 4 日开幕　数百项新产品新技术“全球首发、中国首展”》，http：//news. china. com. cn/txt/2020-11/03/content_ 76867715. htm，2020 年 11 月3 日。

③ 《第三届进博会福建收获满满：加强国际采购　深化投资促进》，https：//new. qq. com/rain/a/20201111A0FNZS00，2020 年 11 月 11 日。

1250 家采购商参展，大力引进转型发展急需的新产品、新技术、新服务，为山西蹚出转型发展新路提供了有力支撑①；青海交易团共组建商贸、教育、科技、工业、生态环保、农牧、卫生 7 个交易分团，全省 161 家单位 300 多人相聚进博会，展示青海在锂电光伏、清洁能源、生物医药、特色农牧、节能环保、文化旅游等新兴产业上的优势禀赋，与各路客商寻求新的合作机遇，共谋未来发展之策②。

（三）人文交流：促进服务贸易合作

在国家会展中心（上海）中央广场上，各省（区、市）的“综合形象展示区”是第三届进博会新设立的一大人文交流亮点，此外还有“国家级步行街”、“中华老字号”、“非物质文化遗产”和“中国旅游”四大展示专区，向与会的各国参展商讲述中国故事。

“国家级步行街”展示专区以“百步一展位、千步一条街”为主题，通过手工艺“匠人”展演和互动体验等展示商业与文化完美融合的历史；“中华老字号”展示专区通过新品发布、品质鉴定、故事叙述等，展示有市场潜力的中华老字号品牌、地方老字号产品及跨界创新产品；“非物质文化遗产”展示专区集中展示经联合国教科文组织认定的人类非物质文化遗产项目及国家级、省市级非物质文化遗产项目，展演传统音乐、传统舞蹈、传统戏剧曲艺和传统体育；“中国旅游”展示专区则以“锦绣中华、大美山河”为主题，通过展示具有地方特色和知名度的景区景点、品牌线路、风土人情、旅游服务等，向世界展示中国的锦绣河山。

文化是一国的软实力，而国家之间的人文交流则为贸易往来和互信合作奠定了基础，为更高层次、更深领域的服务贸易合作带来了更多可能。

在全球供应链受到疫情冲击的背景下，全球价值链的重构或许可以从服

① 谢昌民：《进博会：转型山西 拥抱世界（一）》，http://www.shanxi.gov.cn/yw/sxyw/202011/t20201112_864790_ewm.shtml，2020 年 11 月 12 日。

② 范程程：《第三届进博会青海交易团签下 6000 余万美元采购大单》，http://www.qh.gov.cn/zwgk/system/2020/11/07/010370001.shtml，2020 年 11 月 7 日。

务贸易领域另辟蹊径，以服务贸易带动全球商品贸易市场复苏，推动构建国内国际双循环相互促进的新发展格局。

（四）开放合作：分享市场机遇

开放合作是进博会的灵魂，是发挥进博会平台集聚效应、溢出效应和辐射效应的重要体现。在过去 40 多年中，中国坚定不移奉行改革开放政策，积极与世界各国建立贸易伙伴关系。在新冠肺炎疫情持续蔓延的背景下，中国从未停下开放的脚步，推出了一系列扩大开放的政策措施，包括全面落实《外商投资法》及《外商投资法实施条例》、进一步缩减外商投资准入负面清单、稳步推动金融市场准入、出台《海南自由贸易港建设总体方案》、强化深圳和浦东的改革开放举措、深化服务贸易创新发展试点等。习近平主席在第三届进博会开幕式上的主旨演讲中提出，2019 年第二届进博会承诺的扩大对外开放系列举措已经全面落实①，中国将继续全面扩大开放，致力于推进合作共赢、合作共担和合作共治的对外开放：出台了跨境服务贸易负面清单、压缩禁止进口限制进口技术目录、挖掘外贸增长潜力并推动跨境电商等新业态新模式加快发展等一系列扩大开放的重要举措。借第三次进博会举办之机，中国秉持推动构建人类命运共同体的理念，向世界展示了中国实力。

中国所做出的对外开放承诺得到了贸易伙伴国的热烈响应。第三届进博会刚刚开幕，就有参展商早早地预定第四届进博会的展位，甚至早在第二届进博会刚刚闭幕之际，就有数百家企业报名、签约参展第四届进博会。在 2020 年进博会上，玻利维亚藜麦因颇受采购商欢迎，收获了不少订单，该国相关公司已提前预订了第四届进博会两个 108 平方米的展位。来自西班牙的伊比利亚火腿深受中国采购商欢迎，有关企业也早已预定了 2021 年更大面积的展位。世界市场是一个不可分割的整体，中国将充分发挥进博会促进

① 《习近平：我在第二届进博会上宣布的扩大对外开放系列举措已经全面落实》，http://www.gov.cn/xinwen/2020-11/04/content_5557391.htm，2020 年 11 月 4 日。

开放合作的平台效应，以更加积极和包容的态度为世界创造良好的市场环境，分享更多的市场机遇。

三 中欧供应链建设和合作发展现状

（一）中国供应链具有强大的韧性

改革开放以来，中国经济发展成为世界奇迹。当前，中国拥有雄厚的产业基础和全球配套完整的工业体系，在国际分工链和价值链上不断攀升，对全球经济的影响力和外溢效应不断增强。在逆全球化和新冠肺炎疫情全球蔓延的背景下，中国供应链展现了强大的韧性。

供应链、产业链在促进国家和地方经济发展上发挥了巨大作用，供应链创新与应用也引起了各级政府的高度关注。2017 年，《国务院办公厅关于积极推进供应链创新与应用的指导意见》发布，这是我国首个促进供应链发展的指导性文件，标志着供应链的创新与应用上升为国家战略。文件对农业供应链构建、供应链协同制造、供应链服务水平与现代化、供应链金融、绿色供应链和国家供应链 6 个方面进行了详细阐释。随后，各地方政府也发布相应文件以促进地区供应链发展。2018 年，上海市发布《关于本市积极推进供应链创新与应用的实施意见》，江苏省发布《关于推进供应链创新与应用培育经济增长新动能的实施意见》；2019 年，深圳市发布《关于促进深圳市供应链金融发展的意见》，成都市发布《关于精准支持现代供应链体系发展的政策措施》。

从我国经济发展的实际情况看，我国供应链具有如下特点。第一，在我国供应链的每个环节上分布更多的是中小企业，中小企业高效高质地完成资源配置。第二，相比于欧美供应链，我国供应链区域集聚性强。经过改革开放 40 多年的发展，我国形成了区域性超大批发市场：浙江义乌中国小商品城、浙江绍兴中国轻纺城、辽宁沈阳五爱小商品批发市场、辽宁海城西柳服装批发市场、山东临沂批发城、湖北武汉汉正街小商品市场、四川成都荷花池批发市场、河北石家庄南三条小商品批发市场、山东淄川服装城、江苏苏州中国东方丝绸市场等。在这些批发市场里，批发商众多，相似产品供应链集聚，产品交易价格相当，信息开放共享，整体利润显著提高。第三，我国智能供应链建设有序推进。得益于我国供应链中小企业主导的灵活性和互联网的大面积应用，互联网技术在我国也被大规模地应用到供应链中。从GPRS 到 5G、从互联网到物联网、从大数据到区块链等都被高效地运用到我国供应链智能化的发展中，支持了供应链智能化的发展。

（二）跨国公司主导的欧洲供应链

欧洲经济发展水平居七大洲之首。欧洲现代工业发展较早，工业体系完备，农业、工业和服务业科技化水平较高，供应链完整。欧洲发展水平较高的国家主要聚集在西欧，德国、法国和英国作为欧洲经济发展的第一梯队，更是发展最早的资本主义国家。欧洲 48 个国家中，27 个国家已加入欧盟（EU），欧盟也是世界上区域经济一体化程度最高的经济组织。

欧洲作为近现代工业的发源地，也是世界产业转移的始发站。欧洲产业链、供应链发展较早，经过多年的发展，在全球价值链中处于研发和高端制造的上游。

受欧洲政治、文化、历史等的影响，欧洲供应链具有以下特点：第一，供应链由大型企业主导。欧洲市场经济发展较早，形成了大型跨国公司，供应链布局和业务范围更广。例如，汽车能源、化学制造、电气工业、零售等众多领域的企业遍布全球，经营范围广，且多为纵向全产业链企业。第二，欧洲供应链具有寡头垄断性。欧洲供应链由大型跨国公司主导。大型跨国公司凭借其在横向、纵向上的布局，形成了较大的供应链市场规模。这些跨国公司在重要节点和各领域的供应链上处于全球领先地位，应对供应链突发事件能力强。第三，欧洲能源安全性较高，供应链稳定。欧洲在能源安全性上高于中国，是乌克兰、俄罗斯等东欧国家天然气能源的主要消费经济体，欧洲的国际性石油公司在全球范围内的石油产业布局，保障了欧洲的能源安全。稳定的能源供应，保证了欧洲供应链正常运转。

（三）中欧供应链合作发展现状

1. 从进出口看中欧供应链合作发展现状

中欧两大经济体在全球和双边贸易上的表现是双方在全球供应链合作上的“晴雨表”。“一带一路”建设正在有序推进，并有效地对接中东欧地区发展战略、欧洲投资计划等重要区域经济发展计划。中欧双方资源禀赋不同，发展阶段差异较大，生产成本和生产效率也存在较大差距。各经济体和国家应基于各自比较优势，精细化分工，协同建设好共赢并融入全球的中欧供应链。

2013 年以来，我国进出口贸易震荡上行，2015 年、2016 年连续两年出现下滑，2017 年进出口贸易总额逆势反弹，同比增长 14.3%，2018 年，我国进出口贸易总额首次突破 30 万亿元大关（见图 1）。2019 年，全球经济、贸易增长整体放缓，中国外贸逆势增长，进出口规模创历史新高，实现了稳中增量、提质。2019 年中国进出口贸易总额为 31.56 万亿元，同比增长 3.5%。其中进口总值为 14.32 万亿元，增长 1.7%；出口总值为 17.24 万亿元，增长 5.0%；贸易顺差 2.92 万亿元，扩大 25.3%。[①] 据世界贸易组织（WTO）统计，2019 年中国货物出口额占全球货物出口总额的 13.2%，比上年提升 0.4 个百分点，出口占国际市场的份额稳步提高；货物进口额占全球货物进口总额的 10.8%，与上年持平，进口占国际市场的份额保持历史最高水平。[②] 部分“一带一路”沿线国家作为中欧供应链合作的中间地带，是中国和欧洲贸易值得拓展的潜在市场。2019 年，我国对“一带一路”沿线国家进出口 9.27 万亿元，增长 10.8%，高出整体增速 7.4%。[②]

2020 年，新冠肺炎疫情全球蔓延，各国工业企业停工停产，供应链受到严重冲击。在疫情初期，我国供应链受到一定的影响，导致短期内出口企业的生产效率降低，库存压力增大，产业链受阻继而波及资金链。从第二季度开始，出口趋于稳定，仅少数月份出现负增长，说明国内疫情的有效控制

① 根据海关总署发布数据整理。

② 中华人民共和国商务部：《中国对外贸易形势报告（2020 年春季）》，http：//zhs.mofcom.gov.cn/article/cbw/202006/20200602974110.shtml，2020 年 6 月 15 日。

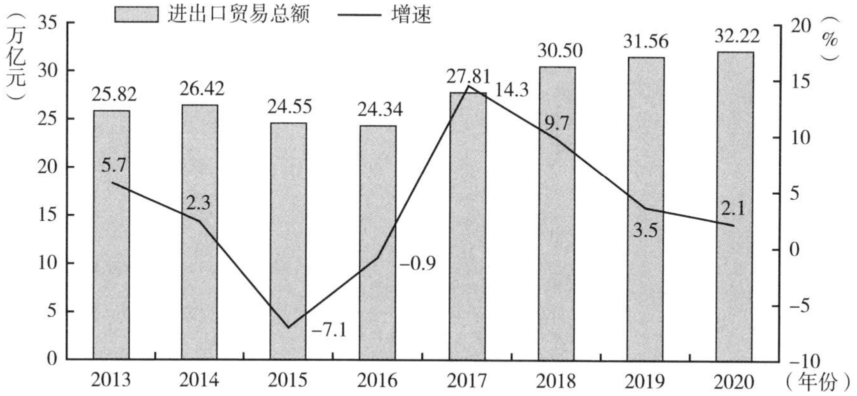

图 1　2013～2020 年中国进出口贸易情况

资料来源：海关总署。

有助于国内生产的快速恢复。

新冠肺炎疫情背景下，我国“两头在外”的加工贸易受到供应链中断影响，在供需两侧均受到严重挤压。当前，加工贸易占我国贸易总额的1/4，供应链的中断严重制约了我国贸易的发展。但是，加工贸易下降、一般贸易增加，促进了我国贸易结构的优化，提升了我国的供应链价值和竞争力。

在全球市场萎缩叠加疫情的影响下，我国面临的国际、国内发展环境日益复杂，风险、挑战不断增加。在这样的背景下，我国提出构建“双循环”新发展格局，以国内大循环为主体，以开放姿态深度融入国际产业链供应链、加强技术领域开放合作。“双循环”新发展格局要求不断优化我国供应链和产业链，弥补我国供应链短板，提升中间投入品的生产质量和附加值，打破国外高精尖技术的垄断。

2019 年中欧经贸关系继续保持良好发展势头，2019 年中国对欧盟进出口 4.86 万亿元人民币，增速达 8%。① 寻求“走出去”发展的中国企业不断扩大对外投资，直接投资设立的企业超过 3200 家，雇用当地员工近 26 万人，使当地民众的就业机会和收入增加。

① 中国贸促会研究院：《欧盟营商环境报告 2019/2020》，http：//www. ccpit - academy. org/v - 1 - 4220. aspx，2020 年 5 月 21 日。

2020年前三季度，中国与欧洲主要贸易伙伴的进出口保持增长，欧洲成为除亚洲外与我国贸易额最大的地区（见图2）。另外，疫情对我国与欧盟贸易的影响较大，东盟超过欧盟成为我国第一大贸易伙伴。

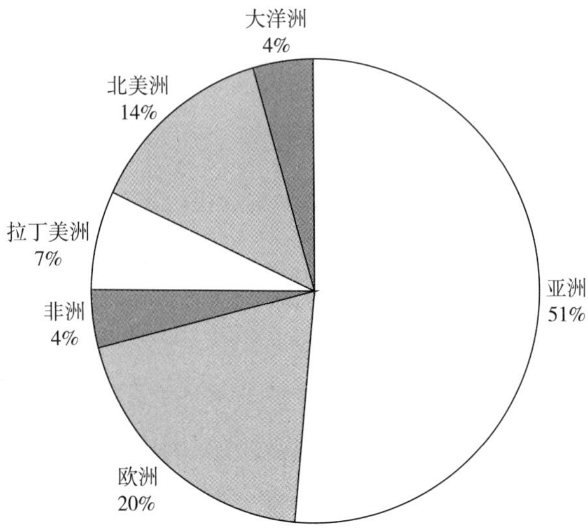

图2　2020年前三季度中国贸易洲际结构

资料来源：海关总署。

从欧盟进出口贸易数据看，2008～2019年，欧盟进出口贸易波动起伏。欧盟成员国之间互为主要贸易伙伴，欧盟内部贸易额占总贸易额的近50%。2000年以来的多数年份，欧盟保持贸易顺差态势，2016年贸易顺差达到峰值（3481亿美元）（见图3）。

受疫情影响，欧盟进出口贸易在2020年前四个月出现明显下滑。随着欧盟成员国的防疫协作与管控，从5月开始，欧盟进出口贸易和供应链开始缓慢恢复，并表现为出口大于进口，整体上，出口增长明显，进口增长较缓慢（见图4）。德国经济部长阿尔特迈尔称：欧盟供应链保持完好，将继续保持这一态势。①

① 《德国经济部长阿尔特迈尔：欧盟的供应链保持完好，也将继续维持这一状态》，http://forex.cngold.org/fxb/c5436770.htm，最后访问日期：2021年8月20日。

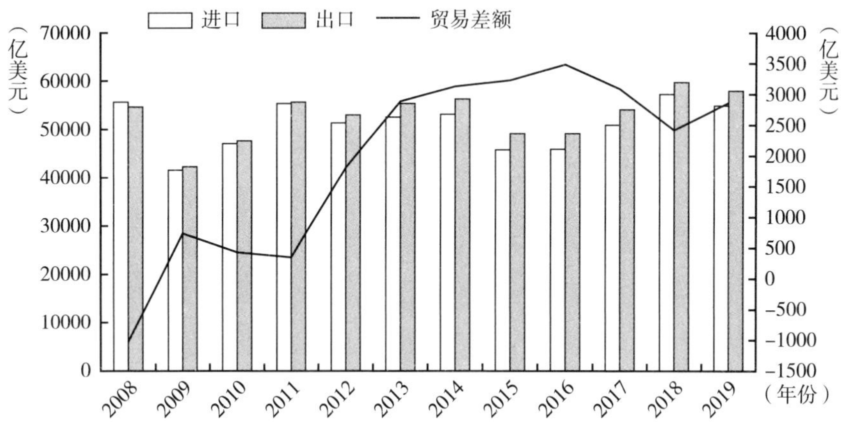

图3　欧盟进出口贸易数据（包含欧盟内国家间）

资料来源：联合国贸易与发展会议数据库。

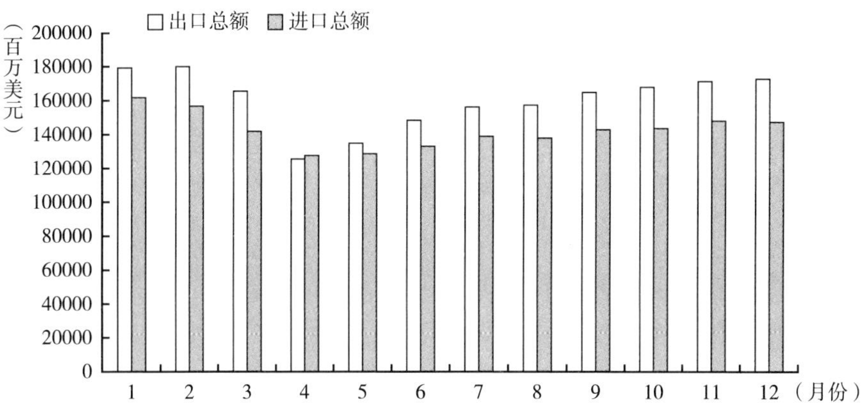

图4　2020年欧盟进出口情况

资料来源：欧盟统计局。

2000年以来，中欧双边关系保持稳定向好势头，在供应链上不断深化合作，双边贸易保持良好发展态势。欧洲技术装备、奢侈品、农产品等高质量产品不断出口到中国，中国小商品、劳动力密集型产品等也大量出口到欧洲市场。中欧双边进出口贸易总额从2000年的846亿美元增长到2019年的8985亿美元，19年间增长了9.6%。随着中国经济的高速发展，双边贸易差额呈现先增后减的“倒U”形特征，这极大地促进了欧洲贸易的发展及欧洲供应链在中国的布局和深化。

在欧洲内部，欧盟与中国在经贸领域的关系更是保持良好发展。欧盟作为全球发达国家最多的经济体，市场广阔，需求巨大，中国作为全球制造业中心，物美价廉的商品有助于满足欧盟成员国的生产生活需求。2008 年以来，欧盟进口市场结构中，中国产品占比在 15% 以上（见图 5）。欧盟出口市场结构中，整体上，中国产品占比持续上升，2008 ~ 2019 年维持在 6.0% ~ 11.1% 之间，这与欧洲对中国进出口贸易的情况一致。

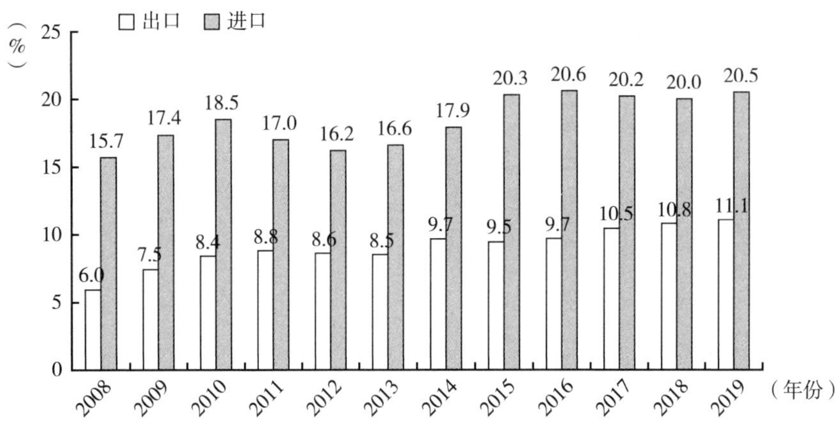

图 5　2008 ~ 2019 年欧盟进出口市场结构中中国产品占比情况

资料来源：欧盟统计局。

2019 年，欧盟对中国进口贸易额占欧盟进口总额的 20%（见图 6），欧盟对中国出口贸易额占欧盟出口总额的 11%（见图 7）。欧盟统计局数据显示，2020 年前 7 个月，欧盟与中国贸易总额为 3287 亿欧元，中国首次成为欧盟第一大贸易伙伴。① 在逆全球化和新冠肺炎疫情蔓延的大背景下，中国和欧盟乃至整个欧洲在贸易领域的关系保持了强大的韧性，双方在全球化、共同抗疫、气候变化、生物多样性、能源合作和国际发展等议题上寻求更多的共同点，这都有利于中欧供应链的完善和协同发展。

---

① 参见郑彬、方莹馨《“深化合作实现互利共赢”》，《人民日报》2020 年 10 月 28 日，第 3 版。

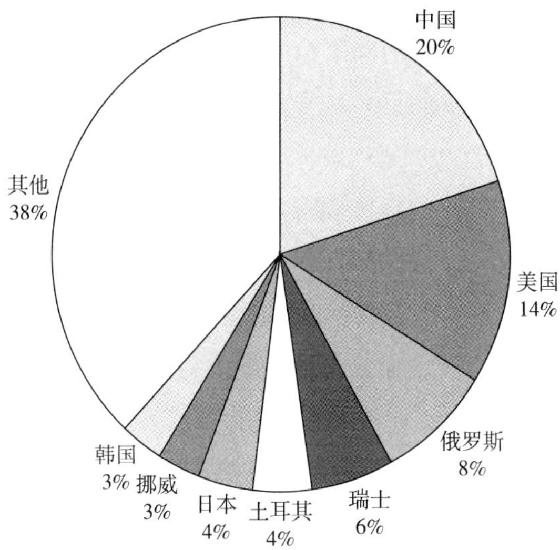

图 6　2019 年欧盟进口市场结构

资料来源：欧盟统计局。

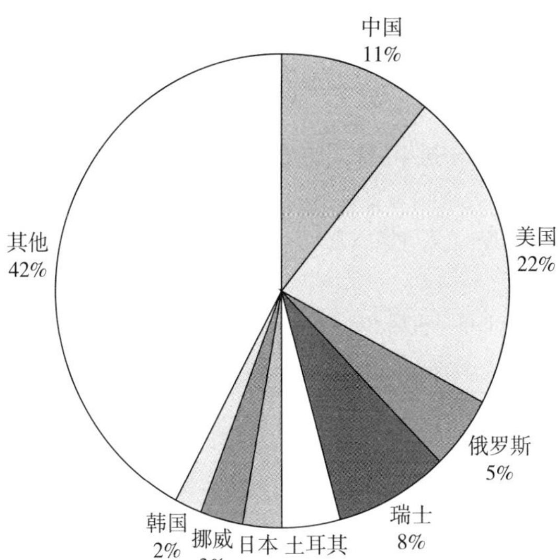

图 7　2019 年欧盟出口市场结构

资料来源：欧盟统计局。

2. 中欧供应链合作主要集中在少数国家和行业

全球供应链中，企业之间除了以“委托－代理”等合同订单的方式进行合作外，还通过在合作企业所在国家进行股权投资或者开设新厂来进行国与国之间的供应链合作。

中国对欧洲直接投资的地区和行业比较集中。数据显示，截至2018年底，4600家中国境外企业分别设立在欧洲43个国家和地区，覆盖率达到87.8%，其中英国、荷兰、卢森堡、俄罗斯、德国、瑞典、法国、瑞士、意大利及挪威等国是中国企业分布较为集中的国家（见图8）。

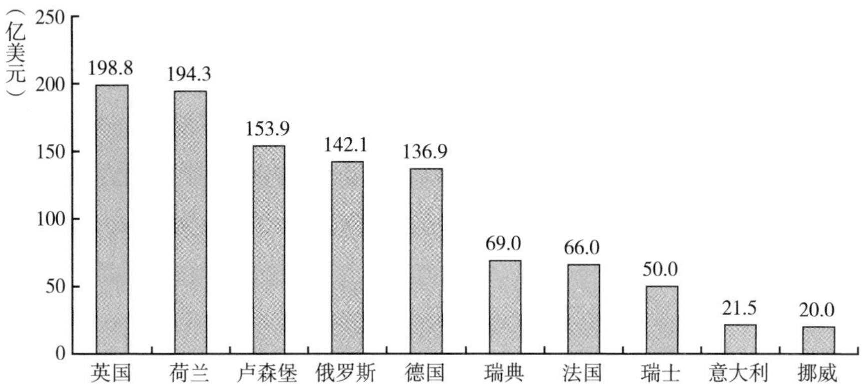

图8 2018年底中国对欧洲直接投资存量排名前十的国家

资料来源：商务部《中国对外投资发展报告2019》，http://images.mofcom.gov.cn/fec/202106/20210630083446194.pdf，最后访问日期：2021年8月30日。

我国实际利用欧洲国家直接投资主要来自德国、英国、荷兰、法国、卢森堡和瑞士。2018年，中国实际利用六国直接投资分别占中国利用欧洲直接投资总额的32.83%、22.17%、11.37%、9.03%、6.77%、5.39%（见表1）。

表1 2010～2018年中国利用欧洲六国直接投资占中国利用欧洲直接投资总额的比例

单位：%

国家	2010年	2011年	2012年	2013年	2014年	2015年	2016年	2017年	2018年
德国	15.00	19.21	23.07	30.15	30.94	22.57	28.73	17.45	32.83
英国	11.99	9.90	6.51	5.69	10.99	7.20	14.35	11.35	22.17

续表

国家	2010 年	2011 年	2012 年	2013 年	2014 年	2015 年	2016 年	2017 年	2018 年
荷兰	15.44	12.96	18.18	18.49	9.55	10.90	5.89	24.60	11.37
法国	20.91	13.08	10.37	10.91	10.64	17.75	9.22	8.94	9.03
卢森堡	4.15	8.76	3.61	6.28	1.92	9.14	14.69	6.74	6.77
瑞士	4.41	9.44	13.87	4.57	5.07	3.17	5.80	5.20	5.39

资料来源：根据国家统计局数据整理。

数据显示，截至 2018 年底，德国、英国、荷兰和法国四国是中国对外直接投资上百亿美元的国家。此外，中国对欧洲国家直接投资主要集中于制造业、采矿业、金融业、租赁和商务服务业等行业（见图 9）。①

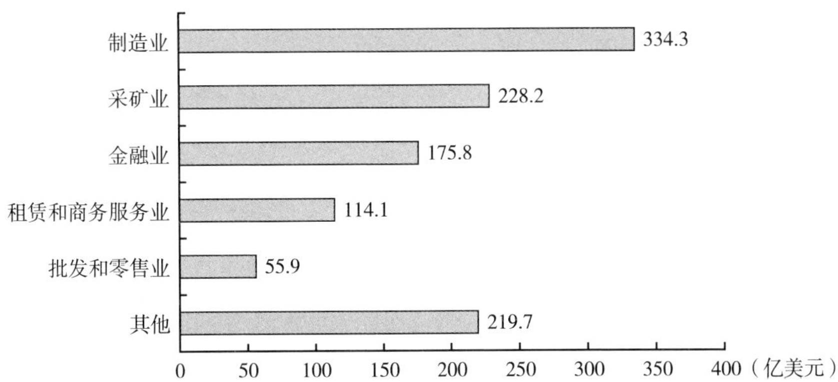

图 9　2018 年底中国对欧洲国家直接投资存量行业分布

资料来源：商务部《中国对外投资发展报告 2019》，http：//images. mofcom. gov. cn/fec/202106/20210630083446194. pdf，最后访问日期：2021 年 8 月 30 日。

兼并收购保持活跃。欧洲国家或地区是中国企业投资并购的主要目的地之一。2018 年，中国企业跨境并购项目金额排名前十的国家或地区中，欧洲有 3 个，分别为德国、法国和瑞典。随着近年来，欧洲各国对跨国并购的审核趋严，中国企业在欧洲市场的并购速度放缓。但是由于中国市场的开放

① 商务部：《中国对外投资发展报告 2019》，http：//images. mofcom. gov. cn/fec/202106/20210630083446194. pdf，最后访问日期：2021 年 8 月 30 日。

以及对外商投资限制的放宽，越来越多的欧洲企业到中国进行并购投资，主要集中于中国的金融科技领域、医疗健康领域等。

3. 互联网技术促进中欧供应链合作

互联网快速发展推动供应链管理的革新，同时也催生了对订单快速响应的新市场需求模式和更激烈的市场竞争，因此，企业需要加强与供应链合作伙伴的协调来适应新的市场变化，从而提高整体绩效水平。①

跨境电子商务供应链是在互联网技术发展成熟的基础上形成的。不同于原先全球供应链体系中简单的进出口操作，我国跨境电商企业或平台还提供供应链一站式综合服务，赋能供应链上相关企业高效运作。因此，在与国外企业进行跨境电子商务供应链合作时，中国企业凭借丰富的电商运营经验和先进的电商技术占据主导地位。目前，中国跨境电商业务更多的是以“B2C”的模式开展。在这种模式下，我国电商企业主要通过在国外建立“海外仓”、体验店和配送网店等方式融入国外零售系统，与国外企业进行供应链合作。②

2008 年金融危机之后，保护主义和单边主义等阻碍全球化发展的势力卷土重来。跨境电子商务是我国开辟海外进出口市场的新渠道，也是促进中欧供应链合作的新方式。因此，我国政府致力于基于互联网技术开展中欧供应链合作。我国在外贸发展方面的“十三五”规划涉及“三项建设”，国际营销网络建设就是“三项建设”之一。商务部于 2019 年 9 月 27 日公布了首批 6 家国家级国际营销平台。基于互联网技术，平台具有商品展示、商品营销、仓储物流和售后服务的综合功能。在这 6 家国家级国际营销平台中，有 2 家营销平台设在欧洲。随着中欧经贸合作的深入，中欧跨境电子商务合作项目也在不断增多。比如，2016 年 6 月，中欧跨境电商产业园建成。除了合作项目数量增加外，中欧跨境电子商务供应链合作的内容也逐渐丰富。此

---

① 陈长彬、张一纯、刘霞辉：《供应链合作关系的演化博弈分析》，《桂林航天工业学院学报》2019 年第 2 期。

② 喜崇彬：《我国跨境供应链的发展背景及现状——访中国仓储与配送协会常务副会长沈绍基》，《物流技术与应用》2019 年第 11 期。

外，跨境电子商务基础设施方面的合作也是中欧供应链合作的新领域。比如，“中国－欧洲中心”的成立是中欧双方在跨境电商贸易综合性服务平台方面合作的重要体现。除了在进出口服务领域的合作外，中欧双方在跨境电商物流方面也进行了合作。其中，中欧“安智贸”项目（全称“中欧安全智能贸易航线试点计划”，SSTL）是中欧双方在物流合作方面的一个创新，该合作最大的亮点是通过对集装箱及箱内货物进行实时监控，打造了一条既智能化又安全便利的国际贸易运输链条。①

4. 物流和金融服务为中欧供应链合作提供支持

一条完整的全球供应链除了包括原料供给商、生产商、经销商、进出口商、批发商及零售商等外，还需要物流或金融等服务商为其正常高效地运行提供必要的支持。

在物流环节的合作。供应链的高效运营离不开完善的物流系统的支持。因此，中欧班列的出现为中欧供应链合作增加了一项安全高效的物流服务保障。根据中国国家铁路集团有限公司提供的信息，截至2020年11月5日，中欧班列开行列次已达10180列，运送集装箱92.7万标箱，同比增长54%，往返综合重箱率达到98.3%，运达21个欧洲国家、92个城市。② 这些数据表明，中欧班列为维护全球供应链安全提供了有力支撑。同时这些数据也表明，自2020年以来，中欧供应链在物流环节的合作不断加深。中欧班列具有比海运节省时间、比空运节省运输成本等优势，但中欧班列运输服务也存在项目单一的问题，无法满足一些进出口商的需求（比如对冷链运输的需求）。

除了中欧班列这一陆地运输方式之外，海运在国际贸易中也发挥着举足轻重的作用。欧洲发达国家凭借先进的技术和丰富的经验在海运环节的合作中处于主导地位，来自欧洲的进出口商喜欢自己选择物流服务商。近年来，中欧双方在海运领域的物流合作取得了实质性进展。中国与欧盟在2002年12月6日签订了《中欧海运协定》。后来，由于克罗地亚成为欧盟新成员

① 范荣华：《中欧跨境电子商务合作的现状及升级途径》，《对外经贸实务》2018年第5期。

② 丁怡婷：《中欧班列今年开行已超万列》，《人民日报》2020年11月8日，第1版。

国，中国与欧盟在 2018 年再次签署了《中欧海运协定书》适用于克罗地亚的修改议定书。此外，随着我国航运业的发展和进博会的举办，一些中国海运服务商得到欧洲国家的认可。比如，多家参加进博会的展商对中远海运提供的一站式物流服务表示认可，并表示未来会继续与中远海运合作。[①]

在金融领域的合作。中欧供应链在金融领域的合作主要体现在为进出口商提供融资服务、利用全球网络客户优势为投资贸易对接合作牵线搭桥以及提供其他平台服务等方面。比如，中国工商银行在推进中欧经贸投资往来方面发挥了积极作用。在欧洲市场，中国工商银行深耕 20 载，分支机构覆盖 15 个欧洲国家。因此，作为第二届进博会的“境外招商合作伙伴”，中国工商银行凭借其客户资源和优质的金融服务，与来自服务贸易、工程机械、先进制造、生物医疗及运输物流等领域的中国企业和欧洲国家或地区的企业对接磋商，与 350 家企业达成进一步实地考察的合作意向。[②] 同时，汇丰银行深耕中国市场，为参加进博会的全球企业提供《汇丰商贸领航：海外企业看中国》的进博会特别定制调查报告。[③]

5. 中欧供应链合作中存在的障碍

虽然全球供应链合作的具体参与者是各国的企业，但是国家之间的合作态度也深刻影响着企业之间供应链合作关系的稳定。

在贸易方面，由于欧洲经济增长疲软，中国在与部分欧洲国家的国际贸易方面存在顺差，导致欧洲尤其是欧盟成员国，对来自中国的商品进行反倾销反补贴调查，对中欧供应链合作产生了极大的负面影响。中国贸易救济信息网[④]统计数据显示，2010 年 1 月 1 日至 2021 年 6 月 2 日，欧盟对我国发

---

① 田栋栋：《中欧签署海运协定修改议定书》，http：//www. gov. cn/xinwen/2018 - 12/23/content_ 5351236. htm，2018 年 12 月 23 日。

② 中国工商银行：《工行成功举办进博会中欧企业家大会》，《实践》（思想理论版）2019 年第 12 期。

③ 中国人民银行上海总部综合管理部：《多措并举促进金融科技发展　保障进博会金融服务》，《金融会计》2019 年第 12 期。

④ 中国贸易救济信息网“国外涉华贸易救济案件”，http：//cacs. mofcom. gov. cn/cacscms/view/statistics/ckajtj，最后访问日期：2021 年 6 月 2 日。

起了75起贸易案件，其中57起反倾销、16起反补贴以及2起保障措施。这75起贸易案件大多发生在制造业，其中16起涉及钢铁工业、10起涉及金属制品工业、11起涉及非金属制品工业、6起涉及化学原料和制品工业等。①

在投资方面，欧洲由于恐惧中国崛起对其产生的威胁，在企业跨国并购方面加以诸多限制，尤其在包括5G在内的一些高新技术和数字贸易领域加以限制。比如，欧盟在2019年3月发布的《欧中战略前景》文件便针对中国在欧洲5G等高新技术领域投资进行限制。2019年3月5日，欧盟通过了《欧盟外资审查框架法案》，加强对中国企业投资的监管。欧盟的这些举措增加了中国企业在欧洲国家的投资成本，削弱了中欧供应链相关方面合作的积极性。此外，最近几年，欧洲多个国家对企业间的跨国并购进行干预，防止先进技术输出到中国企业。②

此外，由于欧洲国家与中国的合作态度不坚定，一些在华投资的欧洲生产商为防范政治风险带来的不确定性，决定将建在中国的企业迁回国内或者转移到其他国家。

中欧双方在跨境电子商务领域的进一步合作也存在一些限制，这些限制主要体现在相关支持技术方面。在物流技术方面，以邮政小包为主的中欧跨境电商运输物流因缺乏先进的物流追踪技术，导致丢包率偏高。此外，中国电商企业在欧洲各国的物流仓储设施建设仍处于较低水平，一些企业仍依靠转运公司来完成商品的跨境运输。在支付方式方面，国外采用的支付方式多为现金支付或用POS机支付，手机支付方式很少，通过跨境电子商务平台开展出口贸易的中国企业在欧洲享受不到电子支付带来的便利，降低了其与欧洲国家企业合作的积极性。③

---

① 原帼力、李浩：《逆全球化背景下中国对欧盟经贸合作的新特征及对策思考》，《经济论坛》2020年第4期。

② 姚铃：《中欧经贸合作前景仍然值得期待》，《进出口经理人》2019年第11期。

③ 范荣华：《中欧跨境电子商务合作的现状及升级途径》，《对外经贸实务》2018年第5期。

四 抓住进博会机遇，进一步深化中欧供应链合作的对策建议

（一）利用进博会开放合作效应，增强中欧政府间战略互信

进博会的举办，让欧洲各国看到了中国市场的巨大潜力，同时也为欧洲各国企业进入中国市场提供了便捷通道。中国可以通过进博会从欧洲引进优质的产品来激发中国内需潜力，促进“双循环”新发展格局的构建。虽然中欧贸易稳定增长，但是，中欧双边投资还存在诸多限制。因此，在全球经济环境充满不确定性的当下，中欧双方应进行战略合作。这将有助于欧洲企业分享中国市场红利，同时为中国经济参与国际大循环提供良好的国际环境。利用进博会开放合作效应离不开中方和欧方的共同努力，双方可在保持稳定的贸易伙伴关系的同时，扩大合作领域，共同迎接全球化挑战。

首先，中欧双方要从人民共同的和平与发展的诉求出发，相互尊重、相互支持。疫情下，全球经济遭受重创，中欧双方是全球两大重要的经济体，要加强战略合作，进行宏观层面的合作。中方一贯支持欧洲一体化进程，与欧方的友好关系不受英国脱欧的影响，将积极推动欧盟经济的稳定持续发展；同时中欧双方要加强交流、学习，推动双方稳定合作。

其次，双方要将合作领域扩大到绿色合作和数字合作领域，拓展双方合作的深度和广度。作为全球两大重要的经济体，双方要积极承担保护地球环境的责任，在全球气候变化等环境问题上，积极探索，不断创新，加强在环境保护方面的战略合作。同时，在数字经济快速发展的今天，双方应开展战略合作，开发新的技术，开拓新的数字市场，为经济萎缩的现状提供更多有效、快速的解决方案。

加强政府间对话，增强政治互信。进博会为中欧双方提供了平等的交流平台，有利于参展国家、参展企业和人员加深对中国的了解，在实现办展的同时，增进互信，为推动供应链合作扫清障碍。

建立维护和保障供应链合作的有效机制。中欧双方应制定有利于供应链合作的法律法规，建立摩擦争议解决机制，为中欧供应链运营与合作提供有效的保障机制。双方可在贸易合作框架下成立专门的部门以推动供应链合作，协调处理相关问题；还可建立互访机制，加深相互了解。此外，中欧双方还可以在汇率政策和金融监管方面进行合作，为中欧供应链合作的稳定性提供有力保障。①

（二）利用进博会国际采购平台，促进中欧供应链向数字化、智慧化转型

进博会作为一个国际采购平台，不仅展示了各个国家高质量的商品、先进的技术和高端解决方案，还集聚了一大批高度数字化的电子商务企业。因此，进博会在促进中欧供应链向数字化、智慧化转型方面发挥了重要的推动作用。

供应链企业直接赋能中欧供应链数字化、智慧化转型。推动供应链数字化、智慧化是中国构建“双循环”新发展格局的主攻方向之一，② 而进博会的举办为这一主攻方向提供了展示平台。一方面，进博会使得中国优秀的数字化供应链企业成为欧洲企业的服务商选择对象。通过进博会平台，供应链企业将最新的数字技术运用于进博会平台建设，无形中对我国先进的数字化供应链技术进行了宣传和实地运用。中欧供应链成为我国数字化供应链技术“走出去”的主要目标，我国将深度分销、品牌运营等智能供应链解决方案推广和运用于欧洲区域内供应链、中欧国际供应链，打造全数字化供应链网络，树立国际先进供应链合作的典范。另一方面，我国要深入学习国外先进的供应链系统和数字化解决方案，为我国智能供应链系统的打造和升级提供良好机遇。通过进博会平台，数字化供应链企业之间加强合作，政府为该类

① 杨长湧、刘栩畅：《疫情对欧盟经济的影响及推进中欧经贸合作建议》，《中国经贸导刊》2020 年第 8 期。

② 中国宏观经济研究院：《加快构建双循环新发展格局的 9 大着力点（上）》，https：//www. ndrc. gov. cn/xxgk/jd/wsdwhfz/202105/t20210507_ 1279327. html，2021 年 5 月 7 日。

企业减税减负，出台鼓励政策，让市场推动中欧供应链升级。

跨境电商采购加速中欧供应链数字化发展。借助跨境电商平台打破时空限制的独特优势，进博会实现了“线上”与“线下”相结合。中欧双方加强跨境电商方面的合作，建立了双方商品在线上买和线上卖、中间环节数字化运行的创新模式。

（三）利用进博会投资促进功能，推动中欧供应链合作联动中国供给侧结构性改革

与前两届进博会相比，第三届进博会新增投资推介功能。进博会投资推介功能的增加将助力中国“双循环”新发展格局的构建。随着中欧合作加深，进博会将进一步促进欧洲企业来华投资。基于中欧供应链合作中存在的障碍和“中欧全面投资协议”的谈判内容，建议中欧供应链合作从数字经济、高端服务业及高新技术三个方面联动中国供给侧改革。

1. 加强数字经济合作

中欧双方在数字经济发展方面优势互补，因此加强数字经济合作，将有助于中欧供应链合作向数字化、智慧化转型。中国作为全球第二大经济体，在数字经济应用领域有丰富的经验，而欧盟在数字经济市场监管方面拥有丰富的经验。① 因此，中欧企业可以分享彼此在数字经济领域的经验，促进供应链合作向数字化、智慧化转型。中欧双方在数字经济领域的研发环节和零售环节已有合作，可在现有合作基础上，深化供应链上下游合作，拓宽合作领域。中欧供应链发展需要加强技术交流与合作，建立数字供应链平台，加强在平台维护和平台升级方面的合作交流，以中欧供应链投资合作促进双方数字经济合作，建立数字经济投资合作交流机制，各取所需，互利互惠。

2. 加强高端服务业领域的合作

中欧双方可继续探索“负面清单管理模式”，加大在金融、电信、医

① 王广宇：《以数字经济推进中欧合作新发展》，http：//www. chinasoftcapital. com/article/item/2289，2020 年 9 月 15 日。

疗、物流等领域的投资力度，推进中欧双方的政治互信，促使“中欧全面投资协议”早日签署。中国继续扩大开放，进一步扩大开放城市范围，吸引高端服务业进入，加强负面清单管理，刺激国内消费升级，推进国内服务业供给侧结构性改革。

中欧双方银行、电信运营商、高端医疗等企业借助进博会平台，向全球消费者推介高端服务品牌、产品和方案。中国“新基建”创新成果突出，欧洲的基建需求较大，通过技术入股或投资入股等方式加强在具体项目上的合作，助力欧洲的电信、交通、医疗等基础设施建设。政府拓展海外市场，加强在服务业领域的合作，推动物流、电信、金融等向高端化发展。鼓励欧洲企业在华增加投资，引进欧洲产业链关键环节项目，① 使欧洲企业分享中国市场的红利。

3. 加强高新技术方面的合作

中欧双方降低高新技术的市场准入门槛，增进高新技术领域的交流与互信；降低在高新技术领域的投资壁垒，加强在产业链和供应链技术领域的交流、学习和共同研发，通过供应链技术合作推进其他领域的高端技术合作；增加到对方市场设立研发机构和工厂的数量，雇用当地高新技术人才，实现高新技术合作的本地化。

① 杨长湧、刘栩畅：《疫情对欧盟经济的影响及推进中欧经贸合作建议》，《中国经贸导刊》2020 年第 8 期。

B.3

高举全球化大旗，服务“一带一路”高质量发展

——进博会促进全球供应链合作研究

王玉柱　严佳杰　高　璐*

摘　要： 在疫情防控常态化背景下，稳产业链和供应链成为全球经济治理的重要议题。新发展格局的提出是我国重构与世界市场关系的重要体现。作为开放型经济的重要功能性平台，进博会是服务“一带一路”供应链合作的重要政策载体。探索功能创新和运营机制改革，立足区域化发展格局演化和运输方式革命，有效发挥平台的供应链资源协同功能。进博会如何促进“一带一路”产业链合作是新发展格局下的重要政策议题，需要重新定位进博会的功能、优化组织结构、促进制度创新。

关键词： 进博会　“一带一路”　产业链　新发展格局

2020年11月4日，国家主席习近平在第三届中国国际进口博览会（以下简称进博会）开幕式主旨演讲中提出，中国将构建以国内大循环为主体、

* 王玉柱，副研究员，经济学博士，上海国际问题研究院“一带一路”与上海研究中心秘书长、金融贸易研究室主任；严佳杰，华东师范大学国际关系与地区发展研究院2019级硕士研究生；高璐，上海国际问题研究院2019级硕士研究生。此外，上海国际问题研究院2020级硕士研究生焦欣瑶和刘振坤对此文亦有贡献。

国内国际双循环相互促进的新发展格局。新发展格局不是封闭的国内循环，而是更加开放的国内国际双循环。新发展格局是中国致力于世界经济再平衡和可持续发展的重要理念和实践创新，从长远看，也将造福各国人民。新发展格局下，需要进一步厘清国内产业主体性和国际分工稳定性问题，需要以更加系统的理念统筹中国开放型经济的产业布局。

新发展格局下，我国经济制度改革需要充分权衡经济发展与经济安全之间的辩证关系。从新发展格局角度重新定位和思考进博会的功能创新和制度设计具有重要意义。在注重进博会贸易平衡促进功能的基础上，通过促进国际供应链和产业链合作、维护供应链安全稳定，更好地助力“一带一路”高质量发展。

当前背景下，“一带一路”高质量发展越发体现稳产业链、稳供应链的政策内涵。要整合产业链，需要重构外向型经济发展空间，在特定地域，通过促进“一带一路”供应链合作，提升产业链稳定性和抗风险能力。进博会作为与传统商业展会不一样的展会，承载着新发展阶段开放型经济的重要改革使命。进博会的制度功能创新需要有效回应全球化发展的阶段性特征以及高质量共建“一带一路”的新阶段发展需求，提升新发展格局下外部经济空间的发展稳定性。

进博会与“一带一路”倡议在制度设计方面存在共性逻辑，都是开放型经济发展模式下中国市场资源优势与世界发展共享的过程。在疫情防控常态化背景下，需要重新定位进博会的功能，从“一带一路”供应链合作和产业布局优化角度重构进博会与外部市场的发展互动关系。从产业链和供应链安全角度探索相应组织功能建设和制度设计，以新发展格局的构建为导向，有效服务供应链整合，实现生产环节的结构优化和功能重组是进博会制度创新的重要方向。

一　进博会的功能演化与新发展格局下的新定位

当前，世界经济正经历“百年未有之大变局”，中国开放型经济发展的外部环境加速变化，进博会的制度创新需要回应不断变化的国际形势。进博会最初的功能在于促进贸易平衡，通过对外贸易更好地惠及共建“一带一路”国家和地区。经过三年的发展，目前进博会已成为国际采购平台、投资促进平台、人文交流平台、开放合作平台，成为全球共享的国际公共产品，并且后续将被赋予重要的改革功能。中国对外贸易失衡具有结构性特征，当前因贸易和经济失衡诱发的国际政治纷争正成为一个突出问题。中国开放型经济建设和制度变革需要不断回应世界经济发展中的国际政治问题，政策工具的使用不仅需要考虑对外贸易的结构性失衡问题，同时也要考虑国内高质量发展的有效实践。

（一）进博会的贸易平衡促进功能

改革开放以来，中国工业化发展建立在外向型经济基础之上，通过参与国际分工实现贸易经济部门的迅速扩张，进而带动产业结构升级和快速城市化。整个经济体系建立在对国际市场分工依赖的基础之上，这一模式在促进中国从世界经济市场中获益的同时，也导致对外贸易的持续顺差和对外经济失衡问题。在逆全球化思潮蔓延以及新冠肺炎疫情全球蔓延的背景下，中国亟待调整对外经济发展方式，实现由贸易顺差转向贸易平衡，构建国内国际双循环相互促进的新发展格局。另外，受到产业结构惯性的影响，国内产业结构优化长期未能有效实现，当国内产量超过国际市场需求饱和点后，后续产业扩张必将导致产能过剩问题。

当前，全球化范围内保守主义盛行，并形成一股潮流，贸易保护主义日渐抬头，而中国改革开放进入深水区，面临复杂的外部发展挑战。促进对外贸易平衡和塑造可持续发展的外部经济空间已成为中国经济高质量发展的重要方面。中国作为全球第二大经济体、世界第一贸易大国和全球第二消费市场，有效缩小贸易顺差，通过进口贸易增长为国际市场创造更多的需求，有助于世界经济可持续发展。与此同时，在全球贸易增长疲软的背景下，中国巨大的市场消费潜力是重振国际贸易的重要引擎。发挥进博会贸易平衡促进功能意味着中国需要通过开放市场重构与世界的贸易关系，通过外部市场开放有效促进内部市场改革，实现高质量发展的产业结构优化。

中国通过进博会这一开放合作平台主动开放市场、扩大进口，对有效促进贸易平衡发挥了重要作用，对收窄贸易逆差、实现经济高质量发展具有深远意义。中国作为世界第一贸易大国，出口导向型发展模式已不再契合自身发展诉求，通过进口贸易增长服务国内供给侧结构性改革是实现国内经济高质量发展的重要路径创新。从广交会到进博会，体现了中国从扩大出口贸易向扩大进口贸易的转变，也反映了中国经济结构的深层次变化。2018 年 11 月，首届进博会在上海召开，来自全球 172 个国家与地区的企业参展，累计一年意向成交额达 578.3 亿美元。即便受疫情影响，进博会在推动全球经济发展、助力全球贸易再平衡方面依然表现卓越，第三届进博会成交额逆势上涨，累计一年意向成交 726.2 亿美元，相比第二届进博会增长 2.1%，世界 500 强及行业龙头企业参展回头率超过 70%。[①] 以“新时代，共享未来”为主题的第三届进博会，给世界各国扩大出口、推进全球产业链协同发展注入新动能。

（二）虹桥国际经济论坛的常设性主场外交平台功能

在全球经济增速放缓、贸易保护主义盛行、多边贸易体制改革停滞不前的背景下，国家间政治反向强化了经济民族主义和世界保护主义的发展。作为重要的常设性主场外交平台，虹桥国际经济论坛正发挥全球治理的政策协调功能。进博会作为我国对外开放的重要标志性工程，是中国阐释开放经济发展理念和制度设计的重要平台。自首届进博会起，中国借助该平台向世界宣传和展示矢志不渝对外开放的发展理念。目前，中国商品和服务进口额增速明显高于全球平均水平。截至 2020 年 11 月，全国外商投资准入负面清单由 40 条减到 33 条，自由贸易试验区由 18 个增至 21 个[②]，充分显示了中国坚持对外开放的决心。

---

① 《成交额超过上届！第三届进博会按年计意向成交 726.2 亿美元》，https：//www.thepaper.cn/newsDetail_ forward_ 9932384，2020 年 11 月 10 日。

② 《2020 年版外商投资准入负面清单对外发布》，http：//news.youth.cn/gn/202006/t20200625_ 12383798.htm，2020 年 6 月 25 日。

首届进博会期间，习近平主席提出中国扩大对外开放的五项举措，即：激发进口潜力、持续放宽市场准入、营造国际一流营商环境、打造对外开放新高地及推动多边和双边合作深入发展。同时，就国内深化改革提出“三大任务”，即：增设中国上海自由贸易试验区的新片区、设立科创板并试点注册制、将长三角一体化上升为国家战略。[①] 近三年来，相应政策实践取得了重要进展，正发挥积极的改革溢出效应。

在第二届进博会开幕式上，习近平主席宣布继续扩大对外开放的系列举措：一是继续扩大市场开放，促进国内和国际市场生产要素有序自由流动；二是推进自由贸易试验区和五大国家区域发展战略联动发展；三是优化营商环境，为高水平开放、高质量发展提供制度保障；四是继续深化多边合作，共同推动经济全球化向前发展；五是推动“一带一路”高质量发展。习近平主席同时就世界经济发展提出三点倡议：一是开放合作，削减贸易壁垒，完善全球价值链、供应链；二是开放创新，加强创新合作，推动科技经济融合，加强创新成果共享；三是开放共享，坚持多边贸易体制，促进贸易和投资自由化便利化。[②]

第三届进博会是在疫情背景下召开的。面对受到新冠肺炎疫情冲击的世界经济，习近平主席在开幕式主旨演讲中向世界提出三方面合作倡议：一是合作共赢；二是合作共担；三是合作共治。习近平主席向世界承诺，任凭国际形势变化，中国将坚定不移地全面扩大开放，更有效率地实现国内外市场联通、要素资源共享。此外，习近平主席还就未来进一步开放提出四点举措：建设开放新高地，发挥自贸区、自贸港的引领作用；促进外贸创新发展，压缩《中国禁止进口限制进口技术目录》，为技术要素跨境自由流动创造良好环境；持续优化营商环境，强化知识产权保护，维护外资企业合法权

---

① 习近平：《共建创新包容的开放型世界经济——在首届中国国际进口博览会开幕式上的主旨演讲》，http://www.xinhuanet.com/politics/leaders/2018-11/05/c_1123664692.htm，2018年11月5日。

② 《习近平出席第二届中国国际进口博览会开幕式并发表主旨演讲》，http://www.gov.cn/xinwen/2019-11/05/content_5448944.htm，2019年11月5日。

益；深化双边、多边、区域合作，继续同相关国家推进“一带一路”高质量建设。[①] 通过进博会，进一步推动多层次、高水准的对外贸易发展，积极吸引外资，不断促进国内国际双循环；进一步扩大对外开放，继续降低商品和服务的进口壁垒，鼓励外国资本流入，对于扩大内需、畅通国内大循环，也将起到非常重要的推动作用。

（三）从服务贸易平衡转向促进产业链和供应链合作的全球治理功能

新发展格局的提出首先意味着中国自身发展所依托的内外市场秩序将有实质性调整。以国内大循环为主体的发展将有助于改变长期以来过度依赖国际市场所形成的脆弱的国内产业结构。构建“双循环”新发展格局，其本质上是要改变既有生产分工体系的依附关系，实现以国内市场为主体、关键产业为核心的对外分工的外延性拓展。中国外向型经济发展模式的一个重要特征是通过出口产业的快速发展在较短的时期内完成工业化进程，但因此带来的经济结构性问题也是显而易见的。整个工业化建立在世界市场基础之上，也注定了主体产业的缺位和整个产业体系的脆弱性。一旦外部经济动荡，国内经济将不可避免地受到影响。早在东南亚金融危机期间，“东亚模式”发展弊端已显现出来。

进入2020年以来，新冠肺炎疫情的蔓延和外部环境恶化对我国供应链的安全与稳定构成严峻挑战。习近平总书记在经济社会领域专家座谈会上的讲话表明：当今世界正经历百年未有之大变局……国际经济、科技、文化、安全、政治等格局都在发生深刻调整。世界进入变革期。今后一个时期，我们将面对更多逆风逆水的外部环境，必须做好应对一系列新的风险挑战的准备。[②] 中共十九届五中全会提出的“十四五”时期经济社会发展主要目标之

---

① 《习近平在第三届中国国际进口博览会开幕式上发表主旨演讲》，http：//www.gov.cn/xinwen/2020－11/04/content_ 5557390.htm，2020年11月4日。

② 《习近平主持召开经济社会领域专家座谈会并发表重要讲话》，http：//www.gov.cn/xinwen/2020－08/24/content_ 5537091.htm，2020年8月24日。

一要求“产业基础高级化、产业链现代化水平明显提高”。产业链问题已被提升到国家战略层面，进博会在服务供应链和产业链稳定方面应有新作为。进博会作为贸易撮合和产业促进的综合性功能平台，依托中国巨型市场体量的规模优势，如何促进供应链整合是回应新发展格局构建的重要改革命题。

产业链效率与分工稳定性之间存在显著的反向关系。当前，如何保持供应链稳定正成为世界主要工业国重要的经济安全议题。除中国外，世界主要工业国普遍受到供应链危机的冲击，纷纷调整本国的产业政策。近年来，关键行业领域出现产业链政治化迹象，国家间政治通过供应链控制或阻断对相关下游产业构成“卡脖子”的风险。以特朗普任期内对华在高端制造领域的断供为例，美国通过对芯片等上游产业和产品供给的控制对相关中国企业的生产经营造成重大冲击。

中国是全球工业部门最全、产业链最完整的国家，凭借此优势及疫情背景下超常规举措力保关键环节和龙头企业正常运转，有力维护了全球产业链、供应链稳定，为全球经济复苏奠定了重要基础。然而，受供应链政治化影响，新冠肺炎疫情背景下全球制造业格局正经历深刻变革，维护产业链稳定事关国家经济安全和世界经济可持续发展之全局。推动供应链合作对于可持续发展的长远意义在于降低产业链的不确定性。

产业链和供应链合作的核心要旨在于不同企业间生产环节的协同性和稳定性。市场机制下，企业之间通常借助契约建立上下游产业环节的链接机制，或者企业内部不同生产环节之间在企业资源管理系统的统筹下，实现资源在组织和生产流程上的有序协调。全球产业链和供应链的形成与发展演化并非市场自发形成的结果，而是在很大程度上受到国际政治因素的推动。从历史发展看，全球产业链和供应链的形成是贸易规则、技术创新与扩散等因素共同推动的结果，是产业分工在全球范围内不断拓展和深化的结果。目前，推动全球产业链和供应链发展的多重变量均存在较大变数，并将全球产业链和供应链带入断裂周期。在贸易保护主义、单边主义抬头的国际形势下，受中等收入国家国内供给能力增强、市场扩大以及逆全球化等因素的影响，国际政治因素诱发的产业链和供应链安全问题日益凸显。

二　新发展格局下进博会促进“一带一路”供应链合作的实现机制

“一带一路”倡议作为中国驱动全球化实践的重大举措，是全球化退潮期重振世界经济的重要动力源。全球参展企业通过进博会积极寻找新兴市场的商业机会。尽管受到疫情的冲击，第三届进博会上仍有47个共建“一带一路”国家和地区的500多家企业参展，展览面积近4万平方米。进博会六大展区尤其是消费品、食品及农产品展区会聚了不少来自共建“一带一路”国家和地区的参展商。

早在“双循环”新发展格局提出之前，我国既已着手推进区域一体化建设，推动要素市场化配置的体制机制改革，系列改革的重要出发点在于打通“堵点”环节，实现内部市场的分工协调，真正激活不同部门和生产环节的系统集成功能，提升内部市场的产业自主性。

自2008年金融危机以来，内外经济再平衡始终是中国与外部市场关系调整的核心内容。这一再平衡战略从最初的贸易调节，逐步转向产业领域，并且越发倾向于形成内外平衡的中长期解决方案。当前中国须直面产业主体性问题的挑战，重塑开放新格局是当前和未来一段时期内中国经济体制改革的重要方向。中国一方面受到外部的压力，另一方面受困于内部发展的结构性问题。在中美贸易摩擦加剧的背景下，贸易竞争关系已退居次要位置，核心产业与技术领域的竞争占据更为主导的位置。

“双循环”新发展格局将塑造我国开放型经济发展新优势。一是通过畅通国内大循环，打通生产环节“堵点”，进而激活国内市场潜力，提升超大规模经济体对世界经济可持续发展的正外部性，这是“再平衡”问题的中长期解决方案；二是在规模化和系统集成基础上，积极推动与新兴市场经济体的分工合作。上一轮中国企业大规模“走出去”所形成的与世界其他地区间的产业分工关系体现了“东亚模式”下的产业梯度关系。然而，这一产业分工关系建立在西方主导的传统世界产业体系基础之上，这体现了产业二次转移的发展逻辑，无益于在中长期内改变既有东西或南北关系的发展失衡格局。

（一）确立中国核心产业的主体和主导地位，发挥进博会的改革促进功能

进博会作为不一般的展会，需要不断优化结构和功能布局，及时回应时代改革命题。进博会的供应链整合功能是新发展格局下中国开放型经济建设的重要功能创新方向。政府应充分考虑国际政治复杂性以及国际市场有效性问题，从全球产业链安全角度思考政府职能的有效发挥，进而重构进博会的组织功能。新发展格局下，通过进博会平台更好地整合和管理进口贸易，提升全球产业链合作的稳定性，降低供应环节的不确定性对经济体系的负面冲击，应成为进博会重要的改革功能领域。

长期以来，欧美发达国家在核心技术领域以及国际贸易中处于优势地位，发展中国家相对处于不利地位。构建“以国内大循环为主体、国内国际双循环相互促进”的新发展格局有助于我国掌握国际分工的主动权，保障国家经济体系安全稳定运行。从世界范围来看，新发展格局的形成也将使我国有效避免国际政治等因素对单维度产业链的冲击，提升全球产业链的韧性和稳定性。要构建“双循环”新发展格局，在国内就要尽快形成资源共享、优势互补、分工协作、互利互惠的新发展模式。

进博会是促进共建“一带一路”国家和地区出口的重要开放合作平台，能够有效减缓疫情对相关国家和地区带来的负面冲击，助其尽早摆脱经济困局。目前，外资企业正借助进博会平台持续布局中国市场。在第三届进博会举办期间，汇丰银行面向全球发布了一份为进博会定制的调查报告①。这一面向全球 11 个海外市场近 1100 家企业的调查显示，在世界经济及贸易发展受新冠肺炎疫情冲击和地缘政治紧张局势影响的背景下，全球企

① 《汇丰商贸领航：中国增长　世界机遇》，https：//www. business. hsbc. com. cn/zh-cn/insights/support/navigator-growing-with-china，2020 年 11 月 6 日。

业仍将注意力聚焦于中国，将其作为未来业务拓展的重点市场之一。进博会正成为诸多新产品和新技术进入中国市场的重要平台。第三届进博会期间，有数百项新产品、新技术、新服务进行“全球首发、中国首展”，不少行业细分领域的“隐形冠军”也在展示其首发产品。新技术应用和新产品首发能够借助中国巨大的市场体量实现产业化规模效应。由此，进博会发挥了促进新产品孵化和国内市场产业化的平台功能，正成为我国在信息、高端装备制造等领域逐步攀升至全球价值链高端环节的重要功能平台。

作为首个从新冠肺炎疫情冲击中复工复产的国家，中国工业生产潜能正得到最大限度的激发。在全球生产近乎停滞的背景下，国内相关产业甚至超负荷生产。“中国制造”作为全球产业链的重要一环，是世界经济体系持续运转的重要保障，也是中国参与构建后疫情时代全球产业链和价值链的基础与源动力。中国凭借强大的经济恢复能力和产业影响力，有效地延缓了全球产业链断裂之势。在此背景下，中国产业链要继续做大做强，以维护全球产业链和供应链的安全和稳定。除外资企业借助进博会平台进军中国外，国内许多优质企业也依托进博会“出海”，在产业链上下游积极布局，并在全球范围内打通消费市场，促进国际经济和贸易大循环。持续对外投资的中国企业是全球产业链和供应链稳定的最直接贡献者。

进博会之于中国产业主体的中长期改革的功能在于促进相关产业的整合。在全球经济和产业发展存在不确定性的困难时期，中国作为全球产业链、供应链的重要枢纽之一，将给全球产业链、供应链的稳定带来明显的促进效应。进博会为中国与世界提供了一个资本、信息、人才、技术等深度交流的平台，通过进博会平台实现国际新产品、新技术、新服务的“全球首发、中国首展”，有利于促进以进口带动国际要素市场与国内生产的有效整合，通过优化要素组合打破既有经济循环格局。

（二）供应链整合的区域化趋势与“一带一路”高质量发展的功能空间

从全球经济发展规律看，内陆地区将成为未来推进全球化进程的重要发力地区，“一带一路”建设将因此被赋予更为重要的区域化发展内涵和新型全球化驱动功能。当前，越来越多的传统全球化边缘国家对于融入新一轮全球化进程的期待日益上升。

新发展格局下，区域发展失衡问题使中国经济安全的紧迫性凸显。新阶段，开放型经济政策的设计需要充分考虑如何塑造稳定和可持续的开放型经济空间，如何有效回应国内发展的区域失衡问题。改革开放后，我国在区域发展格局上遵循“从沿海到内陆”的模式。比如，在沿海地区首先设立了 5 个经济特区和 14 个沿海开放城市，而内陆地区由于缺乏便捷的运输通道，开放进程相对滞后。这一沿海优先的差别化区域发展战略使东南沿海地区成为最先的受益者，中西部内陆地区则始终扮演“追随者”的角色，尤其是先发地区对于后发地区具有资源虹吸效应，区域发展失衡问题更加严峻。2000 年，国务院西部地区开发领导小组会议召开，研究加快西部地区发展的基本思路和战略任务，部署实施西部大开发的重点工作。“一带一路”倡议提出之初的目的在于通过广阔内陆纵深地区的开放，有效激发国内大市场的发展潜能。经济发展的地理空间或市场空间塑造是“一带一路”建设初期重要的政策设计逻辑。

面对产业链条缩短化、碎片化及价值链区域化的趋势，未来需要考虑产业链的稳定性、区域政治经济风险等。新发展格局下，进博会与“一带一路”建设要促进产业链联动发展，更加注重产业链布局的空间优化问题，在稳定的生产空间内兼顾经济效率和经济安全。经过数年发展，“一带一路”建设从“大写意”转向“工笔画”，考虑到“两个市场、两种资源”开放型发展战略的政策初衷和国内高质量发展的现实需求，“一带一路”高质量发展需要技术创新和产业化发挥基础支撑作用，而技术的成长需要依赖有效市场空间作为基础。从政策实践有效性角度看，“一带一路”建设的持续推进需要考虑特定区域发展的有效性和经济绩效问题。“一带一路”高质量发展的区域化属性日益明显。

基于上述考虑，后疫情时代，“一带一路”高质量发展将更加注重区域导向，重点地区和重点产业领域将成为“工笔画”的重要政策实践载体。中国与东南亚、俄罗斯中亚等内陆地区和具有基础设施联通便利条件的发达国家间的合作将进一步深化。东南亚地区将成为中国国内市场产业链拓展的重要外延区域。借助日益健全的交通运输网络和电子商务渠道带来的成本优势，中国与东南亚地区将形成多元复合的产业体系。东南亚地区以中小规模经济体为主，经济合作的政治敏感性相对较低。在中美贸易摩擦加剧的背景下，借助便捷的交通、物流和地理位置上的优越性，中国企业对区域贸易的投资显著增长。疫情背景下，东南亚已成为中国第一大贸易伙伴。

俄罗斯中亚等内陆地区作为“一带一路”建设的重要区域将在后疫情时代被赋予更重要的发展内涵。随着俄罗斯中亚等内陆地区基础设施网络不断完善，尤其是铁路网络不断完善，区域内运输的成本优势逐步显现。中欧班列在链接国内市场与俄罗斯中亚以及东欧等亚欧内陆腹地上的便捷性日益显现。目前，越来越多的中资企业开始在中东欧国家布局，中欧班列的时间和经济成本优势日益显现。既有基础设施和物流网络的不断完善能够持续激发生产成本优势。

中国与欧洲和日本等发达经济体之间的泛区域化合作前景广阔。继中国与东盟十国、日本、韩国、澳大利亚和新西兰签署《区域全面经济伙伴关系协定》（RCEP）后，11 月 20 日，习近平主席在亚太经合组织第二十七次领导人非正式会议上向世界公开表示，中方将积极考虑加入全面与进步跨太平洋伙伴关系协定。与发达国家深化科技和高端产业领域的合作是我国实现高质量发展的重要驱动力。长期以来，中国产业转型离不开与发达国家的合作。新发展格局下，中国同欧洲国家及日本、新加坡等国的合作将有更广阔的发展前景。比如，欧洲主要发达国家在高科技领域始终是我国高质量发展的重要合作伙伴。欧盟作为非主权国家实体，国际政治因素对中欧合作影响较小，相关成员国在双边合作层面亦会采取更加务实的举措。另外，受到运输革命的影响，铁路运输的通达性、可及性和便利性正改变全球供应链形态。

三　新发展格局下进博会整合“一带一路”供应链的实现机制

后疫情时代，全球产业链“缩短”成为重要发展趋势，诸多跨国公司借助数字技术，通过供应链内部化和区域化降低生产流程的不确定性。新发展格局下，中国对外开放型经济建设尤其需要重新辩证地思考全球化和区域化的关系问题，重新权衡产业发展与经济安全之间的平衡关系，从供应链和产业链安全角度完善进博会功能。

（一）促进“一带一路”供应链整合的行为主体与动力机制

推进“一带一路”供应链合作首先需要考虑行为主体和动力机制问题，即：如何借助市场机制、政府作用或其他行为主体的力量实现供应环节的关系协同、有序运作？对于这一问题的深入分析，需要先回应世界市场机制有效性与共建“一带一路”国家和地区全球治理的有效协同等问题。显而易见，既有世界市场相互割裂，难以实现市场机制下全球范围内产业链的有效整合。产业链政治化正成为破坏世界市场资源配置有效性的重要因素。中长期来看，世界经济只是国际政治的实现手段。世界市场整合长期受到主权国家利益纷争的影响。与此同时，当前世界市场经济环境决定了通过主权国家之间的政府合作实现产业链整合缺乏现实可行性。

通过进博会促进“一带一路”供应链整合，需要考虑进博会与相关国家和地区产业发展互动的有效实现机制问题。进博会促进“一带一路”供应链整合体现在以下三个方面：一是继续发挥进博会的全球贸易促进功能，利用中国大市场优势，促进全球贸易增长；二是通过贸易实现“一带一路”供应链的优化，以区域化路径更好地推动全球化发展；三是服务国内市场建设，发挥进博会对深化供给侧结构性改革的促进功能，实现在关键环节和产业领域的主导性。供应链整合是一种资源管理能力，涉及有效管理和精准对接问题。挖掘国内巨型市场消费潜能，为进博会促进供应链合作赋能，是实现产业链整合的关键所在。

从中长期来看，进博会需要从更加宏观的制度设计角度思考促进进口交易达成的机制问题，从加强对进口贸易的有效规划和组织管理角度，增强进口贸易管理的组织性；需要针对上下游产业进行有效管理和精准对接，推动实施以服务供应链整合和产业链稳定为导向的改革方案。此外，还需要提升进博会与其他展会的协同性，更好地服务国家贸易和产业发展战略。当前，进博会在资源协同方面，尚处于数量型扩张阶段，贸易功能强于产业发展功能。若只拓展贸易功能，未来可能与其他类型展会形成同质化竞争格局，比如中国（昆山）品牌产品进口交易会、中国－东盟博览会、中国进出口商品交易会等。此外，还有诸多专业展会都与进博会的功能重叠。以两年一届的上海宝马展为例，相关参展商需要在参加上海宝马展后，再转场进博会，较短时间内连续布展，实际成交量不可避免地受到影响。

（二）进博会服务“一带一路”供应链合作的系统解决方案

进博会不仅是商品展示和交易的平台，通过贸易增长促进全球供应链合作，还发挥协同供应链的平台功能，为“一带一路”供应链合作提供系统解决方案。从首届进博会开始，服务贸易展区吸引了相当一部分国际知名供应链管理企业，包括提供金融、法律、会计、投资咨询和物流等一系列供应链环节系统解决方案的企业。第三届进博会的服务贸易展区，吸引了与供应链合作相关的金融、物流、咨询等企业入驻。这些企业立足打通供应链环节的“堵点”，在相关“五通”领域开展了一系列创新探索。来自中国与共建“一带一路”国家和地区的参展商通过多样的服务模式为“一带一路”供应链合作提供了多维度和多样化的解决方案。

除传统银行业外，第三届进博会金融服务板块首次引入非银金融服务机构，包括供应链金融、金融投资、汇兑、征信、区块链金融科技等细分领域参展商。中国进出口银行推出了第三届进博会专项金融服务方案——“进博融 2020”，并设立了支持进口的专项额度，特别配置了 1800 亿元的额度专门支持从共建“一带一路”国家和地区进口。方案以外贸产业链、供应链为主线，围绕进博会进口企业，将金融服务延伸至境外的出口商、制造商，以及国内分销商、零售商、服务商等外贸产业链上的企业，受益群体还包括为供应链稳定、畅通提供基础保障服务的仓储、港口、物流等服务类企业，中国进出口银行为这些上下游企业提供咨询、融资、支付、避险增值等服务，让境外企业更有能力深度参与中国市场，推动境外企业与国内企业实现资源共享。汇丰银行作为全球最大的银行和专业金融服务机构之一，借助进博会平台，向共建“一带一路”国家和地区的投资企业提供包括银行、人寿保险、金融科技等在内的全方位金融服务。此外，汇丰银行还重点推介其为支持中国与全球贸易投资联系所实施的创新业务模式，比如，通过数字技术赋能提升客户满意度。

供应链物流综合解决方案是第三届进博会的重要创新点。疫情之下，针对全球供应链中断难题，国际物流巨头纷纷推出供应链创新计划。紧紧围绕“一带一路与中欧班列”及“物流数字化”主题，着力展示海运、空运、货运等领域龙头企业的国际运输应急解决方案及数字化创新方案。中国铁路工程集团有限公司以中欧班列、铁海联运等服务产品亮相第三届进博会，生动展示了其在畅通国内国际双循环和服务“一带一路”建设等领域的标志性成果。通过第三届进博会，中欧班列的服务商可以更多地了解不同产业供应链的需求，同时更好地倾听共建“一带一路”国家和地区相关企业的供应链解决方案诉求，有助于他们开发更多更符合市场需求的班列线路。此外，第三届进博会还吸引了共建“一带一路”国家和地区主要港口服务机构参展，包括迪拜环球港务集团、新加坡国际港务集团、希腊比雷埃夫斯港、巴拿马玛岛港等。这些港口和物流服务机构希望搭载“一带一路”互联互通的顺风车，在进博会平台寻找新的发展合作机遇。

此外，咨询服务、法律服务、检验检测服务及供应链管理等具体专业领域的服务机构亦纷纷入驻进博会，为“一带一路”供应链合作提供包括国际贸易支持、国际仲裁、多国标准认证等一站式综合服务解决方案，为企业的数字化转型、智慧企业管理等赋能，比如，来自新加坡的新标市场营销公司为客户提供定制的360度营销传播解决方案，为客户提供品牌体验、品牌宣传与传播、品牌激活、市场拓展和品牌制作等全面的服务，并通过进博会现场为潜在客户进行生动的展示。在具体专业服务领域，来自土耳其的审计公司 PKF ISTANBUL 利用其在土耳其及中东地区丰富的业务经验，为全球各地的公司提供企业金融、税务咨询、工程管理、会计、外包、专家咨询和独立审计等服务，以及多维立体的一站式服务。

（三）中欧班列塑造区域发展新格局及供应链合作新趋势

后疫情时代，产业链区域化正成为重要发展趋势，跨国公司通过内部化生产推动产业链整合的案例显著增多。尤其得益于科学技术的发展，通过数字化或智能化控制，产业链长度与生产经济性之间的显著性在降低，供应环节的时效性和稳定性正成为跨国公司生产布局的重要考量因素。中欧班列作为“一带一路”设施联通的重要实践载体和制度创新，是一种驱动全球生产协同关系变革的重要物流方式创新，且越发成为“一带一路”供应链合作的新动力和新机制。铁路运输具有较好的可及性，能实现内陆地区的广泛覆盖，并且随着物流网络的持续优化，运输成本显著降低，从最初的每公里 1 美元，下降至每公里 0.4 美元，这对于诸多生产企业而言越发具有成本经济性。中欧班列借助复杂的运输网络，将核心生产环节广泛渗透到欧亚大陆腹地。新冠肺炎疫情使全球范围内的航空和海运业务受到巨大冲击，但中欧班列开行班次却呈逆势增长之势，对特定时期全球供应链的稳定发挥了不可低估的作用。《抗击新冠肺炎疫情的中国行动》白皮书[①]显示，2020 年 1～4 月，中欧班列开行数量和发送货物量同比分别增长 24% 和 27%，累计运送抗疫物资 66 万件。不停运的中欧班列在“一带一路”供应链甚至全球供应链上下游环节发挥了重要的桥接功能。

相比一般贸易品或终端消费品，借助铁路运输网络实现不同生产环节的工序衔接是区域供应链整合的重要路径。借助中欧班列，可以将我

① 《抗击新冠肺炎疫情的中国行动》白皮书，http://www.scio.gov.cn/ztk/dtzt/42313/43142/index.htm，2020 年 6 月。

国或其他地区工厂生产的半成品或中间品运送至欧亚大陆腹地的生产基地，继续完成生产和组装工序。目前开行的中欧班列中，作为供应链解决方案的比例持续上升。比如，戴尔公司将成都的笔记本零部件经中欧班列运送至戴尔位于波兰罗兹的生产基地。当前，成都作为全球重要信息产业供应链中心的地位日益凸显，已成为全球平板电脑和笔记本芯片的重要制造基地。除了戴尔公司外，TCL 亦在波兰设立工厂，将四川生产或经四川集散的电视机零部件经中欧班列运到波兰。此外，格力集团、神龙汽车、一汽大众、宝马将都开始尝试借助中欧班列实现供应链的区域化整合。

基于中欧班列运输的便利性和经济性，日韩企业将位于日韩的生产企业与位于欧亚大陆腹地的生产基地对接，借助中欧班列向位于欧亚大陆腹地的工厂运送中间品和零部件。比如，从日照出发的“照蓉欧”国际班列主要吸收来自韩国的出口货物，韩国 LG 集团开行的“韩国 LG 专列”将韩国生产的液晶显示面板、电极、铝箔等半成品经青岛港运送至 LG 集团位于波兰的工厂。当前，越来越多的国际物流巨头开始将目光瞄准中欧班列开行所带来的运输方式革命，以及由此带来的全球供应链布局调整，纷纷进军企业供应链的系统解决方案领域。在第三届进博会上，中国远洋运输、马士基旗下的物流公司丹马士开始借助中欧班列为客户提供供应链整合方案。

中欧班列的开行正推动欧亚大陆内部的产业演化轨迹调整。通过改变相应地区的生产优势，优化产业分工关系，甚至部分老工业基地借助铁路网络带来的供应链整合革命，开始重新焕发生机。德国鲁尔区的纺织业在现有世界分工体系下，尤其在亚洲纺织业的冲击下，近乎完全消失。中欧班列作为一种区域化供应链解决方案，改变了该区域的比较优势。随着东亚地区生产成本的持续上升，以及德国数字化工业技术的使用，纺织业的智能化有效解决了传统粗放产业的成本困境问题。基于中欧班列运输的便利性和成本经济性，亚根堡公司重新迁回德国鲁尔区，将中亚地区生产的纺织原料运送至德国鲁尔区的纺织工厂，重新组织生产。

（四）进博会服务“一带一路”供应链合作的实践路径及未来探索

进博会服务“一带一路”供应链合作，需要从更加宏观的视角进行系统的政策设计，重新定位大国参与国际市场规则制定的行为逻辑和政府角色，因此，本报告提出如下建议。

第一，从服务“一带一路”供应链合作角度对进博会招展和采购的组织流程进行重新优化。在事关国家经济安全和“卡脖子”等重点行业领域，加强对进口采购的组织管理；可建立进口商品集中采购机制，集中采购相关商品。根据国内产业发展需求和国际供需形势，建立集中产品名录，对于重大装备设施、技术产品和关乎国计民生的产品，以中国拟加入世贸组织《政府采购协议》（GPA）为契机，制定政府采购清单名录，向世界展示中国全面扩大开放的决心。

第二，增强进博会进口贸易管理的组织性和系统规划性，整合既有展会平台资源，增强分工协同性。未来，需要针对不同类型展会平台加强分类管理。鉴于与广交会、中国－东盟博览会等展会平台存在较大的功能重合，进博会应重点突出“一带一路”合作主题和实践创新。通过全方位对接，提升进博会服务“一带一路”产业链合作的专业性和精准性。

第三，以共建“一带一路”国家和地区相关境外合作区为基本单元，邀请园区企业组团参加进博会，推动上下游供应链精准对接。境外经贸合作区作为“一带一路”产业链合作的核心载体，是以国内主导产业和核心生产环节为中心的境外产业链的延伸或拓展。进博会为境外经贸合作区提供商品展销和综合采购平台，有助于更好地整合共建“一带一路”国家和地区的供应链资源。以集中或集体采购进行区域产业链的有效管理，在关键行业或领域，建立由龙头企业或行业协会牵头的集体采购制度，通过集体采购提升采购的竞价协同能力，避免竞争乱象冲击产业链合作。我国拥有全部工业门类，经过改革开放四十余年的发展，诸多行业巨头已具有国际影响力。行业巨头对于相应产业或行业具有较强的资源组织和协同能力，建立由行业巨头牵头的集体议价组织，有助于避免分头竞价模式下供给方的垄断定价行为。

第四，针对“一带一路”重点地区建立供应链管理制度，以集体或集中采购为导向，重塑在共建“一带一路”国家和地区的产业布局。共建“一带一路”国家和地区大致可分为资源优势型、生产优势型、技术优势型三类。进博会针对上述三种类型需要采取差异化整合策略。比如，针对俄罗斯、中东等资源优势型国家和地区，应强化大宗商品的集中采购，注重采购环节的技术标准协同问题，推动能源和资源开采的绿色化，以进口贸易优化对外投资布局。针对东南亚等生产优势型国家和地区，注重国内高端产业和核心环节的分工引领作用。在 RCEP 框架下，立足未来全球化和区域化变局，研究产业分工和产业结构形态的演化，提升产业分工的梯度性，在保持竞争优势和产业引领性的同时，避免陷入同质化竞争的发展陷阱。针对欧洲及日本等技术优势型国家和地区，应加强与该地区的立体化和多层次合作，从国内供给侧结构性改革出发，加大技术型产品和设备的采购力度。

B.4 进博会促进长三角产业链、供应链发展研究

主父海英*

摘　要： 疫情背景下，经济全球化遭遇逆流、国际贸易和投资大幅缩减，各国经济陷入衰退，未来的国际竞争可能会是产业链竞争、供应链竞争。通过中国国际进口博览会（以下简称进博会）的订单拉动和协调制造商、分销商、采购商的经营活动，可以实现对全球产业链、供应链的整合与引导，进而促进长三角上下游产业在国内国际产业链、供应链上的“补短板，锻长板”，最终实现消费升级和产业升级，以构建新发展格局为目标，把长三角打造为国内大循环的中心节点和国内国际双循环的战略链接。

关键词： 进博会　长三角一体化　产业链　供应链

一　引言

2021年是“十四五”规划的开局之年，如何推动长三角进一步发挥“龙头”作用，贯彻一体化思路，畅通长三角循环、推动国内大循环、促

* 主父海英，山东科技大学财经学院副院长，金融学博士，副教授；主要研究领域为金融理论与实践。

进国内国际双循环是当下的工作重点。当前，全球疫情仍在肆虐，经济全球化遭遇逆流、国际贸易和投资大幅缩减，各国经济陷入衰退，未来的国际竞争可能会是供应链竞争、产业链竞争。此时，长三角一体化便成为我国"十四五"时期区域经济发展的重头戏。持续放大进博会溢出带动效应，更好地配置全球资源，这对于推动形成以国内大循环为主体、国内国际双循环相互促进的新发展格局，具有重要的战略意义。

长三角一体化发展战略实施以来，长三角的经济联系更加紧密，为构建新发展格局奠定了良好基础。长三角集中了全国12%的人口，地区生产总值2019年合计23.7万亿元，占全国GDP的23.9%，经济总量约占全国的1/4。[①] 在疫情防控常态化和全球市场萎缩的背景下，如何利用进博会带来的机遇推动消费升级、产业升级，"补短板，锻长板"，重整产业链、供应链，是需要予以认真研究的问题。通过进博会促进长三角"小循环"，进而构建国内大循环中心节点，形成"双循环"战略链接，其逻辑关系如图1所示。该逻辑关系中，消费升级、产业升级成为进博会促进长三角产业链、供应链发展的中介变量。

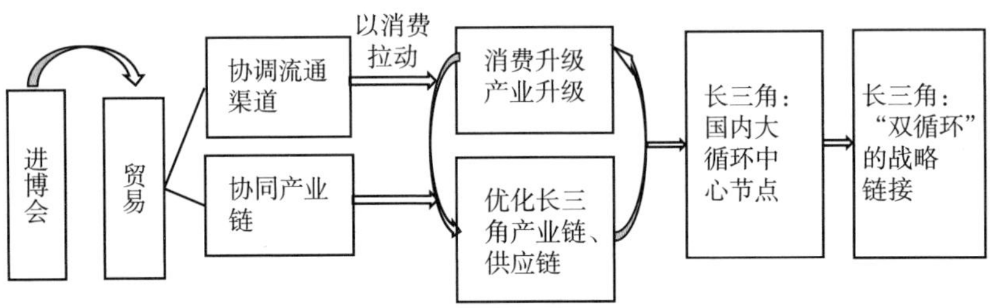

图1 进博会促进长三角产业链、供应链发展的逻辑

① 中国人民银行：《中国区域金融运行报告（2021）》，https://www.sohu.com/a/481422679_483389，2021年8月4日。

二　长三角产业链、供应链在“双循环”中的地位

（一）以长三角的畅通循环（“小循环”）推动国内大循环

1. 长三角区域的优势

相对于国内其他地区，长三角区域拥有如下优势。首先是消费能力强。长三角地区三省一市经济实力较强，人均收入水平较高，其消费对经济增长的贡献度已经接近发达国家的一般水平，这对我国向消费主导型经济增长模式转变有一定的引领示范效应；其次，上海作为龙头与其他长三角地区有较大的合作协同空间，且长三角区域产业布局比较完备，更有利于推进产业链、供应链的高水平一体化。在我国构建“双循环”新发展格局的背景下，长三角一体化发展战略必能发挥重要的“龙头”作用。①

2. 抓住进博会机遇，推进长三角一体化

在产业链方面，以上海为中心，加强长三角企业协同创新，推进沪苏浙皖产业合理分工；在信息共享方面，打造长三角大数据交易平台，促进数据共享共用和区域联动；在金融科技方面，推动建立长三角股权交易中心、天使基金和创业投资基金，鼓励在长三角区域跨省区市开展科技风险投资活动，实现不同区域资本市场和优质项目的无障碍对接；在贸易航运方面，优化集装箱航线的总体布局，同时促进多运输渠道联运。同时，抓住中国（上海）自由贸易试验区临港新片区（以下简称临港新片区）政策红利，加快改革创新步伐。一方面，临港新片区对标国际通行规则，逐步放开投资准入限制，消除贸易壁垒；另一方面，临港新片区应在更高水平推动科技创新，高起点建设国际创新协同区，打造全球化的科技创新平台，同时，进博会的召开对长三角一体化的形成具有推动作用，主要表现

① 周子勋：《长三角一体化高质量发展重在畅通内外双循环》，《中国经济时报》2020 年 8 月 24 日，第 1 版。

为：优化营商环境、发挥进博会溢出效应、促进长三角产业链供应链发展（见图2）。

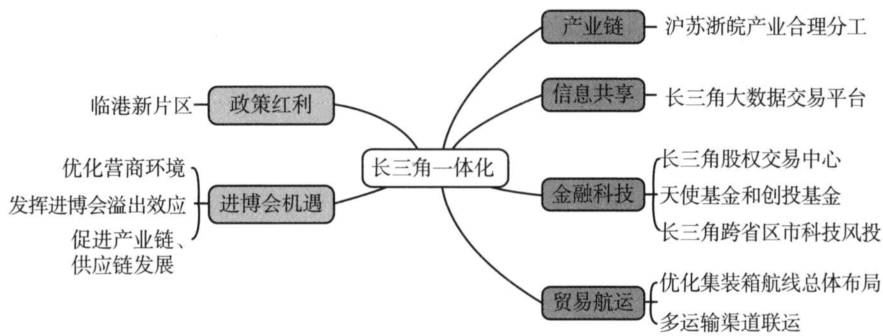

图2 进博会与长三角一体化发展战略

（二）以长三角产业链、供应链的畅通循环推动国内国际双循环

1. 长三角独特的区位优势

首先，长三角在吸引外资方面有独特的区位优势。从地理条件来讲，长三角具备联通国际市场和国内市场的潜力。根据21世纪经济研究院的统计数据，外贸依存度在50%以上的城市中长三角就有6个（分别是上海、苏州、舟山、宁波、无锡、嘉兴）。[①] 其次，长三角区域拥有上海港、舟山港两大深水港，可以以低运输成本将产品外运至世界各地，融入全球贸易。最后，作为目前排名第三的国际金融中心，上海在向高能级国际金融中心迈进的过程中，必然对长三角区域形成辐射带动效应。

2. 推进长三角的价值链与全球价值链衔接

长三角区域特别要发挥强大的制造业优势和先进科技优势，以核心企业为龙头，打造以产业链嵌入合作为纽带的“区域内循环OEM（代工）产业示范园区”，通过鼓励一体化的政策对产业链上的企业进行扶持，降低跨境产业链断裂的风险，促进要素资源在区域内有效配置，推进长三角的价值链

① 《“内循环”下的外向型城市大盘点：17城外贸依存度超50%，有你家吗?》，https：//baijiahao.baidu.com/，2020年8月11日。

与全球价值链衔接。

综上，要使上海成为国内国际双循环的战略链接，必须牢牢抓住进博会带来的良好机遇。借助进博会的溢出效应，发挥上海作为我国最大的经济中心城市的优势，以长三角高质量一体化发展为支撑，推动国内大循环，使上海成为国内大循环中心节点，更加积极地融入世界。

三　利用进博会推动消费、产业双升级

会展促进消费升级和产业升级。已有研究认为，会展是消费升级的催化剂，也可以有效促进产业升级。会展业对经济的影响表现为直接拉动效应和间接拉动效应。比如罗胤晨等认为会展对经济的拉动作用，体现为直接经济增长和间接拉动经济增长。①

中国企业利用进博会这个窗口，了解国际最新的产品动态、引入国外设备的过程，不仅是学习的过程，也是提高国内企业的创新能力和生产效率、有效促进国内企业高质量发展的过程。通过提升本国产品的质量、激发新的产品创意，推动相关产品品质不断提升。

通过观察一国的对外贸易可以了解一个国家的产业结构是否具有竞争力，是否高效运行。② 进博会对进出口的拉动作用是显而易见的。张敏认为进博会所带来的技术溢出效应，助推国内要素结构和需求结构优化，促进国内产业结构调整，最终推动经济高质量增长。进博会由此成为拉动技术升级、消费升级和经济转型的新“引擎”。③

（一）发挥进博会溢出效应，促进消费升级

进博会溢出效应既包括直接影响也包括间接影响。所谓直接影响，

① 罗胤晨等：《大型消费类展会活动对地区经济的拉动效应测算研究——以第 97 届全国糖酒商品交易会（重庆）为例》，《城市观察》2019 年第 2 期。

② 刘美玲：《产业结构升级背景下我国对外贸易核心问题研究》，《价格月刊》2020 年第 7 期。

③ 张敏：《充分发挥中国国际进口博览会的带动效应与溢出效应》，《科学发展》2019 年第 132 期。

是指活动的主办方、参展商、采购商、观众、媒体代表等参会者的消费支出，直接带动当地各行业的收入增长；所谓间接影响，指除了展会人流量和企业带来的直接经济效益外，进博会还能通过乘数效应，带动交通、餐饮、住宿、旅游、物流等行业配套服务的发展，即带动上下游相关产业发展，从而促进区域经济发展、拉动贸易投资、带动会展业发展、改善营商环境、提高国际化水平、提高国际影响力和繁荣度（见图3）。

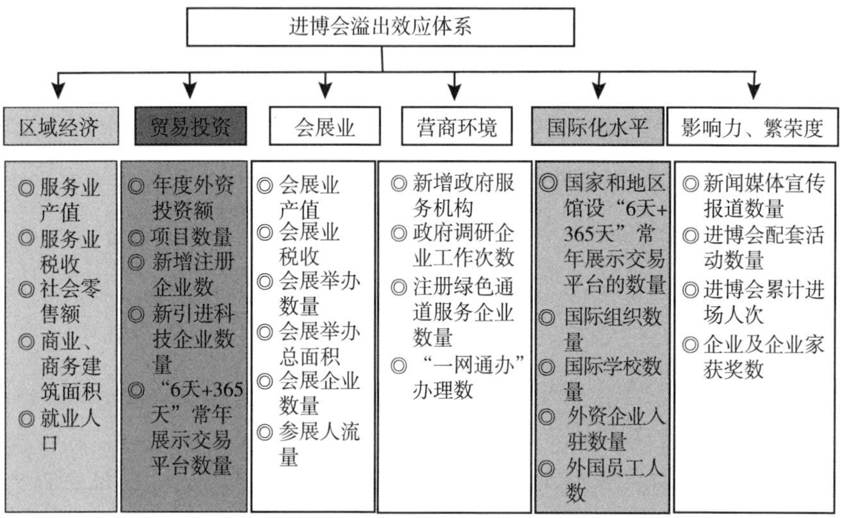

图3　进博会溢出效应体系

第三届进博会促进了来自不同国家和地区的技术、文化等的交流，提升了消费者的消费体验，塑造了产品的品牌影响力，使得中国的消费潜力进一步释放。有研究指出，食品支出占整体消费支出的比重下降，服务性消费占比提升，反映了我国消费结构的升级。①随着市场消费环境进一步改善、文旅产业不断壮大、便捷支付方式推广升级，我国居民的服务性消费需求将得

① 周启清、尹盼盼：《基于线性支出模型的城镇居民消费结构发展趋势预测》，《统计与决策》2017年第12期。

到进一步满足。[①]

1. 在三届进博会的带动下，上海消费总量平稳增长

根据 eMarketer 的数据，由于中国疫情控制良好、经济稳步复苏，中国已成为全球第一大消费市场。上海一直保持着中国零售商指数城市 TOP1 的位置（见图 4）。在过去数年，50 个国际零售品牌在北京和上海开店的频率基本一致，但新冠肺炎疫情的出现使这一情况发生了变化，截至 2020 年上半年，8 个品类品牌在上海的平均增速为 7.6%，而北京为 5.7%。[②]

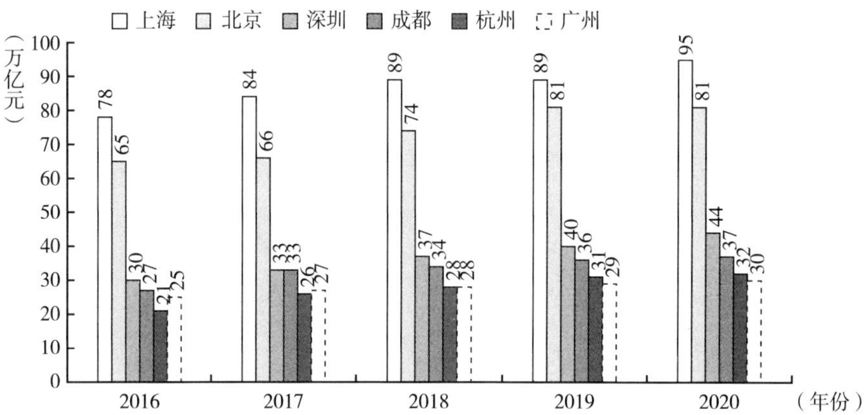

图 4　2016～2020 年中国零售商指数城市 TOP 6

上海市统计局的数据显示，2019 年上海市社会消费品零售总额呈现上升趋势，环比增长 6.5%。受新冠肺炎疫情影响，2020 年 2～10 月，上海市社会消费品零售总额同比下降 2.8%。[③]

2020 年 9 月 16 日，中国商业联合会和中华全国商业信息中心联合发布“2019 年度中国零售百强名单”。上海市排名第一，有 9 家企业上榜，拼多

① 罗珊珊等：《用好进博效应　促进消费升级》，《人民日报》2020 年 11 月 11 日，第 1 版。

② 《〈中国零售 20 城报告〉：西安挤进前十　上海与北京差距拉大》，https：//www.sohu.com/a/430188285_362042，2020 年 11 月 7 日。

③ 《2019 年上海市国民经济和社会发展统计公报》，http：//tjj.sh.gov.cn/tjgb/20200329/05f0f4abb2d448a69e4517f6a6448819.html，2020 年 3 月 9 日。

多一马当先，2019 年度实现了 10066 亿元的销售规模，并一直保持着榜单第三的位置，整体来看，上海市占“2019 年度中国零售百强名单”总销售规模的 15.31%。长三角的杭州市零售商指数增长强劲，从 2016 年的第六位上升到 2018 年的第五位，与广州并列，2019 年超过广州位列第五，2020 年继续保持第五位。

2020 年 12 月，上海市社会消费品零售总额 1697.54 亿元，比去年同期增长 12.7%，消费品市场加速回暖，其中，8 月份零售总额与去年同月相比，在近 14 个月内重新实现了 11.5% 的两位数增长之后，10 月份和 11 月份零售总额与去年同期相比，分别实现了 14.5% 和 17.1% 的高速增长。

2. 进博会促进消费升级

在新冠肺炎疫情背景下，进博会再次向世界展现了“进博效应”和中国吸引力。百度搜索大数据显示，2020 年 11 月初，近 30 天内，“2020 年进博会参展名单”相关内容搜索热度较上月环比上涨 275%①；“进博会入境”等相关内容搜索热度较 2020 年 10 月环比上涨 775%，显示了外国人入沪参加进博会的热情非常高。“00 后”“90 后”成进博会主要观众。从百度搜索大数据显示的关注年龄看，“90 后”“00 后”用户关注度最高，年轻消费群体将为中国经济以及世界经济的发展注入新活力。

根据百度搜索大数据，全球首款全碳纤维超级跑车等多款“全球首发”产品，在进博会完成中国首秀，展品“首秀”即成“爆款”。

国内更加丰富的市场选择，对于消费回流起到了巨大的推动作用。2019 年商务部发布的《主要消费品供需状况统计调查分析报告》显示，购买过进口消费品的中国消费者占调查人数的 80%，其中 42% 的消费者购买的进口消费品占其购买的同类消费品的比重超过 10%。②

消费升级同样也意味着消费理念的升级，中国消费者关于高品质生活、

① 《大数据看 2020 进博会》，https://jizhid.com/number/data/65269.html，2020 年 11 月 10 日。

② 商务部：《主要消费品供需状况统计调查分析报告》，http://www.mofcom.gov.cn/article/ae/ai/201907/20190702882454.shtml，2019 年 7 月 17 日。

健康、营养膳食的意识在不断提升。第三届进博会的参展企业中有很多行业龙头企业和世界500强企业，平均展览面积也比第二届进博会增加了14%；最火爆的是医疗器械及医药保健展区，首次设立的公共卫生防疫专区实际面积是规划面积的6倍，这也体现了消费者对健康、绿色环保商品的追求。越来越多的国外企业通过进博会这个平台分享了中国巨大市场的红利，同时，这也反过来助力国内经济发展，促进消费升级。

（二）进博会推动产业升级

1. 对进博会背景下长三角产业升级的描述统计

以下主要从三届进博会累计意向成交额、近五年长三角地区经济指标分析，及近十年长三角地区分产业增加值三个方面对进博会背景下长三角产业升级做描述统计。

图5显示，第二、第三届进博会累计意向成交额都突破了700亿美元，并且仍旧呈现增长态势。

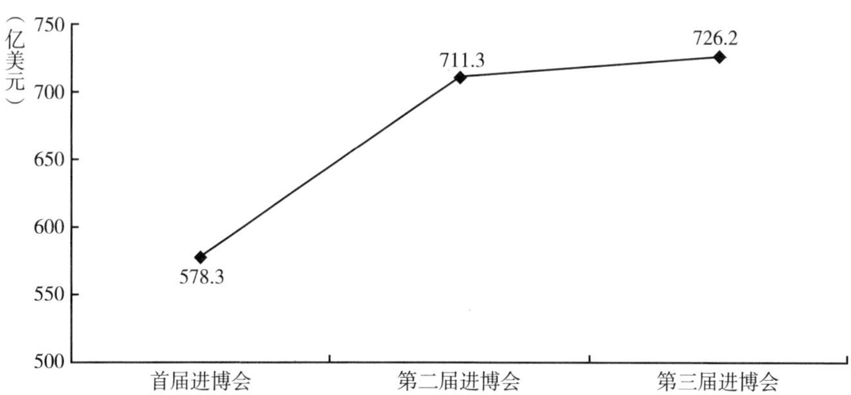

图5　三届进博会累计意向成交额

资料来源：进博会官网。

图6显示，近五年长三角地区GDP、进出口额、出口额、进口额都呈增长趋势。考虑到上述指标受多元因素影响，故其体现的进博会对长三角地区经济拉动作用仅作为参考。

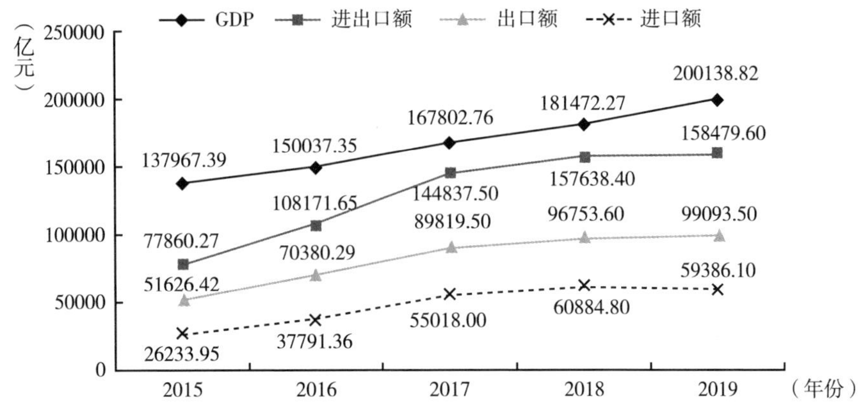

图 6 近五年长三角地区经济指标分析

资料来源：根据上海市、江苏省、浙江省统计局网站数据整理。

从近十年长三角地区分产业增加值（见图 7）来看，第三产业近十年增长速度较快，并在 2012 年超过第二产业成为拉动经济增长的主要动力，第一、二产业增加值虽低于第三产业，但仍有一定增幅。

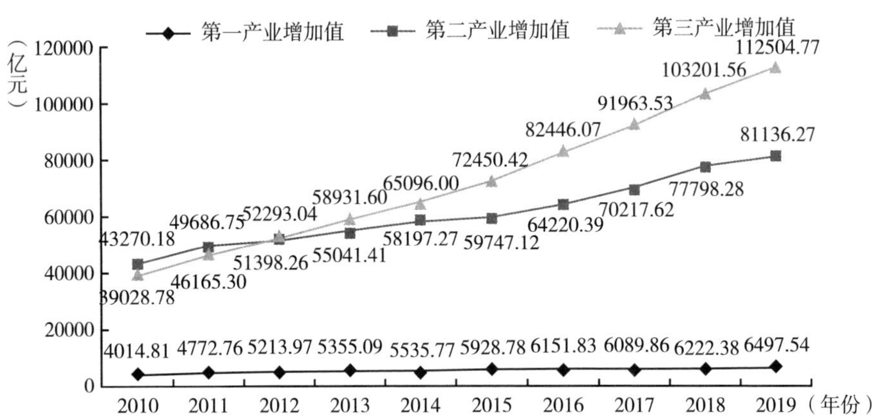

图 7 近十年长三角地区分产业增加值

资料来源：根据国家统计局网站数据整理。

2. 对进博会背景下上海产业升级的描述统计

（1）上海服务业强力反弹

2019 年上海市规模以上服务业企业营业收入为 31293.92 亿元，2020 年在疫情影响下，上海市规模以上服务业企业营业收入为 34653.14 亿元，比去年同期仍保持了 1.1% 的增长（见图 8）。

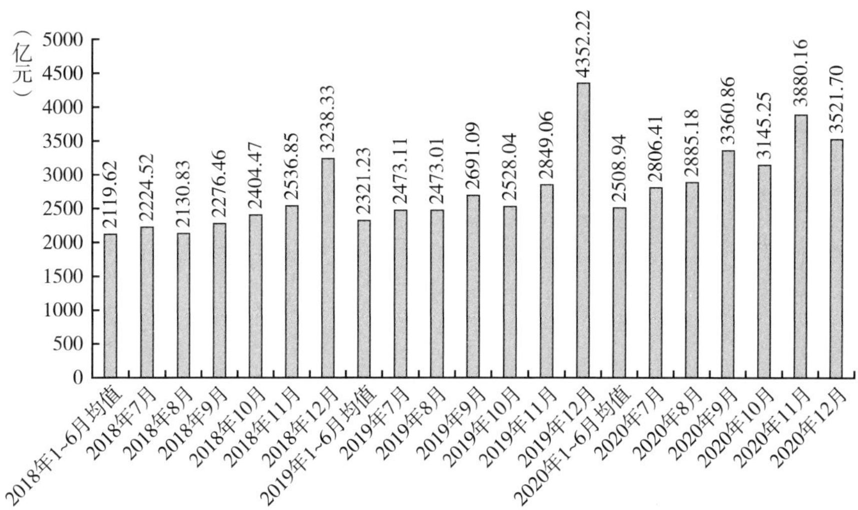

图 8　上海市规模以上服务业企业营业收入（2018～2020 年）

资料来源：根据上海市统计局网站（http：//tjj. sh. gov. cn/ydsj）数据整理。

注：由于统计口径的原因，月度汇总数据和年度总额略有差异。

（2）疫情影响下上海市外贸进出口保持稳健增长，外商直接投资企业数回弹

2019 年上海口岸货物进出口总额 8.4268 万亿元，比 2018 年下降 1.2%，继续位居世界城市首位。其中，进口 3.5453 万亿元，比上年下降 2.6%；出口 4.8815 万亿元，比上年下降 0.2%。2019 年上海关区进出口总额 6.3458 万亿元，比上年下降 0.9%。其中，进口 2.6221 万亿元，比上年下降 2.8%；出口 3.7237 万亿元，比上年增长 0.4%。与共建“一带一路”

国家和地区及重要节点城市的货物贸易额占全市比重达到22.4%。①

2020年，上海关区进出口总额64604.64亿元，比去年同期增长1.8%，其中，进口总额27024.82亿元，比去年同期增长3.1%，出口总额37579.82亿元，比去年同期增长0.9%。

数据显示，2020年尽管受到新冠肺炎疫情冲击，但我国吸收外资额却呈现为“U形”，在一季度吸收外资额下降10.8%后，二季度增速迅速反弹到8.4%，三季度增速提升至20.4%的高位。②

2020年9月，上海出台了《上海市外商投资条例》，这是全国首部地方外商投资条例。至2020年末，“一带一路”沿线国家在沪投资实到金额占全市比重为11.1%。在上海投资的国家和地区达189个，上海市累计认定跨国公司地区总部771家（亚太区总部137家）、外资研发中心481家。年内新增跨国公司地区总部51家。其中，亚太区总部21家、外资研发中心20家。③

从外商直接投资情况来看，2020年上海外商直接投资企业数为5751家，比去年同期下降15.4%，外商直接投资实际到位金额202.33亿美元，比去年同期增长6.2%，第三产业外商直接投资实际到位金额191.12亿美元，比去年同期增长10.6%。

截至2020年12月，上海外商直接投资企业数（指新设立的外商投资企业数、新生效的合作开发项目数）为594家，比上年同期增长21.5%。

港澳台及外商投资企业的引领作用更加凸显。在营业收入十亿元级企业中，外资企业有18家，占六成，其营业收入比上年增长14.5%，高于行业平均水平4.7个百分点。外资企业依托雄厚的资本以及先进的技术，核心竞

① 《2019年上海市国民经济和社会发展统计公报》，http：//www.ahmhxc.com/tongjigongbao/17827_3.html，2020年3月11日。

② 《2019年上海市国民经济和社会发展统计公报》，http：//www.ahmhxc.com/tongjigongbao/17827_3.html，2020年3月11日。

③ 《外资数据丨2020年度统计公报发布 上海利用外资工作亮点频频》，https：//m.thepaper.cn/baijiahao_11843115，2021年3月23日；《2019年上海市国民经济和社会发展统计公报》http：//www.ahmhxc.com/tongjigongbao/17827_3.html，2020年3月11日。

争力不断提升。

（3）上海市生物医药制造业向更高质量发展

2018 年首届进博会上，消费者对生物医疗产品的进口表现出极大的需求，2019 年上海市生物医药制造业明确了优先发展生物制品、重点发展医疗器械、持续发展化学药物、促进发展现代中医四大方向，集中优势力量，推动行业向更高质量发展。

从产业结构看，化学药品制剂制造业和医疗仪器设备及器械制造业总产值占行业的比重分别从 2016 年的 35.0% 和 21.7%，提高到 2019 年的 39.4% 和 22.2%，两个行业合计占比超过六成，成为推动上海市生物医药制造业发展的最大动力；从发展速度看，生物、生化制品制造业作为上海市优先发展的重点领域，始终保持较快增长。2016 ~ 2019 年，工业总产值年均增长 11.7%，高于行业平均水平 4.5 个百分点，在生物医药制造业重点行业中，位列第一。①

上海市生物医药制造业加快产品结构调整，大力发展自主品牌药和创新药，重点扶持具有竞争力的医疗器械产品，企业效益持续向好，远超全市工业平均水平。2019 年，行业平均营业收入利润率达 15.1%，比上年提高 2.0 个百分点。每百元资产实现的营业收入为 62.3 元，比上年增加 0.6 元；人均实现利润 22.8 万元，比上年增加 5.2 万元；资产负债率为 35.7%，比上年下降 0.3 个百分点，保持较低的杠杆水平，行业高质量发展态势进一步显现。随着复宏汉霖生物医药产业基地、药明康德全球创新生物药研发制药一体化中心等重点项目稳步落地，上海市生物医药制造业的发展将获得源源不断的动力。

（4）上海市新增就业岗位增加

上海市 2019 年新增就业岗位 58.91 万个，其中战略性新兴产业新增就业岗位约 16.8 万个。2019 年新消除零就业家庭 391 户，新安置就业困难人

① 《2019 年上海生物医药制造业发展现状分析：工业总产值持续增长（图）》，https://www.askci.com/news/chanye/20200311/1727331157910.shtml，2020 年 3 月 11 日。

员约5.4万人。2019年末，全市城镇调查失业率稳定在4.3%以内，城镇登记失业率为3.6%，城镇登记失业人员约19.3万人。

（5）上海市信息产业、科技产业快速发展

从三届进博会的进口产品，及第三届进博会展品热搜排行榜都可以发现人们对高科技产品的旺盛需求。以上海市为例，软件和信息技术服务业、互联网和相关服务业、科学研究和技术服务业，都抓住机遇，近年来迅猛发展。尤其是互联网和相关服务业在2020年得到了长足发展，产值从2018年上半年的284.18亿元迅速增加到2020年10月的1162.40亿元；软件和信息技术服务业产值从2018年上半年的2269.58亿元迅速增加到2020年10月的2689.04亿元（见图9）。上海市统计局数据显示，长三角地区软件和信息技术服务业规模与集成电路在国内占比分别达到33%和50%。数字经济催生了新业态、新模式。借力进博会，很多国内高科技企业抢占数字经济风口，拓展数字场景应用，从而激发发展的新动能，使产业发展实现新旧动能的转换，产业链、供应链的现代化水平都有所提升。

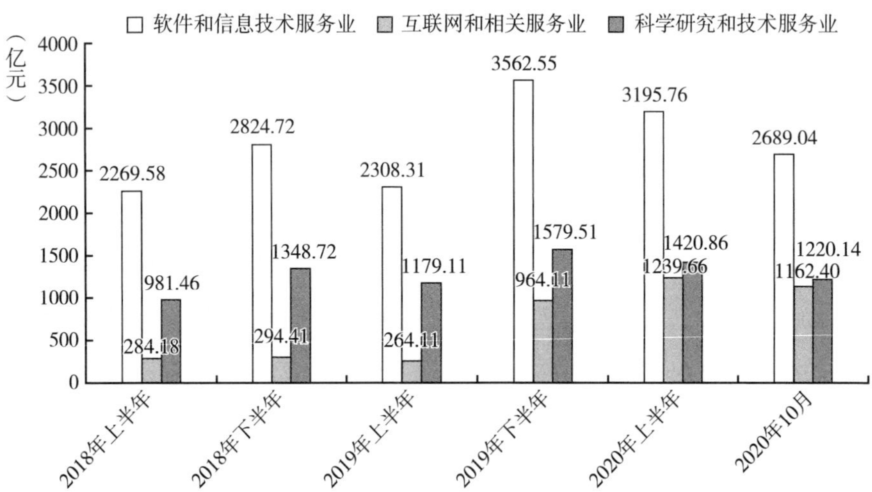

图9 上海市软件和信息技术服务业、互联网和相关服务业、科学研究和技术服务业产值增长情况

资料来源：根据上海市统计局数据整理。

四　进博会促进长三角产业链、供应链升级

（一）进博会推进产业链、供应链发展的运行机制

第一，企业方面。企业通过参与进博会，展示新产品，进行信息交流，降低搜寻成本，实现可持续发展，进一步提升企业专业化、信息化、科技化程度，通过商品交换、订单交易，激发企业研发创新动力，进而促进企业良性竞争，倒逼企业科技赋能，最终实现企业经济社会价值。会展是行业的晴雨表，而进博会则是全球行业头部企业的茶话会。进博会聚集了众多行业领先者，通过进博会就可以看出行业的发展方向以及企业发展景气度；而参展企业构成以及企业报名积极程度则进一步反映了行业的发展情况。进博会通过发挥独特的集聚效应，助力产业链、产销链融通，使相关行业迸发新的增长活力。

第二，产业方面。利用进博会靠近市场、创新策源地、区域化板块布局及全产业链安全可控等优势，长三角加速产业布局、提升要素集聚配置效率、进行科技赋能进而开发新产品、促进产业顺应市场需求，进而构建产业链布局的空间组织形式；提高产业链“微笑曲线”中两个高端的生产性服务水平，通过提升长三角适应新消费形势和消费升级的终端消费产品的制造能力，实现供给侧改革，从而优化产业结构，保障产业生态安全；汇聚行业优势和聚集效应，协助长三角地区建设“全产业链大集群”。产业链长的则在全区域多点布局，与产业合作伙伴协同发展，建设网络化集群，形成良好的技术创新环境和产业发展氛围并为自主创新和产业升级做出贡献；产业链短的则可以集中建设“集群基地”。进博会的举办对产业产生的联动影响，不仅仅体现在第三产业上，对第一、二产业也会提出更高的要求：对产业新产品供给的要求、对产品实现附加价值的要求、对其他产业的更高要求以及对产业的投资和供给要求。进博会对第三产业的影响实为会展效应的“产内”延展性，主要作用是有效拉动进博会主办地上海以及长三角地区的旅

游业、交通通信业、物流业、保险业、广告传媒业的快速发展，并且还将对第三产业内部相关行业，例如环保、租赁、电子音像等的发展起到拉动作用，从而使第三产业“产内”结构得到合理调整，优化布局。

第三，市场方面。首先是国内市场。进一步完善市场秩序，拉动内需增长，提质增速，发挥城市或地区的窗口作用，推进产销对接，畅通国内大循环，促进经济效益以及社会效益的提升；增加就业岗位，及政府财政收入。其次是国际市场。全球化的纵深发展使各国都不能“闭门造车”，否则只能“故步自封”，导致经济衰退。进博会提供了企业交流的场所，参会主体进行的跨境金融交易也进一步彰显了人民币跨境服务的强大能力。进博会发挥的“窗口”“跳板”效应，使科技进一步融合发展，并促进衍生市场服务的规模扩大、水平提升，及国内国际双循环新发展格局的形成。

（二）进博会助推长三角产业链、供应链发展

根据麦肯锡的研究报告[①]，从 2000 年到 2017 年，世界对中国的依存度从 0.4 上升到了 1.2，而中国对世界的依存度从 0.8 下降到 0.6，[②] 在这一过程中，中国在全球供应链中的位置不会发生根本性的改变。未来，培育中国供应链的竞争力、提升中国供应链的创新力、实现中国对供应链关键环节的控制力是至关重要的。

进博会这种大型会展的举办往往会使基础设施建设的动向随之发生改变，包括交通运输、通信物流、检疫防疫以及环保、治安等在内的公共服务会产生联动效应，社会治理的整体性和经贸发展的一体化，使进博会的溢出效应更加显著。表 1 为第三届进博会对接渠道产生的溢出效应。

---

① 肖璞等：《第三届进博会累计意向成交 726.2 亿美元比上届增长 2.1%》，http：//www.ce.cn/xwzx/gnsz/gdxw/202011/11/t20201111_35997601.shtml，2020 年 11 月 11 日。

② 《看数据，进博会进行中的展示对接服务“成绩单”》，https：//baijiahao.baidu.com/s？id=1682772045206289696&wfr=spider&for=pc，最后访问日期：2021 年 9 月 16 日。

表 1　第三届进博会对接渠道的溢出效应

对接渠道	溢出效应
展览展示	六大展区、四大专区,有数百项新产品、新技术、新服务全球首发、亚洲首秀、中国首展;49 场文化公益演出
配套活动	开展政策解读、对接签约、投资促进、研究发布等活动。联合国工发组织等国际组织举办多场高端国际论坛,财政部等进行政策解读和研究发布,十余个省区市举办采购洽谈会、现场签约会、经贸交流会、营商环境推介会、产业投资对接会
进博会效应	举行大型贸易投资对接会,2000 多家参展商和采购商达成合作意向 861 项,按一年计,累计意向成交 726.2 亿美元,比上届增长 2.1%(1)
观看人次	打造"进博发布平台",42 家国际知名参展企业举办发布活动,央视新闻特别节目《进博新品汇》全程直播,线上直播前三日观看人次超 1300 万
餐饮供应	创建进博会 APP"餐饮预订"接口,用餐高峰期供餐量可达 16.5 万份,全天可达 20.5 万份;19 辆流动餐车首次进驻进博场馆
印刷品	发放《导览手册》等 4 类印刷品,第三届进博会前三日,印刷品累计已发放超过 8 万册(2)
新闻报道	3000 多名中外记者报名采访,前三天有关第三届进博会的新闻报道超过 100 万篇次

注:(1)《看数据,进博会进行中的展示对接服务"成绩单"》,https://baijiahao.baidu.com,最后访问日期:2021 年 9 月 16 日。

(2)《见证进博会精彩》,http://k.sina.com.cn/article,最后访问日期:2021 年 9 月 16 日。

资料来源:根据经济日报-中国经济网、中证网、新浪时事看点等发布数据整理。

第三届进博会只有短短 6 天,虽已结束但合作的步伐却大幅加快。产品进口、企业出海及全球企业间的合作,也在与进博会一次次"牵手"的过程中落地。在政府牵头主导下,调动国内外积极因素,涵盖各主流企业,进博会发挥了对产业链发展的助推作用,贯通了产业链的上下游,这对国外参展企业、国内采购商及进博会服务保障链条上的企业都具有重要的战略意义。

(三)进博会提升产业链、供应链现代化水平

长三角区域各类市场主体有很强的创新能力,产业活跃,产业链上下游

已经形成紧密的合作，这是长三角区域独特的优势。利用好这一优势，打造具有国内、国际重要影响力的科技创新源基地，特别是要促进创新链与产业链的深度融合，在此基础上建立绿色发展基地，形成新兴产业聚集地，同时积极布局数字经济、智能制造、生命健康、新材料等战略性新兴产业重点项目。

进博会设立“6 天 +365 天”常年展示交易平台，如虹桥进口商品展示交易中心（虹桥品汇）、绿地全球商品贸易港平台、外高桥保税区，通过这些平台促成众多的进博会参展商变为进口贸易商，在长三角区域乃至全国加快设立分支机构。自两届进博会以来，50 多家参展商已经在虹桥品汇的协助下转变为进口贸易商，带动的 B2B 贸易额接近 15 亿元。虹桥品汇已经设立了杭州分中心、合肥分中心和常州分中心，在加强管理的基础上，将在长三角腹地甚至更远的华中地区设立分支机构。绿地全球商品贸易港平台则联动长三角市场，其累计交易金额已超过 500 亿元，促成 50 余个大类近 5000 款进博会同款商品进入国内市场，平台国际贸易增长已超过百亿元，正快速成为联动长三角、服务全国、辐射亚太的进口商品集散地。绿地全球商品贸易港平台的全国网络化布局已大致成型，得益于进博会平台的赋能，其全球商品贸易港项目已快速在宁波、郑州、重庆等十余个城市落地。近年来，外高桥保税区与众多重点客户建立了长期良好的服务合作关系。

同时，各地方交易团积极对接，依托进博会平台优化产业链、畅通供应链。江苏省出台各种措施稳定外资外贸的产业链、供应链，加强针对性监测预警，联动协调全省约 160 家产业链外资龙头企业。为了精准开展产业链招商，江苏省发布了“招商引资产业地图”，同时以政府的力量支持加工贸易企业延伸产业链，开始探索高端制造“全产业链保税模式”的改革试点，这在全国具有引领性的作用。浙江省重视引进高质量外资，将进一步加快打造进口平台，从而继续放大进博会的溢出效应。

五 抓住进博会机遇实现长三角产业链、供应链升级的总体思路与对策建议

（一）总体思路

1. 利用进博会做好产业规划的顶层设计

在长三角已有的产业分工基础上，利用进博会平台推动长三角产业链升级，长三角既有上海这样的超大型中心城市，也有杭州、南京、苏州、宁波、合肥、无锡等经济发达的一、二线城市，还有一些经济欠发达城市。在长三角产业链规划中，苏北、安徽等地要加快融入长三角产业链，可以承接上海、苏南的传统产业；同时，为了尽快完成产业结构升级，各经济发达地区可以利用各“大都市圈”丰富的资源加快新兴产业的布局，发挥核心城市主导产业的辐射带动作用，同时也要充分考虑县域经济在产业链上的作用，对产业规划的实施效果进行评估，发现问题并及时纠偏。

在产业集群的发展初期，政府的作用是不可或缺的。为了帮助企业建立合作关系，政府可以提供初期资本进行引导，同时，政府还可以通过发布中长期发展规划引导企业的预期、提供优惠政策推动产品的开发和技术转移转化、提供政府采购订单来支持有潜力的企业等；制定有差别的财税优惠政策，切实降低目标企业的经营负担，尽快实现选择性政策向竞争性和功能性政策的转变。为了促进不同区域之间的优势互补，应该积极发展跨行政区域的“飞地经济”，实现经济增长；整合长三角三省一市主导产业相同或相似的产业园区，推动建立“跨省市合作战略联盟”。

需要特别指出的是，必须以全球化视野定位长三角地区的产业链。进博会的召开有利于以全球化视野定位长三角城市群在产业链和供应链中的位置，根据《上海市城市总体规划（2017～2035 年）》，长三角城市群诸城市应该设计三层结构体系：一是上海的全球门户型城市定位与“头雁效应”。二是南京、杭州、苏州、无锡、宁波等城市“侧翼功能”的发挥。南京的

半导体与芯片、杭州的电子商务与互联网产业、苏州的外向型工业、无锡的物联网与智能制造、宁波的航运与贸易等现代特色产业已具备国际竞争力，要吸纳更多的外商投资，更多地参与全球市场竞争，深度参与全球产业分工，占领全球价值链上的有利位置。三是推动20个以上的外向型城市经济体形成“群狼效应”。

2. 通过进博会发现新兴产业并进行前瞻性布局

在第三届进博会上，数字技术得到全面应用。展方也致力于抢占数字经济风口，拓展数字场景应用。OpenBlue数字化平台、云计算管理系统成为进博会上的“新宠”。未来，长三角在规划建设世界级产业集群时，应重视快速发展的战略性新兴产业。在长三角区域，应加强全产业链协同。

3. 利用进博会的“赛马机制”培育行业领军企业，加快产业链升级步伐

通过进博会的“赛马机制”（即各地区或者各企业通过竞争获得政府的项目资助，把分散式的竞争和集中式的选择评估结合起来，调动地方的积极性，同时避免政策的僵化），更容易发现市场竞争中的佼佼者。“赛马机制”是培育世界级产业集群的常见路径。为此，建议设立跨区域的新兴产业投资基金，吸引社会资本参与。各地政府可选择大数据、新能源汽车、大飞机、智能制造、集成电路、物联网等重点行业。“因企施策”“一企一策”，培育更多的行业领军企业甚至龙头企业，准确把握企业的发展诉求，及时回应，鼓励重点企业加强产业链上下游联系；设置专项基金，支持重点企业的品牌培育、技术创新、市场拓展等。

（二）对策建议

1. 利用进博会提供的机遇补链、固链、强链，制作“产业链全球合作对接图”

进博会提供了精准开展产业链补链、固链、强链的好机会。通过进博会可以建立国际采购平台、开放合作平台等，更可享受政务“一网通办”服务、产业链“一图纵览”的便利条件。建议在进博会期间安排专人制作“产业链全球合作对接图”，由此可以快速制作“招商图谱”，“产业链上缺

什么就招什么”，提高产业垂直整合程度。帮助企业实现产业链关键环节核心产品的“国产替代”，有目的地瞄准“链”上关键环节，有的放矢进行补链。

在产业链全球合作对接这样的宏观规划之下，利用进博会，制作“产业链全球合作对接图”，相关企业可以更加顺畅地对接，不仅可以完成平时的线上对接，而且通过进博会打造“永不落幕”的全球产业链对接大会，可以实现产业链的供需撮合。建议进博会结束后各企业要绘制“配套商分布图”，列表分析、挂图跟踪。政府帮助企业及时跟踪，指派专门项目人员跟进，保证项目落地，借力龙头企业以商招商，招商的目标企业精准度会更高，保证产业链上下游的稳定。

2. 利用金融科技促进产业链升级

第一，加快上海金融大数据基础设施和引领制度建设。建议由中国银行业监督管理委员会上海监管局、中国人民银行上海总部、中国人民银行金融科技委员会牵头，联合银行、证券、保险等金融机构建立“区块链支付结算联盟”，鼓励扩大区块链技术和大数据技术在证券、黄金、期货、保险以及人民币跨境支付系统等中的应用。另外，充分利用中国金融科技的先发优势，尤其是移动支付与5G等科技优势，加强大数据标准引领制度建设。

第二，多渠道完善金融科技产业生态链。首先，鼓励国有金融机构牵头设立专门的金融科技公司。为充分发挥进博会的溢出效应，上海保险业推出了“跨境电商的一揽子风险保障方案”和“服务保税展示交易常态化模式”，效果非常好。以太平科技保险股份有限公司为例，三届进博会保险金额由300亿元增加到5000亿元再到8848亿元，公司升级了“进博保2.0”一站式保险服务产品，借助大数据与智能技术，完善全流程线上操作，协助跨境贸易企业实现“汇总征税，快速通关”。未来可继续借助金融科技，通过保险业的加持促进产业链升级。其次，建议在临港新片区集聚发展金融科技产业基地。在临港新片区率先进行产业集聚建设，打造金融科技产业发展服务平台，进行金融科技应用场景创新试点。

第三，尽快实现在沪人民币跨境支付体系（CIPS）的数字化。在上海打造国际化的人民币资产配置中心，是实现人民币国际化的制度路径。上海要抓住进博会每年举办的历史机遇，为进博会“买方市场”的产品提供更高的便利性，尽可能更多地“留住”非居民账户上的人民币。同时，实现在沪人民币跨境支付体系（CIPS）的数字化。

3. 利用进博会促进工业互联网的形成

十九大报告提出推动互联网、大数据、人工智能和实体经济深度融合。其中，互联网、大数据、人工智能三个词并非简单罗列，它们之间有内在的逻辑关系。在互联网基础上才有可能实现万物互联，才有可能把数据汇集起来，形成大数据。中国未来要成为制造业强国，首先就要做到精细化运营管理，工业互联网的发展势在必行。

2020 年 11 月 5 日，第三届进博会配套活动“2020 国际工业互联网创新发展论坛”在上海举办。这是第三届进博会对加快建成工业互联网的重大贡献。

从市场主体方面来讲，每个企业应该加强五个方面的能力建设：快速感知能力建设、实时监测能力建设、超前预警能力建设、应急处置能力建设和系统评估能力建设。但这五个方面的能力建设不是企业园区单方面能做到的，需要更大范围的资源汇聚及优化配置。如果借助工业互联网，使信息实现共享，就能从全局的角度进行优化。工业互联网不是通吃所有工业领域的平台，每个领域都有壁垒，需要在一个领域积累足够多的案例、解决方案和数据基础，自下而上地建立该领域的工业互联网平台。尽管如此，完全靠企业和市场的力量是不够的。时至今日，国内工业互联网仍未真正探索出可操作、可推广的盈利模式。目前工业 APP 碎片化、高端产品缺乏的问题，依旧没有得到根本性解决。目前投入工业互联网研发、改造的多为大型央企、行业龙头企业。但问题是：传统制造企业拿出这笔钱来建设工业互联网、改造原有生产线，会给财务体系带来巨大的压力，很少有企业的财务体系能够支持这样的模式。所以，在此过程中政府的支持很重要，需要通过进博会进行引导。

工业互联网所需的核心零部件，比如用于数据采集、传输、通信等的基础零部件，这些基础零部件国内都有，但很多高精尖的零部件是欠缺的。比如控制器、传感器，这些高端零部件目前都来自国外进口。所以，应抓住进博会机遇尽快建立完整的工业互联网生态体系。

4. 政策性银行应支持外贸产业链、供应链企业

面对疫情冲击，政策性银行，尤其是中国进出口银行应该发挥“当先导”、补短板、逆周期调节作用，以优质服务支持稳外贸。中国进出口银行通过加大信贷投放力度、保障重点领域、加强与政府的合作、优化服务措施，有力支持外贸产业链、供应链企业复工复产。未来，中国进出口银行应继续加大对民营企业的支持力度，可以与多家商业银行开展小微企业专项转贷款的合作，通过转贷款，支持外贸产业链、供应链上的小微企业，在保就业和保民生方面发挥积极作用。

5. 利用进博会建立供应链合作网络和供应链金融

进博会平台可以高效地促进企业供应链合作网络的形成。横向上，使得网络内各家公司形成联系紧密的企业集团，相互持股，主要资金可来自以银行为中介的间接融资。纵向上，可以形成生产型供应链和销售型供应链：生产型供应链最常见的形式就是“N+1+N”：以一家核心制造企业为中心，链接N家零部件供应商。这一供应链形式对接了企业和银行，提供高效融资服务，形成良好的供应链金融。①

6. 引入风险资本，助力产业链发展壮大

借助进博会，产业链如何发展壮大并尽快实现升级？这当然离不开资金的支持。风险资本一般对市场有深入的研究，而且与很多企业保持联系，因此，可以利用风险资本在不同的企业之间进行协调，实现产业共享，助力产业链发展壮大。

7. 争取支持长三角发展的特殊产业政策，先行先试

在第三届进博会成功举办的背景下，建议趁热打铁，积极争取支持长三

① 宋薇萍：《进博会溢出效应：助推长三角供应链和产业链升级》，《上海证券报》2020年9月29日第1版。

角发展的特殊产业政策，先行先试。第一，面对当下数字经济发展的热潮，长三角应利用自身发展数字经济产业的优势，打造“数字自贸试验区”，积极探索整体数字化的转型路径。第二，引导金融资源重点向科技创新领域投入。第三，支持长三角“稳外资、稳外贸”，进一步降低外资准入的门槛，积极探索鼓励外商投资的新举措。另外，要加快压缩江浙沪自贸试验区的负面清单，进一步提高增值电信、互联网服务、教育、医疗等领域的开放度。特别是对某些已明确开放但仍在过渡期的行业，建议提前在长三角全面放开准入，其行业管理制度和监管制度要与国际接轨。第四，支持打破行政区划限制的“飞地经济”发展，在保证国家财税、统计制度统一的前提下，打破行政区划限制，提高要素资源配置效率，实现优势互补，支持有关地区生产总值分计、财税分享等制度创新探索，探索实行区域股份制。

B.5
疫情防控常态化背景下进博会促进贸易数字化研究

张 娟 解丽文*

摘 要： 新冠肺炎疫情的蔓延，使得全球货物贸易和服务贸易受到巨大冲击。而贸易数字化的发展，有效缓解了疫情对全球贸易的冲击。自首届进博会举办以来，以电子商务为主要形式的贸易数字化一直伴随其发展，特别是第三届进博会的展品、展览等的数字化趋势更加明显，从一个侧面反映了全球贸易行业、展会模式、贸易促进方式、贸易规则的数字化发展趋势。建议以进博会为平台，依托大数据、区块链、人工智能等科技，完善数字贸易基础设施，持续推动贸易主体数字化，以区块链技术运用提升跨境货物贸易通关效率，探索兼顾效率和安全的数据跨境流动监管模式。

关键词： 新冠肺炎疫情 进博会 国际贸易 数字化

一 疫情防控常态化背景下全球贸易的数字化发展趋势

根据联合国贸易和发展会议（UNCTAD）发布的相关报告①，受到新冠

---

* 张娟，世界经济学博士，上海市商务发展研究中心副主任、正高级经济师，研究方向为跨国公司、国际贸易和开放型经济政策；解丽文，上海市商务发展研究中心研究人员。

① UNCTAD, "Trade and Development Report 2020: From Global Pandemic to Prosperity for All: Avoiding Another Lost Ddecade," https://unctad.org/webflyer/trade-and-development-report-2020.

肺炎疫情影响，预计2020年全球商品贸易值将比2019年下降5.6%，服务贸易可能比2019年下降15.4%，疫情的反复和封锁，可能继续影响全球贸易健康发展。但是，远程诊断、远程办公等技术和应用的发展，以及电子商务对全球贸易展示和交易的促进作用，缓解了疫情对全球贸易的冲击。

（一）疫情防控常态化背景下全球贸易情况

1. 货物贸易

2008年金融危机以后，由于需求普遍不足，全球贸易增速放缓。2019年，世界贸易组织（WTO）统计数据显示，受全球贸易紧张局势和经济增长放缓影响，全球货物贸易量下降2.9%，比上年下降近6个百分点，低于全球2.9%的增速；全球出口额达到18.9万亿美元，下降3.0%。按市场汇率计算，历史上，全球货物贸易增长率比全球实际GDP增长率快1.5倍。20世纪90年代，全球货物贸易增长率与实际GDP增长率之比在2.0以上，但在2012~2016年回落到1.0及以下，之后，从2016年的0.7反弹至2017年的1.5，2018年重新回落至1.0，在2019年变为负数（见图1）。贸易摩擦是导致经济增长下降的重要原因。

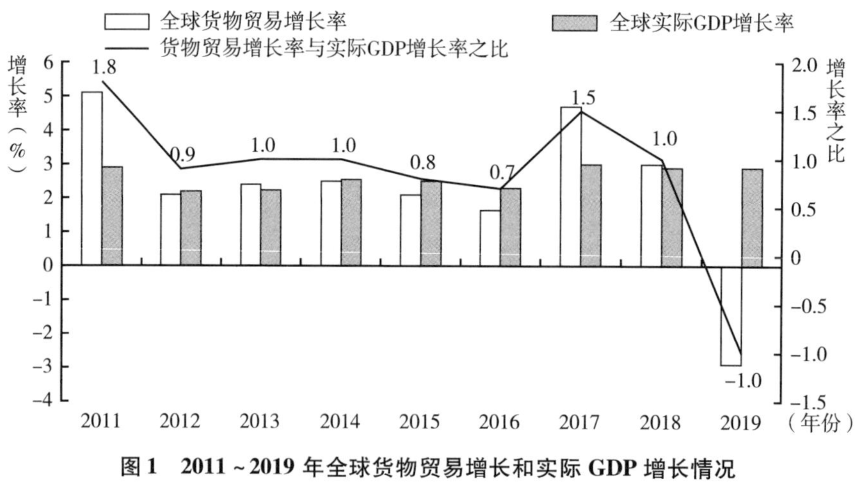

图1　2011~2019年全球货物贸易增长和实际GDP增长情况

资料来源：上海市商务委员会编著《2019~2020上海国际经济贸易发展报告》，上海科学技术文献出版社，2020。

近年来，全球经济增长疲软，2016～2018 年，全球经济增速平均为 3%，2019 年跌至 2.5%。中美贸易摩擦，加之全球经济增长的颓势，使全球货物贸易增长乏力。2020 年新冠肺炎疫情的蔓延使全球贸易流量急剧下降，其走势与全球金融危机期间类似。2020 年 5 月全球贸易同比下降 17.7%，这与 2009 年 1 月同比下降 19% 的降幅相近。与此类似，中国和美国的 PMI 指数均降至低位（见图 2）。

经济危机时期，贸易流量的变化往往比实际产出的波动更大。2008 年金融危机发生后，2009 年全球经济产出萎缩了 1.3%，全球贸易额下降了 12.6%。然而，新冠肺炎疫情全球蔓延对贸易的影响超出了经济收缩的范围。全球主要地区和国家贸易流量的下降趋势基本一致。2020 年，欧盟是出口降幅、进口降幅最大的地区。中国的进口贸易量仅有相对温和的下降。

2. 服务贸易

2019 年，全球服务贸易在经历两年快速发展之后增速放缓，服务出口额达到 6.14 万亿美元，增速为 1.9%；服务进口额为 5.83 万亿美元，增速为 2.1%。其中，商业服务出口额增长 3.2%，运输服务出口额下降 0.8%，旅游服务出口额增长 1.0%，货物相关服务出口额增长 2.1%，其他商业服务出口额合计增长 4.4%。2020 年，新冠肺炎疫情又使全球服务贸易的增长趋势放缓。

一是对旅游贸易的影响。由于旅游限制、航班停飞，酒店和与旅游有关的服务停摆，旅游业及相关行业受到的影响尤其严重。国际航空运输协会（IATA）的数据显示，2020 年 4 月，全球航空旅客旅行量同比下降 94%，创历史新高。根据联合国世界旅游组织（UNWTO）统计，与 2019 年同期相比，2020 年前 4 个月全球旅游人数下降了 43.8%。下降最严重的是亚洲和太平洋区域，而世界其他区域的抵港人数也大幅下降，创历史最大降幅。

二是对空运和海运贸易的影响。全球商品需求的下降以及运输线路的中断，对航空货运量和海运量产生了巨大影响。根据 IATA 数据，2020 年 4 月航空货运量同比下降 27.7%，这也是有记录以来的最大降幅，甚至超过了 2009 年 1 月全球金融危机期间 23.9% 的降幅，航空运输量持续下降使全球航空货

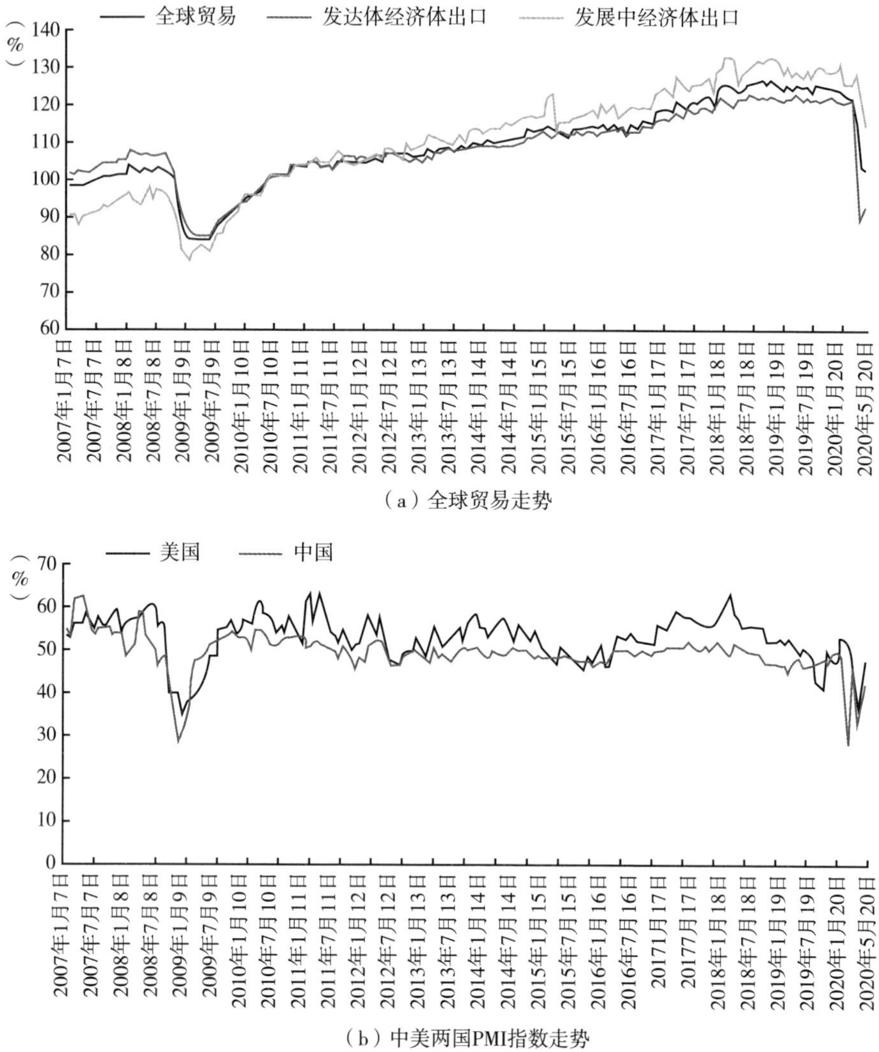

图2　2007～2020年全球贸易走势及中美两国PMI指数走势

资料来源：UNCTAD, “Trade and Development Report 2020: From Global Pandemic to Prosperity for All: Avoiding Another Lost Ddecade,” https://unctad.org/webflyer/trade－and－development－report－2020。

运量回到了2009年底的水平。同样，4月全球港口货物吞吐量同比下降6.4%，而2月中国港口集装箱吞吐量同比下降16.5%。空运限制使得空运费用急剧增加，加剧了全球需求不足和空运服务中断造成的影响。

（二）疫情防控常态化背景下贸易数字化的表现

1. 电子商务获得大发展

根据相关调研[①]，疫情防控常态化背景下，作为贸易数字化的主要形式，电子商务获得了大发展，满足了居家隔离和在线办公的需求。

一是电子商务交易总额增长。新冠肺炎疫情背景下，消费者更多地使用社交媒体，更多地在网上购物，推动了线上销售额增长。社交媒体和自有电商店铺是非第三方电子商务公司重要的销售渠道。新冠肺炎疫情背景下，这两条渠道的销售都实现了增长。受新冠肺炎疫情影响，B2C 线上销售也出现阶段性和结构性变化。疫情初期，消费者购买和囤积的是医疗用品，包括洗手液、消毒剂和医用外科口罩，以及家庭必需品，如厕纸和不易腐烂的食品。随着消费者网上购买行为的激增，为了适应这种变化，企业加快布局电商业务，提供更多可以在线购买的商品和服务。此外，由于消费者不能现场参加文化活动，许多歌剧院和音乐厅选择在线免费提供剧目，进一步促使越来越多的消费者涌向数字服务，因而整体推动了对数字服务需求的增加。

二是第三方在线支付市场的表现优于非第三方电子商务公司（使用或者自建在线平台的公司）。简言之，完全数字化的商业模式在疫情背景下更有弹性。就销售趋势而言，非第三方电子商务公司的销售出现了明显下降，而近 60% 的第三方在线支付市场的销售出现了增长。此外，还有半数第三方在线支付市场在疫情期间吸引了新的买家，近 60% 的第三方在线支付市场买家数量出现了增长。

三是电子支付经历了快速增长，但货到付款仍然很重要。消费习惯的转变伴随着无现金支付方式的快速普及，近 60% 的电子商务公司和 70% 的第三方在线支付市场的移动支付出现了相对较高的增长，其次是电子银行和信

① United Nations Conference on Trade and Development, "COVID-19 and E-commerce: Impact on Businesses and Policy Responses (2020)," https://unctad.org/system/files/official-document/dtlstict2020d12_en.pdf.

用卡支付业务的增长。但是，以绝对价值计算，特别是在不发达国家，货到付款仍然很重要，在电子商务中的应用也相当广泛。

四是电子商务的发展考验跨境物流能力。在疫情防控常态化背景下，电子商务蓬勃发展，也凸显了电子商务生态系统中业已存在的瓶颈，除了通信成本、连接效率等贸易数字化发展的常规限制外，最大的挑战来自包括跨境物流等全球供应链的受阻或者中断。由于制造业活动暂停、生产减少和劳动力短缺，许多公司面临供应方面的挑战。那些在受疫情影响地区有仓储设施的企业，面临着如何或是否继续生产的艰难决定。因此，新冠肺炎疫情蔓延凸显了供应链的脆弱性，并考验了企业迅速调整的能力。所有依托线上交易的货物贸易和更传统的贸易交易所依赖的国际运输和物流服务都受到疫情的影响。

2. 数据流量增长迅速

电子商务的发展，促使服务供应商和电信运营商增大其网络容量，并提供价格优惠或免费的数据和服务包。Facebook 报告称在受疫情影响严重的地区，通过 WhatsApp 和 Messenger 发送的短信数量增长了 50%，语音和视频通话数量增长了一倍还多。在意大利宣布封城之后，用户在 Facebook 所有应用上花费的时间增加了 70%，Instagram 和 Facebook Live 浏览量一周内翻倍。[①] 泰国报告称，变焦视频通信的数据流量增长了 828%，Skype 视频会议的数据流量增长了 215%。[②]

3. 公私部门加快改善数字服务，完善基础设施

对数字服务的需求大幅增加，一定程度上对现有电信基础设施提出了挑战。为应对贸易数字化的发展，企业和政府都在着手解决容量限制问题，为消费者提供便利。为保证服务的连续性，Netflix 和 YouTube 都降低了视频质

① 《Facebook 月活用户首次超过 30 亿，巨头依旧在增长》，https://baijiahao.baidu.com/s?id=1665494705990076700&wfr=spider&for=pc，最后访问日期：2021 年 8 月 5 日。

② United Nations Conference on Trade and Development, "COVID-19 and E-commerce: Impact on Businesses and Policy Responses," https://unctad.org/system/files/official-document/dtlstict2020d12_en.pdf, 2020.

量，以缓解网络拥堵。在印度，Netflix 的这一举措已使其网络流量减少了25%。[①] 在金融领域，企业主动降低移动支付费用。政府采取措施减少现金使用，许多国家的中央银行已经取消了一些对电子支付系统的限制和监管，例如，加纳同意修改移动货币交易政策，对三个月内较小的提款金额将不收取费用，而且交易限制放宽、余额水平提高。亚马逊等平台为公共部门免费提供远程教育、远程工作和研究的工具，思科也免费提供 Webex 视频会议工具。

二　贸易数字化的基础、效应和监管

目前关于贸易数字化还没有明确的定义。张为志在第三届进博会“2020 跨境电商与贸易数字化发展论坛”上提出，“贸易数字化是充分利用各种科技集成成果，使得贸易主体、制造主体、服务主体、公共管理主体，以及产品、原辅材料、资本被允许以数字形式自由移动，不管个人和企业的国籍和所在地为何处，都能够在公平竞争、消费者和个人数据被保护的条件下，安全流畅地接触和使用在线或局部在线或线上线下结合的经济活动”[②]。还有研究从内涵上进行演绎，指出贸易数字化是指货物贸易各流程、各环节的数字化。[③] 有研究认为，贸易数字化还需要监管的数字化，尤其是对跨境贸易的无纸化监管。[④] 根据上述定义，本文认为，贸易数字化的基础包括技术、主体的数字化和贸易行业数字化。

---

① 《Netflix 和 Facebook 压缩印度流量：避免网络拥堵》，https：//www. 21ic. com/article/706834. html，最后访问日期：2021 年 8 月 5 日。

② 参见《进博会配套活动 2020 跨境电商与贸易数字化发展论坛召开》，http：//www. xinhuanet. com/enterprise/2020 - 11/07/c_ 1126710929. htm，2020 年 11 月 7 日。

③ 《解读贸易数字化》，http：//www. 360doc. com/content/20/1124/17/45199333_ 947604860. shtml，2020 年 11 月 24 日。

④ Craig Atkinson，“Advancing the Digitalization of Trade with Partnerships：National Trade Facilitation Committees as a Platform for Policy Modernization，” https：//unctad. org/news/advancing - digitalization - trade - partnerships - national - trade - facilitation - committees - platform，2020.

（一）贸易数字化的基础

1. 技术的数字化

首先，计算技术的基础是晶体管和集成电路，集成电路包含的电子元器件呈倍数增长，极大地提高了计算机的运行速度，降低了计算机成本，推动了计算机在个人、家庭、企业、学校、机构等各个层面的运用，成为信息社会的基本工具。其次，通信革命。电缆、光纤等材料不断升级，推动了宽带容量的增长和传输效率的提升，网络的普遍性、即时性、无限制性、无边际成本等特征突出。最后是数字化能力。物联网、3D 打印、人工智能、区块链、大数据等数字驱动的创新，推动了包括计算机硬件、电信设备、物联网等数字设施的规模化发展。

2. 主体的数字化

根据广义的范畴，数字主体可以分为三类：基于互联网的数字平台，如电子商务、大数据、云计算、数字内容和服务提供等企业；提供数字软件支撑的企业，如微软；提供数字硬件的企业，如华为。[①] 随着数字经济的快速发展，数字技术跨国公司在国际生产中的重要性显著提升。数字跨国公司的迅速崛起是近年来全球大型企业发展中最引人注目的趋势之一，这些数字跨国公司也是贸易数字化的推动者。2010～2015 年，UNCTAD 100 强企业中的数字跨国公司从 4 家增至 10 家。数字跨国公司不仅在全球最大的跨国公司中占据越来越重要的地位，还代表着迄今为止最具活力的参与者。与此同时，这些公司的资产增长了 65%，营业收入和员工规模增长了约 30%。[②] 根据财富 500 强“互联网服务和零售”的分类范畴，数字企业（包括亚马逊、Alphabet、京东、阿里巴巴、Facebook、腾讯、小米等）基于数字化的技术逐渐成熟，企业发展迅速，市场效应逐步显现。亚马逊、谷歌于 2009

---

① 张娟：《进口博览会视角下上海国际贸易中心建设的内涵和路径》，《国际贸易》2019 年第 5 期。

② United Nations Conference on Trade and Development, *World Investment Report* 2017: *Investment and the Digital Economy* (New York and Geneva: United Nations, 2005).

年首次进入财富500强榜单后，分别从第485位和第423位，上升到2020年的第9位和第29位，2017年，京东、Facebook、阿里巴巴、腾讯首次出现在财富500强榜单中，2019年小米首次出现在财富500强榜单中，这些企业呈现快速发展的态势，2020年阿里巴巴跃升了50位（见表1）。

表1 2009～2020年财富500强中数字跨国公司排名变动情况

单位：百万美元

年份	排名	公司	营业收入	利润
2009	485	亚马逊	19166	645.0
	423	谷歌	21796	4227.0
2011	270	亚马逊	34204	1152.0
	325	谷歌	29321	8505.0
2013	149	亚马逊	61093	－39.0
	189	谷歌	52203	10737.0
2015	88	亚马逊	88988	－241.0
	124	谷歌	71487	14444.0
2017	26	亚马逊	135987	2371.0
	65	Alphabet	90272	19478.0
	261	京东	39155	573.0
	393	Facebook	27638	10217.0
	462	阿里巴巴	23517	6490.0
	478	腾讯	22871	6186.0
2018	18	亚马逊	177866	3033.0
	52	Alphabet	110855	1266.0
	181	京东	53965	－22.5
	274	Facebook	40653	15934.0
	300	阿里巴巴	37771	9673.0
	331	腾讯	35179	10581.0

续表

年份	排名	公司	营业收入	利润
2019	13	亚马逊	232887	10073.0
	37	Alphabet	136819	30736.0
	139	京东	69847	-376.7
	184	Facebook	55838	22112.0
	182	阿里巴巴	56147	13094.0
	237	腾讯	47272.7	11900.6
	468	小米	26443.5	2049.1
2020	9	亚马逊	280522	11588.0
	29	Alphabet	161857	34343.0
	102	京东	83504.8	1763.7
	144	Facebook	70697	18485.0
	132	阿里巴巴	73165.9	21450.2
	197	腾讯	54612.7	13506.6
	422	小米	29795	1453.9

注：2016 年 8 月 13 日，谷歌宣布成立新公司 Alphabet；根据版面情况，2018 年前只提供奇数年份数据。

资料来源：http：//fortune.com/global500/。

3. 贸易行业数字化

目前，贸易数字化的产业基础主要是制造业和服务业。第一，数字化渗透制造业多领域。首先，数字化能够推动制造的智能化，而智能制造能够跨领域和跨行业渗透，使专业制造商更加具体地参与到研发、设计、营销等领域，促进全球价值链的融合和拓展。其次，自动化的广泛应用以及 3D 打印的规模化可能会减少对低端和规模制造的需求，尤其是对依赖大量廉价劳动力的制造业的需求。最后，制造业的数字化需要新的制造业规则。例如，人工智能是数字经济嵌入制造业流程和产品的重要方式，这种嵌入需要在原先的制造业基础上进行嵌入，或者修订制造标准，这就涉及数字化与制造业标准化之间的协调。第二，服务业加速数字化。OECD① 对服务业的数字化进

① OECD, "Digital Delivery of Business Services," OECD Digital Economy Papers, No. 79, OECD Publishing, 2004.

行了分析，其结论为：服务业能否数字化由服务生产和交付、市场营销、销售和客户服务等是否可以数字化决定。要实现服务业的数字化，需要具备标准化的能力。流程的标准化水平是决定服务是否适合数字化交付的重要因素，越是接近制造流程标准化的服务，其数字化程度越高。[①] 隐性知识并非不可标准化或者编码化，隐性知识传播需要有效的面对面沟通，比如随着视频、音频以及 AR、VR 技术的发展，在线教育和医疗诊断的跨境数字交付能力越来越强。相较于制造业，服务业的数字化程度更高，而在服务业内部，根据 OECD 的分析，除了基于互联网的软件开发、技术测试服务等外，传统的研发服务等的数字化程度也比较高（见表 2）。

表 2　不同类型服务的数字交付潜力

服务类型	潜力	当前状态	发展的相关政策
软件开发	高	成熟	知识产权、带宽、一致性
信息技术服务	中等	成熟	贸易规定、一致性
信息检索服务	高	成熟	知识产权、带宽、安全/身份验证
研发服务	中等	新兴/发展	一致性、带宽、知识产权、安全
设计服务	高	新兴/发展	一致性、带宽、知识产权、安全
技术测试服务	高	发展中	带宽、知识产权、安全
广告	高	开发/成熟	带宽、隐私、安全
市场营销	中等	新兴/发展	一致性
商业咨询	低	新兴	一致性
人力资源	中等	新兴/发展	一致性、带宽、隐私
劳动力供给	高	成熟	劳动力市场监管、一致性
招聘	高	发展/成熟	一致性、隐私、安全

资料来源：OECD，“Digital Delivery of Business Services”，OECD Digital Economy Papers，No. 79，OECD Publishing，Paris，2004。

① P. Drucker，“The Future of Manufacturing：An Exclusive Interview with Peter Drucker，” *Industry Week*，September 21，1998.

其中，研发服务数字化是指在研发过程中利用数字技术，加速研发进程，扩展商品和服务组合。数字技术的延展性较强，例如大数据、智能算法的引入，能够加快研发进度，缩短研发创新周期，降低研发的失败率和风险。未来，随着数字技术的可获得性提高，将进一步消除应用障碍，同时也会进一步推动创新应用。

批发零售环节的数字化主要体现为在线市场的诞生，传统批发零售环节去中介化，典型的如电子商务平台能够绕过批发商和零售商，直接在终端交付。对于实体产品，数字化通常能够缩短批发零售环节。而对于流媒体、金融服务等非实体产品，中介机构均能被直接绕开。去中介化以后，产品的定价变得更加透明。批发零售环节数字化后，该环节的价值并没有减少，反而通过数字化赋能创造了高于中间商加成的价值。

投放广告是所有行业的产品进行营销的方式，数字化不仅使广告服务走向移动化，而且导致广告传播的媒体、格式和形式的多元化。随着互联网的兴起和智能手机的广泛使用，在线广告迅速发展。在线广告依赖于对在线消费者行为的追踪并基于消费者行为投放广告，使得营销更有针对性。基于在线广告的优势，行业领军的跨国公司都积极增加在线广告，新兴的在线广告企业大量涌现，传统的广告平台也在向数字化转型，使得广告行业的数字化程度越来越高，形成了在线广告的价值链。

贸易相关技术、主体和贸易行业的数字化，促进了以全球价值链贸易为特征的全球生产和贸易模式的变革。一是专业化。制造业服务专门化是制造业专业化的主要形式，而且是一个长期趋势，制造业和服务业的数字化会加速该趋势。二是柔性化。数字化使得消费者在价值链决策机制中越来越重要，个性化定制服务兴起并加速发展。个性化定制服务的发展推动了柔性生产，高度自动化、数字化的生产能够支持产品种类的多元化与消费者定制化。此外，产品分配与多产品制造的生产线允许批量柔性化生产以适应季节的变化或需求的波动。三是效率化。基于服务在全球价值链中的链接、润滑作用，全球价值链中服务的数字化，进一步促进了制造业和服务业的数字化，对于全球价值链的运行起到了降低成本、提高运行效率的作用。

（二）贸易数字化的效应

目前，货物和服务贸易都呈现数字化趋势，其中服务贸易的数字化效应更显著。

一是服务贸易数字化的创造效应。自2014年以来，音乐流媒体的收入增长迅速，并在2017年占唱片音乐行业收入的1/3以上。这表明，消费者越来越少地通过实体渠道购买音乐产品，而是越来越多地依赖互联网提供流媒体服务。由于物理距离不会使数字流媒体服务的传送成本增加，由此可以预期流媒体服务提供商的集中和跨境流媒体服务的增加，将使以实物商品跨境交付的服务被数字下载取代。

二是共享服务的创造效应。私人服务提供商与私人消费者之间偶尔进行的交易，往往会受到高交易成本的阻碍。在线平台降低了搜索业务合作伙伴的成本，这使得小企业主和个人能够出租汽车、电器等耐用消费品，通过共享经济、数字化和互联网为跨境服务贸易创造新的机会。

三是商业存在、自然人移动等模式的服务贸易创造效应。“远程监控”和“远程机器人”技术可能引发服务业的进一步变革，这两种技术都将放宽与服务贸易的监管壁垒和人员流动成本有关的限制，例如目前仅能通过面对面方式实施的心理治疗或外科手术可以在线跨境实施。

四是货物贸易数字化的服务创造效应。电子商务平台的出现只是对货物交易方式的替代，而大量的货物贸易的规模在数字化后持续下降，但是以数字化服务形式出现，典型的如图书、报纸、唱片等完全可以被数字化产品替代，通过在线服务输出。未来，随着3D打印技术的成熟，将能在东道国直接打印产品，进一步提高货物贸易的可替代性。据预测①，2040年，全球2/5的成品货物贸易将消失，与之相关的贸易融资、运输和物流等服务将消失，与原材料贸易相关的贸易融资、运输和物流将增长，但是3D

① 世界贸易组织中国世界贸易组织研究会：《全球贸易报告2013：塑造未来全球贸易的因素》，中国商务出版社，2015。

打印技术等的发展可以推动与此相关的软件、设计和培训服务的发展。此外，大规模定制化服务需求的增加，也将使软件、设计的服务贸易需求增加。

WTO 指出，贸易的行业分布将遵循产业结构性变化驱动的生产模式变化的规律，其特点就是服务贸易份额将以牺牲制造业贸易为代价而不断增加。[①] WTO 在联合国关于人口数量预测与国际货币基金组织和世界银行关于世界经济增长的预测基础上，模拟了数字技术导致的贸易成本下降，预计服务的比重从 2018 年的 21% 上升至 2030 年的 25%。[②]

（三）贸易数字化的监管

1. WTO 有关监管规定

首先，WTO 从 1998 年开始关注电子商务的贸易政策，2017 年在阿根廷布宜诺斯艾利斯的部长级会议上，WTO 推动成员国降低信息及通信技术产品的关税，促进数字贸易发展。其次，由于服务和数字之间互为支撑，因此《服务贸易总协定》中的相关条款对数字化赋能做了规定。其中包括：通过互联网提供的服务，与通过互联网提供的货物使用相同的规则；各国政府间的网络访问、竞争、电子签名、身份验证、加密、许可、电子支付、消费者保护、个人隐私数据以及数据流动限制等，如果影响服务贸易，将受到《服务贸易总协定》的约束。由于电信在服务的发展和跨境传输方面的基础性作用，电信服务部门对电信服务发展和跨境传输做出监管承诺，减让表中的任何服务商，在获得电信方面不受歧视。对跨境交付和商业存在形式的服务贸易承诺有助于推动服务贸易的发展。最后，有关知识产权的规定。《与贸易有关的知识产权协定》和多边知识产权制度的综合架构一起，构成了电子商务和无形数字产品国际贸易所必需的法律框架的核心。虽然《与贸

① 参见世界贸易组织中国世界贸易组织研究会《全球贸易报告 2013：塑造未来全球贸易的因素》，中国商务出版社，2015。

② WTO，"The Future of World Trade：How Digital Technologies are Transforming Global Commerce，" the World Trade Report 2018.

易有关的知识产权协定》本身并未明确提及电子商务或数字环境，但其若干条款确定了支持和促进新的电子商务发展的国际法律基准。《与贸易有关的知识产权协定》有助于成员国通过建立兼容的知识产权制度，允许受保护的数字产品以知识产权许可的方式进行交易，从而形成大量的跨境数字流。

2. 联合国相关经济组织有关监管规定

联合国相关经济组织经常研究具体的政策问题，例如技能开发、信息及通信技术基础设施、监管框架、竞争、知识产权、中小微企业参与、可持续发展和数据收集等问题。

一方面，推动跨境数字基础设施和能力建设。全球价值链的数字化进程依赖全球数字化设施的建设，以及跨境贸易的数字化。联合国贸发会议、世界海关组织等通过积极推动完善发展中国家的数字基础设施来解决“数字鸿沟”问题，同时推动通关的数字化进程。例如联合国贸发会议建立了海关数据自动化系统（ASYCUDA），世界银行和 WTO 签订《贸易便利化协定》。世界海关组织就低值的货物贸易的关税、税收机制和控制程序提出了指导原则，确保电子商务包裹的快捷交付。

另一方面，制定保护数据隐私和信息安全的监管框架。国际组织推动了全球数字基础设施建设，尤其是推动数据跨境传输的法律和监管框架等软设施建设上取得了突破。例如联合国国际贸易法委员会制定了《电子可转让记录示范法》，国际标准化组织发起区块链应用的研究，OECD《隐私数据保护和跨境个人数据流动指南》成为国际层面立法的基础，从而最大限度地推动数据的跨境流动。此外，联合国贸发会议还在积极推动数据统计，包括确定统计指标的范畴、提供相关的培训。

3. 区域贸易协定有关监管条款

越来越多的区域贸易协定中有明确提及数字技术的条款，这反映了数字技术的跨领域性质。虽然一些相关条款与 WTO 中的大量条款或承诺重叠，但其他条款却可能是对原有承诺的补充或做出了新承诺。这些条款也往往是对区域贸易协定中其他相关条款的补充。

在形式上，与数字技术相关的大多数条款没有特定的、独特的模板，区域贸易协定中与数字技术相关的条款在结构、语言和范围方面与 WTO 的仍然有很大的区别。在内容上，区域贸易协定中与数字技术有关的条款最常见的是涉及电子政务管理和电子商务的条款。越来越多的区域贸易协定还涵盖电子商务的一般国内法律框架和更具体的条款，如电子认证、消费者和知识产权保护。在部分新签的区域贸易协定中，还对跨境电子信息传输、数据本地化和网络安全等进行了约定。

此外，一些区域贸易协定也尝试强化 WTO 中的贸易数字化监管规则，包括信息跨境转移、数据本地化要求、电子签名和电子认证等规则，以保护电子商务用户的个人信息或在线消费者。例如，计算机设施的本地化基本原则是不得将计算机设备放置在本地作为市场准入的前提，但是不阻止成员为实现合理的公共政策目标，采取或维持计算机本地化的措施。源代码也是如此，不能将源代码的转移和提供作为进口、分销、出售或使用的前提条件。

三　进博会促进贸易数字化的形式及其效应

进博会自举办以来，即有以电子商务为主要形式的贸易数字化及其应用。新冠肺炎疫情背景下，数字技术在生产、生活、贸易等方面均发挥了重要作用，第三届进博会的展品、展览等更加突出数字化导向，对贸易数字化有引领与促进作用。

（一）展品数字化

1. 展品数字化的形式

一是技术装备展区。首届进博会与数字化相关的展区是智能及高端装备展区，第二届进博会与数字化相关的展区是装备展区的智能制造装备、工业机器人专区，第三届进博会突出展示自动化、智能制造、工业数字化、整体解决方案等，设立工业自动化及数据信息化专区，从智能制造的概念演绎，细化到工业制造领域数字化的具体项目和成效成果介绍。其中，美国江森自控有限公司聚焦智慧建筑、智慧城市的理念，展示数字技术赋能的建筑“心脏”、“肺”、“大脑”和“免疫系统”等，并带来相关全球首发产品；施耐德电气（中国）有限公司在第三届进博会上的展览面积比上一届增加了近一倍，展示了在制造、酒店、商业地产、医疗、电网等领域的数字化案例；ABB 全球首发 Hover Guard 无人机载天然气泄漏检测解决方案；美国高通公司聚焦 5G 应用，包括 5G 毫米波、5G 工业物联网、5G 无界 XR 等 5G 前沿技术，骁龙 X60 是全球首个支持聚合全部主要频段及其组合的 5G 调制解调器及射频系统。①

二是汽车展区设智慧出行专区。随着 5G、物联网、自动驾驶技术的逐渐成熟，汽车产业数字化发展成为行业共识。第三届进博会汽车展区增设了 7000 平方米的智慧出行专区，包括智能网联、自动驾驶、智慧座舱、控制系统、车路协同、核心传感器等智慧出行细分板块。参展商包括米其林、博世、伟巴斯特、意柯那、爱信、图森、小马智行等细分领域的龙头企业和“隐形冠军”企业，发布了与数字化相关的产品、技术和服务。迪根特公司首次参加进博会，展示了全球首辆用金属 3D 打印的跑车部件。意柯那展出的自动化驾驶平台，是使用 3D 打印技术完成的，诠释了 3D 打印作为数字技术相对于传统制造，在节省材料、提升强度和缩短生产时间等方面的优势；沃尔沃子公司 Zenseact 的自动驾驶软件和系统，以及配备自动驾驶数据采集系统的 XC90 T8 测试车辆，具有本土数据采集功能，助力自动驾驶本土研发；小马智行是国内自动驾驶初创企业，但是在自动驾驶领域的技术也可以比肩全球汽车企业，展出了与丰田共同研发的 RX L4 级自动驾驶汽车，以及自动驾驶项目 PonyPilot；博世带来了车载计算平台解决方案，兼具硬件基础和软件创新平台作用；TUV 莱茵与新石器无人车联合发布中国首个申请德国豁免认证的 L4 级无

---

① 《“全球工业天团”齐聚第三届进博会　今年技术装备展区将有近 340 家企业亮相》，http：//www. shanghai. gov. cn/nw4411/20201102/507e59913ec349cfaab2ba50ecb71dd2. html，2020 年 11 月 2 日。

人车阶段性认证成果。[1]

三是在消费品展区设“智慧生活及家电”板块。第三届进博会消费品展区展览面积为9万平方米，远超计划面积，全球800多家企业参展，其中财富500强及行业龙头企业30多家。消费品也是数字化程度较高的领域，展会上，与数字化相关的板块是“智慧生活及家电”。例如，优衣库以线上和线下联动的“明日博物馆”为主题，展示服装服饰的数字化创新成果；强生依托天猫创新中心大数据，发布了中国消费者定制款果味漱口水；NUC展出全球首款物联网智能原汁机，通过感应器收集人体数据，利用物联网技术与手机APP衔接，提供符合个人营养需求的定制果汁；福维克发布根据中国市场调查的研发新品，例如智能料理机，以及中国市场特有的智能沏茶机；欧姆龙的血压计，可以同时监测血压和房颤两个指标，并同步上传给医生，实现精准诊断；三星展出了可变形的超大显示器，以及在5G、8K领域的新成果。

2. 展品数字化的效应

展览作为展会最基本的功能，展品的数字化，体现了产业和行业结构的数字化，是贸易数字化的行业特征体现。通过进博会平台，展品数字化的溢出效应已经显现，例如小马的数字化展品未来将在雷克萨斯RX450h车型上量产使用，并应用于中国自动驾驶测试和服务。[2] 在第二届进博会上，迪卡侬发布的自动盘点机器人“迪宝”，已经在中国30个城市广泛使用。

（二）展览数字化

受疫情影响，大量境外企业无法参加第三届进博会。因而境外企业采用数字化模式参展。

1. 展览数字化的形式

一是开设线上“日本馆”。JETRO与阿里巴巴、京东合作，开设了

---

① 郭跃：《第三届进博会如约而至，跨国车企畅享智慧出行》，https：//baijiahao. baidu. com/s? id = 1682483517388391911&wfr = spider&for = pc，2020年11月5日。

② 《小马智行开启自动驾驶系统的标准化生产，新系统将批量搭载于雷克萨斯车型上，于中国路测运营》，https：//www. iyiou. com/briefing/202011061021883，2020年11月6日。

"Japan Mall 日本酒馆"和"Japan Mall 日本生活馆"，参展者只要对着展品上的二维码扫一扫，就可以进入线上"日本馆"。JETRO 同时提供数字技术，促进进博会现场参展者和线上展商互动，比如提供非接触型的 3D 屏幕，采用直播的方法，使得线上线下人员可以互动交流。JETRO 还在线上对现场参展人员使用人脸识别工具，以此作为数据采集的基础，统计参展者的数量，梳理参展者的类型，并对参展者的喜好进行判断，再将信息通过洽谈预约系统提供给境外展商，实现双方在线洽谈。

二是引入互动技术。为了克服线上线下非接触式交流的弊端，JETRO 引入了互动技术。例如食品馆通过直播，连接日本的酿酒厂、百货店等制造商和销售商，展示匠人的制作现场，用直观的方式呈现日本技术和产品的魅力。又如，医疗器械及医药保健展区利用虚拟技术，展示参展企业的产品视频、商品手册等，展示内容为中日老百姓共同面对的社会问题，如养老、健康、卫生防疫等，增强共鸣性。

2. 展览数字化的促进效应

传统认知中，会展的现场展示、现场操作、现场交流的功能是不会被在线功能代替的。但是第三届进博会展现的数字展览模式，是对传统认知的颠覆，也是对数字化贸易展示、交易平台的探索。在首届进博会上，阿里集团即使用 3D 仿真技术，开设了进博会线上智能馆。[①] 第三届进博会的"日本馆"对数字技术的使用也日趋成熟，是展览数字化的具体场景体现，这对进一步推动展览数字化具有示范和溢出效应，也有助于完善线上线下展览互动技术。

（三）营销数字化

疫情期间，直播带货成为各地政府推介当地特色产品、企业推销主推商品的重要模式。在第三届进博会上，直播也成为展商推介展示展品、展现策

① 《阿里云上线进博会智能展馆　首次使用 3D 仿真技术》，https：//www. sohu. com/a/273350002_ 100106801，2018 年 11 月 5 日。

展理念的营销方式。

1. 营销数字化的形式

一是采用直播方式进行宣传推广。第三届进博会举办之前，进口博览局和阿里巴巴集团携手，在天猫商城成立“进博文创旗舰店”，由直播主播薇娅作为“进博好物线上推荐官”推介进博会文创产品。第三届进博会首次启用线上直播带货形式，在各路主播的带动下，消费者可以通过互联网和移动端参观进博会，拼多多推出“云逛进博”直播活动，丹麦、英国、加拿大等驻沪领事馆、贸易投资促进机构、经济发展署等代表“尝鲜”直播，进一步强化了进博会“买全球、卖全球”的品牌形象。

二是以直播方式推介展品。从食品及农产品展区、消费品展区，到服务贸易展区，参展商将展台打造成直播间，宣传品牌、推介展品，使无法到现场的消费者也可以在线上“云逛进博会”。例如，欧莱雅、三星等企业在展区内特别设立直播间，六天不间断地呈现丰富多彩的展品。通过兼具趣味性与互动性的主题直播，带领消费者“云览进博”。在服务贸易展区，汇丰银行把直播间搬到现场，采取“线上直播 + 线下体验”相结合的方式，展示了服务贸易直播的形式和内容。同样，在技术装备展区，诸如陶氏等工业企业也开展了直播，但是与消费品企业直接面向终端消费者不同，工业和服务贸易企业主要通过直播宣传品牌来推介展品。

2. 营销数字化的促进效应

新冠肺炎疫情使消费行为发生改变，零售营销模式也随之发生变化，商家和用户都越来越倾向于选择直播模式，购物、旅游、理财等商品和服务通过直播直接面向消费者。进博会也是体现行业和市场最新变化的一个窗口，全馆直播成为第三届进博会的突出特色。据悉，2020 年 11 月 6 ~ 7 日，央视新闻联合中意客户端和总台欧拉中心，发起了“辉常琦妙”“权薇认证”两场直播，带动欧洲五国商品销售额均破千万元，总销售额超 1.4 亿元。①

① 《强化监管　让直播电商成为双循环的新引擎》，https：//baijiahao.baidu.com/s? id = 1682896851222335995&wfr = spider&for = pc，2020 年 11 月 9 日。

进博会作为会展平台，对直播方式的运用，体现了贸易营销环节的数字化，对贸易促进产生了引领和示范效应。

（四）论坛以数字化作为重要议题

自进博会举办以来，就把数字化作为虹桥国际经济论坛（首届进博会称为虹桥国际经贸论坛）的重要议题进行探讨。首届虹桥国际经贸论坛“贸易与创新”平行论坛，主要讨论了各种新经济、新业态带来的机遇与挑战，以及创新和贸易促进、成本缩减和美好生活的关系。第二届虹桥国际经济论坛“贸易与创新”平行论坛，围绕“数字化时代与电子商务创新发展”主题，主要讨论了电子商务的发展对消除数字鸿沟的作用，及对小微企业、偏远地区和不发达国家的促进作用。第三届进博会的“2020 跨境电商与贸易数字化发展论坛”，聚焦贸易数字化，主要讨论贸易数字化的定义、贸易数字化的表现形式和贸易数字化的规则。虹桥国际经济论坛持续就贸易数字化提供中国实践，不仅是对中国贸易数字化的探索，也为推动全球贸易数字化提供了中国经验。

新冠肺炎疫情背景下，很大一部分实体贸易逐渐被跨境电子商务取代，需要在全球性的开放平台上探讨如何构建全球跨境电子商务规则体系、营造各类新型贸易业态的发展环境。虹桥国际经济论坛作为进博会开展国际经贸规则交流对话的平台，也积极推动贸易数字化相关规则的讨论，是全球贸易规则数字化导向的体现。进博会对话平台，有助于推动政府官员、公共部门转变治理思维，通过优化组织设计和决策机制，增强对数字经济的适应性、包容性，解决贸易数字化转型瓶颈问题。

（五）展览活动监管数字化

针对疫情防控的要求，进博会相关部门积极推进监管数字化，减少无纸化办公，实现不见面办理。例如，上海海关探索线上线下融合监管，实现进口化妆品卫生许可证批件联网核查和自动比对，创新实现展品进境的无纸化通关；上海市市场监督管理局推出服务进博会的“市场监管服务保障智能监控平台”，覆盖市场监管全部领域，可以采集监管检查、公众评价、投诉信息、视频监控等多元数据，并与公安部门监测入馆人，与商务部门开展进博食品原料配送追溯，与药监部门对接便民找药等系统，加强数据共用共享。

与进博会相关的展览活动监管的数字化，是中国提高贸易监管数字化监管能力的探索。贸易数字化发展背后还存在未知的风险，进博会相关贸易监管措施的施行，符合风险防范的压力测试需要。

四 发挥进博会平台作用、推动疫情防控常态化背景下贸易数字化的建议

进博会正成为世界经济包容性增长和可持续发展的新引擎，也应当且能够发展为一个促进货物贸易、服务贸易、技术贸易、文化贸易等数字化的平台，实现数字品牌展示、数字产品交易、数字贸易服务等多种功能，促进全球贸易新形态、全球数字贸易平台新格局的形成。数字化赋能贸易，将深度重构交易的标的、方式、规则。以进博会为平台，依托大数据、区块链、人工智能等科技，完善数字贸易基础设施，持续推动贸易主体数字化，以区块链技术提升跨境货物贸易通关效率，并且探索兼顾效率和安全的数据跨境流动监管模式。

（一）完善数字贸易基础设施

通过进博会平台，推动贸易数字化的相关基础设施建设。首先，要加快推进5G应用。第三届进博会5G网络基本覆盖了重点区域，可以以此为契机，高水平建设5G和固网“双千兆”宽带网络，实现5G网络的基本覆盖和重点区域的重点覆盖，基础网络设施全面完成IPV6改造。支持工业互联网发展，推动5G应用场景示范集聚化。其次，满足数据存储空间要求。目前，中国要求数据本地化存储，因此为推动贸易数字化发展，需要有一定规模的大数据中心，以满足海量数据存储的需求。应探索和支持绿色数据中心

发展，兼顾数据中心作为数字贸易发展基础设施的建设需求和节能环保的绿色发展要求，为产业数字化提供完善的基础设施。

（二）持续推动贸易主体数字化

数字化主体与传统的制造业和服务业主体不同，亚马逊、阿里等数字化主体作为跨境的贸易提供交易平台，被称为天生的跨国公司，但是因其轻资产性质，不会在全球大规模扩张分支机构，相对而言，全球数字化主体的数量并未呈现规模增长。比如财富500强中，数字企业有7家。根据UNCTAD的报告，年度100强跨国公司中，数字企业只有10家。而原先的制造业和服务业企业，想要转型为数字企业，主要通过并购,[①] 例如为了追赶竞争对手在人工智能领域的领先地位，2019年苹果公司收购了不到10亿美元的小型人工智能公司，疫情期间，该类收购频率增加。通过收购来扩张的特征也比较显著，例如Amazon收购英国的送餐公司Deliveroo。总体来说，数字企业虽然没有呈现规模扩张的趋势，但是不断扩张领域，比如Apple、Alphabet扩大流媒体服务、视频游戏、电视节目和电影制作等业务范围。从第三届进博会参展企业来看，世界500强及行业龙头企业参展回头率超过70%，药品、医疗器械、乳业、高端消费品、汽车、工业电气、工程机械等行业排名前十的知名企业大部分在进博会精彩亮相，这些参展主体在数字化领域都有涉足，并且有部分进博会参展企业在中国有专门的数字企业，例如德勤在首届进博会后成立德勤勤跃数字科技（上海）有限公司。

发挥进博会平台效应，推动数字企业集聚，可以从两条路径展开。一是以产业的数字化推动企业的数字化转型。增强信息技术创新能力，大力推进基础软件、行业应用软件、信息安全软件、区块链、边缘计算等的研发应用，支持高端化数据处理、数据分析、数据挖掘等数据增值服务，推动制造

---

① UNCTAD, "Trade and Development Report 2020: From Global Pandemic to Prosperity for All: Avoiding Another Lost Decade," https://unctad.org/webflyer/trade-and-development-report-2020#tab-3.

业的智能化。增加数字化场景应用，推动制造业和服务业数字化，以产业的数字化衍生来推动主体数字化发展。二是通过数字化领域的开放来吸引全球数字科技类企业。建议在国家安全和风险防控的总原则下，允许商业类外资数字科技类企业在上海自贸试验区设立分支机构。

（三）应用区块链技术推动通关无纸化

2018 年，为充分发挥进博会溢出效应，阿里巴巴、网易考拉、小红书、洋码头等知名电子商务公司成立了跨境进口电子商务联盟，并成立包含 8 家跨境电子商务平台的“6 天 +365 天”常年展示交易平台，为境外优质商品和服务进入中国市场提供全方位、多渠道、多模式的服务。截至 2020 年 11 月，上海已经累计认定 56 家“6 天 +365 天”常年展示交易平台。[①] 疫情背景下，电子商务公司尤其是第三方在线平台为全球跨境贸易交易展示提供支撑，因此要进一步破解以货物贸易为主的跨境电子商务发展的通关瓶颈，促进进博会展品变商品。

疫情防控常态化背景下，供应链中断已经成为促进贸易发展的最大瓶颈。历史上，为应对外部风险对供应链的冲击，世界贸易组织（WTO）寻求通过将检验环节转移到出口阶段，促进政府机构、公司、供应商、承运人和客户之间共享信息。价值链的区域化使价值链的两端在地理上更接近了。中国可借助进博会平台，与主宾国和参展国合作，根据供应链网络连接的区域，建立多边和双边的跨境供应链协调机制，重点是区域的跨境供应链协调机制。首先是运输物流信息的跨境协调，提高船舶和飞机货运离港和抵港数据的透明度，通过制作交互式地图来跟踪卡车过境时间，实施边境管理措施，确保及时运送货物、保障司机的安全。其次，建立多边和双边的“绿色通道”，减少人员和货物的检查时间，构建应对风险的常态化“绿色通道”及高效放行管理机制。

① 《上海 56 家“6 + 365”平台集中展示交易》，https://baijiahao.baidu.com/s?id=1682761814902865842&wfr=spider&for=pc，2020 年 11 月 8 日。

（四）探索兼顾安全和效率的数据跨境流动监管模式

数据是数字经济中的关键要素。与传统生产要素不同，数据不能被耗尽，可以共享和重复使用。但是当数据跨境流动的时候，新的挑战出现了。有关数据跨境流动涉及个人数据的隐私和安全、保护知识产权、数据跨司法管辖区流动时监管主体的界定成为全球数据跨境流动必须处理的议题。新冠肺炎疫情期间，通过公共平台发布完整的病毒基因组序列以及由此制定的聚合酶链反应分析规程，使在紧急情况下及早准确诊断感染成为可能。基于大数据的流调，既是中国防疫成功的关键因素，也是疫情期间进博会能够顺利举办的核心基础。基于此，推动数据共享开放，是推动贸易数字化发展的有效路径。

1. 分类制定数据跨境流动管理规定

不同的国家对数据跨境流动的规定不同，大致可以分为四类。第一类是不对数据跨境流动进行监管。第二类是事后问责。法律法规不禁止跨境传输数据，也不需要任何特定的条件，但是如果出口后数据被国外滥用，数据出口商就会被事后问责。第三类是有条件地保障流动，包括数据跨境传输之前须满足一定确定性或等价性的规定，这些规定可以由公共机构或私人公司制定。在尚未有明确规定的情况下，企业可以根据具有约束力的公司规则、合同条款等转移数据。第四类是基于特别授权的数据跨境流动，它只允许数据在个案基础上转移，并由相关部门审查和批准。这类规定涉及个人隐私方面的个人数据，也涉及更广泛的“重要数据”。对于市场化程度较高的旅行服务、职业教育，以及会计、建筑设计、工程咨询、资产评估、支付交易等专业服务数据的跨境传输，可以参考第三类规定，有条件地保障流动，即通过事先约定，确定数据出口主体责任。美国和欧盟之间、欧盟和日本之间的数据跨境流动目前采用此类数据跨境流动规定，当相关领域没有具体管理规定时，由企业根据商业合同决定。

2. 鼓励私营部门创新数据跨境流动促进办法

由于跨境数据有巨大价值，私营部门也开始探索促进数据跨境流动的办法。一是发挥国际标准化组织（ISO）等的作用。国际标准化组织开发了一个隐私保护 ISO（ISO/IEC 27701：2019），主要是根据需求，提供指导，帮助组织成员建立、实施、维护和不断完善隐私信息管理系统。行业协会也可以在这一领域发挥作用。二是发挥商业软件联盟（Business Software Alliance）等协会组织的作用。商业软件联盟建立了一个隐私框架，作为政策制定者，起草隐私保护指南，其中建议各国政府创建工具，既保护隐私，又促进数据自由流动，弥合不同国家个人隐私保护制度之间的差距。三是引入用于可信数据访问和处理的数据沙箱。基于这样的环境，数据沙箱有望提供访问跨境敏感数据、个人数据和专有数据的服务。

B.6

加大改革压力测试力度，加强制度创新供给

——把握进博会机遇，促进临港新片区金融创新研究

杨 涤　沈培泉　刘 丽*

摘　要：中国国际进口博览会（以下简称进博会）已成功举办三届，其不断增长的进口贸易势必为上海实体经济发展带来积极影响和金融创新机遇。作为中国高水平对外开放的“试验田”、“桥头堡”与“风向标”，中国（上海）自由贸易试验区临港新片区应加大开放型经济风险压力测试，主动设计更多的创新性、突破性、引领性制度供给方案，积极、主动打造为链接国内国际双循环的特殊经济功能区。本报告聚焦这种机遇，并对临港新片区可能的金融创新路径进行探讨。本报告提出，在临港新片区可试点离岸注册区，建立离岸金融中心。借助 RCEP 签署带来的发展机遇，使临港新片区成为亚太国际贸易与国际金融网络节点，使上海成为国内国际双循环战略链接点。

关键词：进博会　临港新片区　金融创新　离岸注册　离岸金融

* 杨涤，辽宁大学金融学博士，上海社会科学院博士后，中国社会科学院－上海市人民政府上海研究院全职研究员，主要研究领域为中国金融改革与发展、国际金融发展趋势、金融资源配置与新资源理论、经济发展理论等；沈培泉，原中共上海市委组织部研究室研究人员，曾任上海第二制药厂党委副书记、上海股权托管中心副总经理、上海体育产业发展有限公司党组织书记兼总经理，主要研究领域为产业投资与股权交易等；刘丽，天津财经大学财税与公共管理学院博士研究生，研究领域为金融与税务改革。

在首届进博会开幕式演讲中，国家主席习近平提出要增设中国（上海）自由贸易试验区临港新片区（以下简称临港新片区）、在上海证券交易所设立科创板并试点注册制、支持长江三角洲区域一体化发展并上升为国家战略。[①] 2019 年 8 月 6 日，国务院印发《中国（上海）自由贸易试验区临港新片区总体方案》，2019 年 8 月 20 日，临港新片区正式揭牌。

一　进博会、临港新片区与上海发展相互赋能

（一）临港新片区的“五个重要”、上海的“四大功能”、进博会的“四大平台”

1. 临港新片区的“五个重要”

自 2013 年上海自贸试验区挂牌成立以来，我国自贸试验区布局不断优化扩容。“十三五”期间，全国新设 17 个自贸试验区，总数达 21 个，共 67 个片区，形成了覆盖东西南北中的改革开放创新格局，推动外商投资管理实现历史性变革并取得了很好的成效。商务部数据显示，“十三五”期间自贸试验区探索形成 173 项制度创新成果并向全国推广，改革试点经验累计达到 260 项。破除制度障碍，各项政策发挥叠加效应。数据显示，2020 年，除了 2019 年设立的北京、安徽、湖南外的前 18 家自贸试验区共新设企业 39. 3 万家，实际使用外资 1763. 8 亿元，实现进出口总额 4. 7 万亿元，自贸试验区以不到全国千分之四的国土面积，实现了占全国 17. 6% 的外商投资和 14. 7% 的进出口，对稳外贸、稳外资发挥了重要作用。[②] 在构建“双循环”新发展格局的背景下，自贸试验区会更好地发挥重要的链

① 习近平：《共建创新包容的开放型世界经济——在首届中国国际进口博览会开幕式上的主旨演讲》，http：//www. gov. cn/xinwen/2018 - 11/05/content_ 5337572. htm，2018 年 11 月 5 日。

② 《商务部发布“十三五”自贸区成绩单：数量扩容、布局优化、制度红利持续释放》，https：//www. sohu. com/a/448538861_ 362042，2021 年 2 月 3 日。

接、桥接作用。

临港新片区是上海自贸试验区中新辟出的一个特殊区域，被定位为"特殊经济功能区"。与其他自贸试验区相比，临港新片区有更高的定位与更丰富的内涵。在思想认识上，不能把临港新片区简单理解为原有自贸试验区扩区，而应该把临港新片区理解为上海改革开放最前沿的桥头堡和窗口，是上海进行全方位、深层次、高水平、战略性制度创新和体制变革的区域与场所。

2019 年 11 月，习近平总书记在上海考察期间对临港新片区提出了"五个重要"的指示要求：临港新片区要进行更深层次、更宽领域、更大力度的全方位高水平开放，努力成为集聚海内外人才开展国际创新协同的重要基地、统筹发展在岸业务和离岸业务的重要枢纽、企业走出去发展壮大的重要跳板、更好利用两个市场两种资源的重要通道、参与国际经济治理的重要试验田，[①] 有针对性地进行体制机制创新，加强制度建设，提高经济质量。这"五个重要"的指示要求，进一步明确了临港新片区的战略定位、发展目标、实现路径和具体举措。

"五个重要"要求临港新片区带动整个上海加大开放力度，进行改革压力测试。临港新片区要成为全国改革开放的"先行者"与"开路先锋"，要为全国推进"高水平开放""高质量发展"开辟新道路、新路径，探寻新机遇、新动能。

2. 上海的"四大功能"

2019 年 11 月，习近平总书记连续第二年考察上海时，提出了这座城市应当强化的"四大功能"——全球资源配置功能、科技创新策源功能、高端产业引领功能和开放枢纽门户功能。根据《关于〈上海市国民经济和社会发展第十四个五年规划和二〇三五年远景目标纲要（草案）〉的说明》，"四大功能"具体内容见表 1。

---

① 《上海自贸区临港新片区：跑出加速度 提升活跃度 干出显示度》，http：//k. sina. com. cn/article_ 1784473157_ 6a5ce64502002ab29. html，最后访问日期：2021 年 8 月 20 日。

表1　上海“四大功能”的具体内容

四大功能	具体内容
全球资源配置功能	着力提升要素市场国际化水平、贸易投资自由化便利化水平和航运服务能级，持续提高全球资源的集聚浓度、链接强度和辐射广度
科技创新策源功能	突出创新在发展全局中的核心地位，突出科技自立自强，进一步提高张江综合性国家科学中心的集中度和显示度，力争在基础研究、应用基础研究和关键核心技术攻坚上取得一批重大成果
高端产业引领功能	按照“高端、数字、融合、集群、品牌”的产业发展方针，推动集成电路、生物医药、人工智能三大先导产业规模倍增，加快发展电子信息、汽车、高端装备、先进材料、生命健康、时尚消费品六大重点产业，大力推进经济数字化、生活数字化、治理数字化
开放枢纽门户功能	构建更高水平开放型经济新体制，建设各类有形、无形网络通道，更好促进国内国际两个市场、两种资源联动流通

3. 进博会的“四大平台”

从国家层面来看，可将进博会打造为四大平台，即：国际采购平台、投资促进平台、开放合作平台、人文交流平台。

最初，尤其是在首届进博会举办前后，社会上对进博会存在一些模糊认识甚至误解。随着进博会连续成功举办，人们对进博会的认识也在加深。进博会是中国促进世界经济与贸易发展的制度创新，是中国主动创办的以进口为目的的全球化贸易展会，未来有望被打造为一个全球超级市场，带动区域和全球经贸增长。进博会举办的目的是促进企业销售的商业服务经济，促进的是国际贸易，形态上体现为贸易展会，通过促进贸易成交来带动实体经济增长。可以预见，随着进博会每年不断举办，进博会的溢出带动效应将更加凸显。疫情之下，世界经济贸易遭受重创，而中国抗疫成功带来营商环境的“安全性”以及中国经济稳步回暖并通过继续举办进博会显示的“确定性”，给世界各国的企业家和政治家带来稳定的预期和信心。

进博会是全球化的贸易展会，目前主要是“中国买，全球卖”，未来还会实现“全球买，全球卖”，成为全球性的超级大市场。

4. “五个重要”、“四大功能”与“四大平台”的高度契合

临港新片区的“五个重要”、上海的“四大功能”与进博会的“四大平

台”高度契合，相互交织、彼此赋能。

“五个重要”和“四大功能”虽然是针对临港新片区与上海提出的，但其着眼的高度和视角却不是一地一城，而是从全球高度和视野、从全国发展角度来思考和规划的。临港新片区不仅属于上海，更属于全国，甚至立足于全球，要为全球化做出独特的贡献。进博会是用实际行动推进全球化而打造的一个“全球大超市”，让全球分享中国市场和经济增长的红利，是中国为世界经济发展做出的积极贡献。临港新片区与进博会都是中国对外高水平开放的窗口，临港新片区与进博会交汇在上海这个国际大都市，它们相互引流、赋能，必然为上海和中国带来新的发展机遇。

“五个重要”、“四大功能”和“四大平台”的提出归根结底就是要求上海主动谋变，提高自己的城市站位，勇立潮头，敢于担当，做改革开放先锋和排头兵，做改革创新的“尖兵”、“蹚雷者”和“开路先锋”。上海要以临港新片区为载体，体现“制度之特”与“创新之先”，敢于先行先试，用好国家、市两级层面赋予的政策优势，打造中国营商环境最优范本。对标国际上竞争力最强的自由贸易区，达到其自由化、便利化与国际化的标准甚至可超越之，为实现中国梦发挥引领和带动作用。

（二）临港新片区“经济高质量发展”需要“金融高水平发展”

按临港新片区目前的方案，是在构建世界级、开放型、现代化产业体系，可用“7 +5 +4”概括（见表2）。

表2　临港新片区产业体系示意

	7大前沿产业集群	5大现代服务产业集群	4大开放创新经济业态
1	集成电路	新型国际贸易	离岸经济
2	人工智能	跨境金融服务	智能经济
3	生物医药	现代航运服务	总部经济
4	民用航空	信息服务	蓝色经济
5	智能新能源汽车	专业服务	
6	高端装备制造		
7	绿色再制造		

从表2可以看出，临港新片区非常重视发展实体经济，尤其重视前沿型、先进型、现代型、科技型产业的发展，重视对新经济、新业态的扶持。

传统经济金融理论认为经济发展在先，金融是实体经济衍生物。创新的金融可持续发展与金融资源配置理论[①]认为：在金融经济时代，发展经济不能沿袭传统路径，对经济与金融的关系要重新予以梳理和调整。在当今时代，要发展经济，金融资源配置在先，实体经济资源配置在后。金融资源配置效率决定实体经济资源配置效率，实体经济要获得高质量发展，需要金融高水平发展。

临港新片区要想发展“7＋5＋4”的产业体系，就要先“筑巢引凤”，做好金融基础设施建设，为实体经济发展配置好金融资源，并通过配置金融资源来进一步配置产业资源。特斯拉获得金融资源就是一个例子。[②] 这个案例就是金融资源配置在先，工厂建设在后。根据我们在临港新片区的实地调研，特斯拉投产开工后，给特斯拉配套的供应商纷至沓来，在特斯拉附近区域设厂建点，逐步形成一个特拉斯生态圈。从新资源理论和金融资源配置理论的角度看，只有实现常态化的金融功能供给，制定符合国际惯例的规则和制度，临港新片区产业才能真正融入全球经济，实现内外两个市场、两种资源、两个渠道、两个循环的有机结合和相互促进。金融创新需要实体经济提出需求并给出利益驱动刺激，进博会就提供了这样的新机遇。

（三）进博会为临港新片区“金融高水平发展”提供创新机遇

进博会通过进口“世界制造产品”，带来了最前沿的技术和最新的设计

---

① 参见白钦先等《金融可持续发展研究导论》，中国金融出版社，2001；杨涤《金融资源配置论》，中国金融出版社，2011。

② 2018年7月10日，特斯拉与上海临港产业区管理委员会、临港集团签署协议，在临港地区独资建设集研发、制造、销售等功能于一体的特斯拉超级工厂。截至2020年1月4日，纯电动整车已经交付批量生产，这也是上海有史以来最大的外资制造业项目。特斯拉将从中国工商银行、中国建设银行、中国农业银行和上海浦东发展银行等多家中资银行获得100亿元（14亿美元）的五年期贷款（《特斯拉在华再受100亿元贷款加持“超国民待遇”催生巨鲶?》，https://baijiahao.baidu.com/s?id=1654580593047972178&wfr=spider&for=pc，2020年1月2日）。

理念，带来了潜在的经济合作机遇。很多公司的产品和技术属于当今国际创新的第一梯队，不仅仅是大众消费品，还有各种工业产品、生产设备，比如智能高端装备等。进博会给国内业内人士提供了获取第一手信息的渠道，对全国的企业、消费者而言都是一次难得的开阔眼界、增长见识、提升品位的机会。进博会将年年办下去，产品设计理念与技术发展方向的引领导向作用会越来越明显，会逐步产生溢出效应、衍生效应和长尾效应，促进国内产业跟上国际潮流，有效进行供给侧改革。

目前看，进博会已办出高水平、办出好成效、在全球的正面影响越来越大。贸易额的持续增长，加上贸易带来的溢出效应、衍生效应与长尾效应，必然会带来相应的金融需求。笔者认为，进博会后续会带来额外的金融需求，进而为金融创新提供新机遇。金融创新的源泉源于实体经济对金融服务的需求，进博会提供了这种应用场景。除了直接的、服务于国际贸易的金融服务外，进博会还会逐步衍生出合作投资方面的金融服务需求。临港新片区的实体经济会“近水楼台先得月”，而相应的金融机构也会在其中发现新的创新机会。上海市区两级政府也可进行顶层设计，增强临港新片区金融基础设施前瞻性、战略性的制度供给，为实现“十四五”规划打下良好的金融制度基础。

二　临港新片区金融发展探索及未来改革创新思路

（一）临港新片区金融发展探索

第一，探索优化和完善跨境资金池管理。资金流动自由是自由贸易与自由投资的基本条件。2020 年 2 月，人民银行、银保监会等部门联合发布《关于进一步加快推进上海国际金融中心建设和金融支持长三角一体化发展的意见》，明确在临港新片区内探索开展本外币合一的跨境资金池试点，支持符合条件的跨国企业集团在境内外成员之间集中开展本外币资金余缺调剂和归集业务。跨国企业集团开展跨境双向人民币资金池业务不需要贸易背景，资金池内成员企业盈余资金共享，互补长短，减少银行融资，减少利息费用支出。根据初步调研，这项改革措施得到了跨国企业集团的欢迎和好评。

第二，探索贸易、融资、资产结算便利化。为更好地支持产业链、供应链发展，尤其是支持优质企业进行贸易资产合理化配置及满足其融资需求，临港新片区率先推进优质企业跨境人民币结算便利化、境内贸易融资资产跨境转让。大幅简化办理跨境融资业务流程，先行试点一次性外债登记。在临港新片区实施跨境人民币结算便利化政策后，对于货物贸易的结算，企业无须提供合同、发票等背景材料，大大提升了结算效率。临港新片区启动贸易融资资产跨境转让试点后，银行可比较境内外融资资金价格，在合适的条件下将贸易融资资产向境外投资人转让，最终使企业降低融资成本。

第三，探索离岸转手买卖业务。2019 年 8 月，《中国（上海）自由贸易试验区临港新片区总体方案》及《关于促进中国（上海）自由贸易试验区临港新片区高质量发展实施特殊支持政策的若干意见》，明确了临港新片区内的企业可开展具有真实贸易背景的、合法的离岸转手买卖业务，并支持金融机构参照国际通行规则，为临港新片区内的企业开展离岸转手买卖业务提供跨境金融服务。

第四，扩大开放并引进集聚金融机构的探索。临港新片区启动了滴水湖金融湾项目，打造“临港陆家嘴”金融聚集区，吸引国内外金融类机构入驻，包括与金融相关的金融科技公司也在鼓励入驻之列。中国交通银行、汇丰银行分别在区内设立了金融科技公司，中国建设银行、中国银行、中国农业银行等金融机构也各自设立了私募股权投资基金，中证资本市场法律服务中心也落户临港新片区，国内首家外资控股的合资理财公司汇华理财顺利落户临港新片区。

（二）临港新片区金融改革与创新有待破局

第一，金融营商环境与国际标准尚未接轨，金融创新受到体制改革进程约束。在金融法制建设方面，由于缺少相应的政策支持，“金融 30 条”的相关政策无法完全落地，特别是在跨境金融制度创新方面，压力测试力度还不够，金融创新存在“中梗阻”现象。临港新片区城市开发、产业投资审批等需要临港新片区管委会负责，人事考核是浦东新区授权管理，而相关政策，需要临港新片区管委会来落实。一些基层管理的问题，浦东新区政府和临港新片区管委会都无法解决，需要奉贤区政府和浦东新区政府来协调解决。

第二，多部门“白名单”协同监管模式仍在探索中。离岸转手买卖业务目前采用的是逐笔审核的方式，导致离岸转手买卖的效率不高，很多离岸贸易无法开展。随着对离岸转手买卖贸易的需求不断增加，上海自贸试验区打破了原来的困境，多部门协同采用新的监管模式探索白名单制度。

第三，外国资本参与自贸试验区建设的渠道有限。外资机构在临港新片区开设银行、保险等金融机构的相关政策仍未落实。尽管多数境外非居民投资者看好人民币资产，但多数并不熟悉中国金融市场及其监督管理规则，不清楚人民币资产在上海登记、托管、交易和结算的具体流程。这就导致多数境外投资者难以分享中国经济高速增长和人民币增值的红利。

第四，受到资本账户管制限制，大型跨国公司的资金管理服务水平有待提升。中资跨国企业以及与中国有投资和贸易关系的跨国公司，往往持有大量人民币头寸，它们需要对应的资金管理服务，但当前大型跨国公司还只能通过中国香港，有些则在东京、新加坡、伦敦、法兰克福或纽约等国际金融中心进行资金管理。

第五，临港新片区科创产业缺乏有效的金融支持。临港新片区要打造世界级前沿产业集群，供应链金融业务亟须进一步升级，以更好地服务临港新片区新兴产业引领区的产业引进和集聚。科创企业对股权融资、知识产权融资、科技金融政策性贷款咨询与对接服务的需求较大，但是当前临港新片区的专利质押服务还不完善，对科创企业的专利估值仍未有成熟的方法，导致科创企业专利质押在现实中存在诸多困难。

第六，金融业务发展滞后，自贸试验区高端航运服务功能仍有待强化。随着洋山特殊综合保税区挂牌成立，临港新片区在大宗商品交易方面有突出优势，而大宗商品交易的衍生品业务尚未开展，“洋山价格”的影响力不足。船舶和飞机的跨境融资、跨境租赁受制于金融外汇服务，难以大规模开展。受资格准入和人民币结算额度的限制，航运交易、航运融资、航运保险、航运结算等高端航运产业发展与国际一流自贸港仍有差距。

作为对外开放“试验田”与“风向标”的临港新片区，应加大开放型经济风险压力测试力度，主动设计更多的创新性、突破性、引领性、标志性的改革方案，有步骤、分阶段地打造更具国际影响力、吸引力、竞争力的特殊经济功能区。临港新片区的金融创新是支持上海实体经济发展，尤其是支持对外高水平开放，对内推动高质量发展，构建以国内大循环为主、国内国际双循环相互促进新发展格局的必要手段。这种探索性、前沿性的金融创新需要抓住一些新机遇，进博会就是这样的新机遇。

（三）临港新片区的金融创新可做增量改革

临港新片区被定位为具有特殊经济功能的区域，是上海乃至中国改革开放最前沿的阵地，承担着体制创新、制度创新的艰巨任务。思路决定出路。临港新片区需要进一步解放思想，大力推进增量改革，对标国际先进经贸规则，进行制度创新。这就是接下来我们要说的试点离岸注册区、逐步发展离岸金融中心的立论基础。

三　政策建议

（一）拓展 FT 账户功能，促进贸易与投资结算便利

金融创新不能脱离实体经济。金融作为服务媒介，要服务于实体经济，促进实体经济发展。进博会为金融创新提供了新路径，有利于我国实体经济

国际化发展与金融国际化发展相互促进。在“贸易自由化、经济全球化”的国际背景下，进博会的成功举办让世界认识临港新片区。针对进博会的金融需求，临港新片区迎来了金融创新机遇。金融服务水平提升、金融工具多样化、金融机构多元化有利于向世界展示临港新片区的风貌。以临港新片区为基础逐步发展离岸金融中心，将推动“一带一路”建设发展，提升我国国际经济地位，深化国际经济发展与合作。

笔者对自贸试验区企业 FT 账户的现状进行了调研，调研对象是上海可开立 FT 账户的部分商业银行，以及开立 FT 账户的部分境内外企业，发现存在以下问题。

第一，开户程序烦琐，要求资料过多。按照目前境内外对申请开立 FT 账户的程序要求，银行要求企业提供的资料有 20 多类 30 多样，份数为 40～50份（一样资料需一式几份），全部资料有几百页。盖公章次数在 20 次以上，企业办理人员要跑银行数次。企业办理人员与银行工作人员工作量很大。开户周期最短一个月，最长的有 3～4 个月，尤其是外资企业申请周期较长。外资企业在申请开立 FT 账户的时候，需要提供中英文两种语言的材料各一套，还要求提供经审计的中英文财务报表。

第二，结算程序烦琐。企业和银行反映，FT 账户的资金划转审查过于严格，现在 FT 账户对资金的进出审查是逐笔审查，不是额度审查。每一笔审查，对于企业和银行两方面而言，都要重新提供一套资料，包括签字印鉴核定，程序烦琐，工作量很大。

由于中国人民银行系统是属地化管理，中国人民银行上海分行和其他地区的分行并不能直接把端口开放给彼此属地的商业银行。上海之外的企业在上海自贸试验区内注册了子公司，但这些子公司在申请 FT 账户的时候，需要查询验证股东信息，这时候上海的商业银行就要委托股东方所在地的分支机构去向当地人行的分行申请查询，如果没有权限，还不得不通过上一级银行申请，办一次审批时间成本很高。

为改变现状，我们提出以下建议。

第一，用进博会机遇刺激提升 FT 账户开办效率。进博会的举办将为实体经济、服务贸易发展注入新活力，国际贸易额的不断增加也必将要求上海国际金融中心建设加快改革创新步伐。对临港新片区金融创新来说，FT 账户在开办效率上首先要及时跟进。

第二，以服务进博会进口为契机，打通 FT 账户全部权限端口。虽然 FT 账户是上海自贸试验区内的金融创新，但这种金融创新和以后人民币自由兑换密切相关，与“一带一路”金融服务及人民币国际化战略密切相关。人民银行系统应抓紧研究对策，协调资源，对相关商业银行统一开放 FT 账户端口。这样的功能建设在技术上完全可以实现，最主要的是要统一协调。

第三，简化开户申请材料，逐步实现数字化办理。如上所述，申请 FT 账户要求的材料过多，程序太烦琐。很多时候还必须有人到银行柜台亲自办理，没有实现线上办理。另外，申办材料要简化，现在根据监管要求，客户提供给银行的材料里除了必需的（如营业执照、法人资料）外，其他的能简化就应该简化。

第四，在临港新片区鼓励在 FT 账户体系下开展跨境资金池业务。上海自贸试验区跨境双向人民币资金池发展多年，在其 FT 账户体系下的跨境双向人民币资金池与全国版跨境资金池相比，首先，在客户管理上更为宽松。对于上海自贸试验区版跨境资金池，只要有纽带关系，比如各企业之间有控股关系或间隔几层的关系，对商业银行来说就算是能够融资的客户。其次，上海自贸试验区版跨境资金池，对进出口额度没有明确要求。央行只是要求商业银行在审慎原则下，合理给出一个企业汇划额度。这与全国版跨境资金池严格控制在企业所有者权益的 0.5 倍或者 1 倍相比，已经比较宽松了。[①] 所以，上海自贸试验区的跨境资金池，对跨国企业集团尤其是在“走出去”过程中有境外资金需求的中资跨国企业集团来说，还是有很大帮助的，作为现有外汇体制框架内的金融创新需要继续探索。

---

① 《FT 账户究竟是怎么一回事?》，https：//www. sohu. com/a/271170043_ 115362，2018 年 10 月 25 日。

（二）试点离岸注册区，逐步发展离岸金融中心

进博会产生了巨大的平台效应和外溢效应，其中之一便是可以依托进博会探索发展离岸贸易和离岸金融。进博会的进口贸易会促进项目合作与投资合作，针对项目合作和投资合作的潜在服务需求，可用试点离岸注册区、建立离岸金融中心来加以满足。

离岸注册区在国际上已发展30余年，多在一些群岛设立。离岸注册区有如下特征：法律、税收环境宽松；注册代理，高度保密；无外汇管制，金融业、旅游业发达。在海外上市的中国科技类公司，如阿里巴巴、盛大、前程无忧、巨人网络、奇虎360、百度、京东、联通、新浪等都在海外离岸注册。从表3可以看出，离岸注册区对中国的直接投资贡献很大。

表3　1997～2018年五大离岸注册区对中国直接投资额

单位：万美元

年份	英属维尔京群岛	开曼群岛	百慕大	毛里求斯	萨摩亚
2018	471151	406825	216727	26058	155421
2017	399076	217690	134213	34368	122943
2016	673957	515133	45580	86176	87248
2015	738778	144446	71018	34601	199109
2014	622566	125509	53080	59128	156383
2013	615858	166825	72194	91030	185807
2012	783086	197540	79160	95873	174371
2011	972495	224196	74362	113921	207623
2010	1044734	249880	35963	92884	177333
2009	1129858	258189	25771	110378	202003
2008	1595384	314497	46898	149371	254975
2007	1655244	257078	37684	133250	216988
2006	1124758	209546	39481	103271	153754
2005	902167	194754	21400	90777	135187
2004	673030	204258	42277	60232	112885

续表

年份	英属维尔京群岛	开曼群岛	百慕大	毛里求斯	萨摩亚
2003	577696	86604	39820	52098	98572
2002	611739	117954	47842	48369	87947
2001	504234	106671	20720	30563	54321
2000	383289	62373	12212	26479	28316
1999	265896	37795	8580	17025	20136
1998	403134	32423	11447	10050	12654
1997	171717	15844	10489	4586	18438

从表 3 数据可以看出，从 1999 年开始，各个主要离岸注册区对中国的直接投资呈现波动上升态势，其中英属维尔京群岛波动上升趋势最为明显，也最具代表性。这说明在英属维尔京群岛注册的外资企业投资中国规模最大。[①] 分析其原因，很大程度上与中国第一波互联网经济大潮涌动密切相关，其间中国接受了很多投资互联网企业的投资，相当多的公司得以做大并赴美上市。

临港新片区正在努力建设具有全球影响力的政策体系，其中，发展临港新片区金融产业非常重要。临港新片区将聚焦跨境金融、离岸金融、科创金融和金融科技四个方面，推进金融产业发展，试点离岸注册区就是一个可考虑的方向。

在临港新片区试点离岸注册区的好处如下。

第一，可聚机构、聚人气，稳外资、外贸预期。据相关研究[②]，在离岸注册区，注册的企业中有 10000 多家与中国内地相关，目前平均每天都会有一家中国概念的新公司注册成立。离岸注册区都管理着上万亿美元的产业，每天都有大量资金通过离岸中介、银行、信托等机构流进流出，离岸注册区

---

① 由于 1989 年 12 月 20 日美国入侵巴拿马，造成巴拿马政局混乱，促使大量离岸公司迁往英属维尔京群岛，进一步促进了英属维尔京群岛离岸金融业务的发展。中国不断扩大对外开放也使得一批拟在海外发行上市的公司选择到英属维尔京群岛注册上市主体，促使其离岸金融市场进一步发展。

② 张晓丹、周颖：《神秘“百慕大”吸引中国企业——中国离岸注册现象之透析》，《新财经》2002 年第 7 期。

聚集着全球顶级的高净值客户，从而催生了当地金融服务业，拉动旅游业、餐饮服务业发展。作为改革开放最前沿的“试验田”，临港新片区发展要有新思路、新举措和新设计。可划出一个区域进行离岸注册区试点，吸引海内外拟上市企业、外贸企业、金融机构、国际资本风投机构入驻，不仅聚机构、聚人气，拉动消费和服务业，活跃临港经济，还可稳外资、外贸预期。

第二，有利于吸引外资，培育红筹公司，改善科创板生态。2020 年 12 月，美国国会通过《外国公司问责法案》，并在美国总统签署后正式生效。该法案一定程度上使中国企业被迫放弃在美国证券交易所上市，导致更多的中概股在美国退市，回归港交所或者内地证券市场，这给上海科创板提供了潜在的企业来源。企业无论是谋求在海外上市，还是在国内上市，如能在临港离岸区域完成注册，在国内就可获得注册、融资、上市的完整服务，如企业回归科创板上市，离岸注册区相当于为国内证券市场打造了“红筹公司池”，这会改善科创板生态，有助于科创板国际化、市场化和法制化。

第三，可链接国内国外两种金融资源，发展离岸金融业务。截至目前，离岸金融市场发展已近 70 年，在促进资金全球化流动，进而服务于跨国公司全球资产配置和产业链供应链，促进全球经济增长与发展过程中，起到了十分重要的作用。发展离岸金融、建立离岸金融中心已经是众多国家实践检验过的、行之有效的对外开放方法，是链接国内国外两种金融资源、经济资源的有效路径，是一国参与全球金融资源配置的节点和链接点。大规模国际金融资源被不断集聚于离岸金融中心，使得离岸金融中心可以自主制定各种货币资本游戏规则并由此获得巨大经济福利。

基于离岸注册区发展起来的离岸金融业务有助于增强所在区域金融业的国际竞争力，促进形成离岸金融中心。海外那些离岸注册区不仅吸引了众多拟去海外上市的企业注册，还孕育出若干离岸金融中心。临港新片区被定位为“特殊经济功能区”，未来建立离岸金融中心就是可选的发展方向。在临港新片区试点离岸注册区，投入小，易吸引跨国企业和国际金融机构入驻，形成大量资金沉淀，一旦业务达到一定规模就会形成离岸金融中心，将促进上海国际金融中心建设并提升其能级，实现国内国际双循环的良性互动。

第四，改革成本低，风险可控。上海地理位置优越，社会秩序井然，营商环境好，在产业、贸易、金融、文旅、人才资源方面有独特优势。上海要成为高能级的国际金融中心，资本自由流动是必要条件，这就需要发展离岸金融业务，而临港新片区先行试点离岸注册区，集聚企业、金融机构、专业中介，当金融业务数量达到一定规模，就会孕育发展离岸金融中心。借助FT账户，离岸业务与在岸业务有效对接，在资金、人才和制度上形成良性互动。试点离岸注册区是增量改革，在当前数字技术迅猛发展的背景下，利用临港新片区现有的基础设施条件，用金融科技做支撑进行改革试点，成本较低，风险可控。

在临港新片区试点离岸注册区、建立离岸金融中心的建议可概括为15个字："划区域，育机构，给政策，融科技，建法规"。

第一，划区域：划定特殊区域，形成离岸"特色"功能区。从离岸金融中心的发展过程来看，由于不同国家或地区的历史背景、地理条件、经济发展水平、金融政策等不同，世界各主要离岸金融中心的发展演进模式也各不相同，由此形成了各具特色的离岸金融模式。现在，世界范围内的离岸金融中心可分为四种类型：以伦敦和中国香港为代表的内外一体型、以美国和日本为代表的内外分离型、以新加坡和马来西亚纳闽岛为代表的分离渗透型以及以开曼群岛和加勒比海地区为代表的避税型。从全球离岸金融市场的规模来看，离岸金融中心的资产逐步增长。虽然国际上往往是在"岛屿"上设立离岸功能区，以远离国内监管，但是上海不必效法拘泥，建议在临港新片区划出"特殊区域"，执行特殊政策，形成离岸"特色"功能区。

第二，育机构：培育高水平专业中介服务机构。离岸注册区都有特殊法，一般不直接对企业开放，而是与获得经营许可的代理注册公司合作，利用低税收、宽监管的优惠政策吸引全球资本。上海可借鉴其优点，结合自身特点，做好顶层设计，制定更加国际化的一套法律体系；通过政策引导，培育一批专业中介服务机构，培养人才，依托强大的国内市场，利用5G等科技优势，打造完整的离岸注册体系。

第三，给政策：设计优惠政策，全球招商引资。上海可设计一系列优惠政策，吸引国际银行、国际专业中介服务机构提供服务。目前，红筹企业在国内科创板挂牌上市是有通道的，但管理比较严格。试点离岸注册区后，上海可与银保监会等部门磋商，放松管理，开辟优先通道，鼓励国内外企业在临港新片区离岸注册，优先在科创板上市；还可鼓励上海国资国企在临港新片区设立离岸公司，用国际惯例引入境外资本，优化上海国资国企布局，对产业链、供应链进行重构和优化。

第四，融科技：融入数字科技，实现远程化、数字化、智能化。传统离岸注册地靠的是传统技术，人工成分很多。临港新片区可弯道超车，发挥现有的科技优势，包括5G技术、移动支付、大数据与人工智能等科技优势，把这些技术运用到离岸注册体系中去，促进形成具有中国特色的离岸注册体系。

第五，建法规：离岸金融立法先行。离岸金融在为金融创新带来机遇的同时，也对金融监管的制度体系提出了新的挑战。当前中国缺乏系统化的离岸金融法。虽然中国自20世纪起就开展了离岸金融业务的试点，但是至今尚未出台一部系统化的“离岸金融法”，仅仅是以有关部门制定实施办法或条例的形式对离岸金融业务进行管理与规制。这些部门规章在一定程度上规范了离岸金融业务，但还远远不够。要想在临港新片区发展离岸金融，需要进行顶层设计，制定完整的离岸金融法规。

四　结语

从中国历史实践来看，要想做事成功，就要“因势利导”和“顺势而为”，这里面蕴含着深刻的“唯物史观”。进博会是国家级会展，临港新片区是一个自贸试验区，从表面上“风马牛不相及”，但实际上，两者交汇在上海这个国际大都市改革开放的进程中。临港新片区的“五个重要”、上海的“四大功能”和进博会的“四大平台”都是中央对上海提出的新定位和新要求。进博会与临港新片区完全可以相互赋能、借势。进博会每年在上海举办，就会给上海包括临港新片区持续带来“流量”，带来溢出效应、衍生效应和长尾效应。临港新片区肩负国家改革开放压力测试的重大任务，要敢于为中国体制改革与对外开放探路，临港新片区甚至可以利用“浦东新区法规区别于上海市一般的地方性法规，可以对法律、行政法规、部门规章作出变通规定”的优势，先行先试去推进制度创新。上海需要抓住进博会这样的机遇，不断推出有针对性和前瞻性的改革举措，不断探索增量改革，打造社会主义现代化建设引领区。

B.7
进博会促进上海国际金融中心能级提升研究

禹钟华　孙永涛*

摘　要：本文首先对上海国际金融中心建设的现状进行了简要分析，结合国家发展政策及第三届进博会出台的多项措施，提出要实现上海国际金融中心功能升级应采取以政策推动模式为主、自发拉动模式为辅的结合发展模式；其次，在构建国际金融中心能级评估指标体系的基础上，分析了目前上海作为国际金融中心的能级定位及升级方向，进而分析了上海国际金融中心能级提升面临的条件限制，并阐述第三届进博会的创新点为上海国际金融中心能级提升带来的创新空间；最后，提出了提升上海国际金融中心能级的具体建议。

关键词：国际金融中心　数字科技　人民币国际化

随着世界各国现代金融体系的建立和不断发展，金融自由化、国际化的发展不断深入，国际金融中心迅速崛起，其与各国区域性金融中心和离岸金融市场构成了覆盖全球的金融网络。一国建立功能强大的国际金融中心，对

* 禹钟华，金融学博士，东北财经大学金融学院副教授，中国国际金融学会理事，主要研究领域为金融史、中国金融改革与发展等；孙永涛，讲师，就职于沈阳城市学院，主要研究领域为金融风险管理。

国家的长远发展、国际竞争力提升和金融安全保障至关重要。在当下经济全球化遭遇逆流、新冠肺炎疫情全球蔓延及全球经济下行的大背景下，第三届中国国际进口博览会（以下简称进博会）在上海成功举办，对继续完善上海国际金融中心功能并推动其能级提升有着重要的意义。

一　进博会为上海国际金融中心能级提升创造机遇

（一）上海国际金融中心发展概述

早在 2009 年，《国务院关于推进上海加快发展现代服务业和先进制造业建设国际金融中心和国际航运中心的意见》明确提出，到 2020 年上海要基本建成“与我国经济实力以及人民币国际地位相适应的国际金融中心”的目标。《上海城市总体规划（2017～2035 年）报告》提出，“强化全球资本集聚中心、财富管理中心和金融创新中心功能，将陆家嘴金融城、外滩金融集聚带等作为上海国际金融中心功能的核心承载区”。

近年来，上海在加快金融改革创新、增强金融市场功能、健全金融机构体系、扩大金融开放合作、优化金融发展环境等多个方面全面发力，推进了我国更高水平的金融服务业对外开放。在高速发展过程中，我们也应清醒地意识到，上海若要真正成为顶级国际金融中心，必须在推进人民币国际化、建设离岸金融市场、开放资本账户等方面下功夫。

在英国智库 Z/Yen 集团 2020 年 9 月 25 日发布的“第 28 期全球金融中心指数”排名中，上海超过东京，首次进入全球金融中心三强行列（见表 1）。这体现了国际社会对上海金融营商环境和国际地位的认可。上海作为国内、国际的金融中心已经具备长足发展的坚实基础。上海抓住历史机遇，在进一步借鉴国际经验的同时，立足中国、面向全球与未来打造一流国际金融中心。

表 1　全球前 20 金融中心综合竞争力排名得分

金融中心	GFCI 28		GFCI 27		较上期变化	
	排名	得分	排名	得分	排名	得分
纽约	1	770	1	769	0	▲1
伦敦	2	766	2	742	0	▲24
上海	3	748	4	740	▲1	▲8
东京	4	747	3	741	▼1	▲6
香港	5	743	6	737	▲1	▲6
新加坡市	6	742	5	738	▼1	▲4
北京	7	741	7	734	0	▲7
旧金山	8	738	8	732	0	▲6
深圳	9	732	11	722	▲2	▲10
苏黎世	10	724	14	719	▲4	▲5
洛杉矶	11	720	10	723	▼1	▼3
卢森堡	12	719	18	715	▲6	▲4
爱丁堡	13	718	17	716	▲4	▲2
日内瓦	14	717	9	729	▼5	▼12
波士顿	15	716	25	708	▲10	▲8
法兰克福	16	715	13	720	▼3	▼5
迪拜	17	714	12	721	▼5	▼7
巴黎	18	713	15	718	▼3	▼5
华盛顿	19	712	24	709	▲5	▲3
芝加哥	20	711	16	717	▼4	▼6

注：黑色三角表示比较上期排名/得分上升或下降的名次/分数。

资料来源：M. Wardle, and M. Mainelli, *The Global Financial Centres Index* 28, https://www.longfinance.net/publications/long-finance-reports/global-financial-centres-index-28/, 2020。

（二）进博会为上海国际金融中心发展创造机遇

2020 年 11 月 4 日，第三届进博会在上海开幕，习近平主席发表主旨演讲，提出“中国将秉持开发、合作、团结、共赢的信念，坚定不移全面扩大开放，让中国市场成为世界的市场、共享的市场、大家的市场，推动世界经济复苏，为国际社会注入更多正能量”①，并提出“构建以国内大循环为主体、国内国际双循环相互促进的新发展格局”②，表达了中国同世界分享市场机遇、推动世界经济复苏的真诚愿望。

第三届进博会采取了三项措施，极大地增强了其在金融领域的溢出效应，具体措施如下。①推出了“进博融2020”专项金融服务方案。该方案中，中国进出口银行提供3500亿元专门支持进口金融业务，并结合支付、融资、风险规避和咨询服务形成一套全面的专项金融服务计划。②有效促进贸易便利化。通过设立“进博会”服务专区，为参展、交易企业提供参展登记服务、行政许可清单申报服务和入境“全过程”服务。该专区以上海国际贸易单一窗口形式设立，使得基于进博会开展的国际贸易更加便捷。③实行税收优惠政策。在展期内，财政部、海关总署和国家税务总局对一定额度内的交易商品免征关税，且满足政策条件的商品还可继续减免30%的进口增值税和消费税，同时，上述政策也被确定为进博会的特殊优惠政策长期保留。第三届进博会累计意向成交额达726.2亿美元，比2019年增长2.1%，在疫情背景下，进博会的溢出带动效应巨大。上述三项措施，均为上海加快建设一流国际金融中心提供了实践基础。

此外，在2021年1月23～27日召开的上海“两会”上，代表委员就未来持续放大进博会的溢出带动效应、打造国际国内市场联通平台等方面，进行了诸多讨论。③ 在贸易政策方面，应制度化跨境电商零售进口商品模式及设立世界品牌的首发展区、商品分类监管等新型贸易政策，通过制度化内外贸易一体化政策来推进产品的国际流动和“进口转外销”业务；在平台政策方面，“十四五”期间要形成产业的多业态联动，围绕大型展会积极打造融合展览、会议、文旅服务的产业链，形成产业集聚

---

① 《习近平在第三届中国国际进口博览会开幕式上的主旨演讲》，https：//baijiahao.baidu.com/s？id=1682434041713392017&wfr=spider&for=pc，2020年11月4日。

② 《习近平主席在第三届进博会上的这些话掷地有声》，https：//baijiahao.baidu.com/s？id=1682433205934092642&wfr=spider&for=pc，2020年11月4日。

③ 《两会看进博：放大国家级平台的“双循环”功能》，http：//sh.xinhuanet.com/2021-01/26/c_139699200.htm，2021年1月26日。

效应，作为国家级平台的进博会将排在首位；在人才政策方面，为强化对贸易、金融、法律等国际专业人才的吸引政策落地，应联合临港新片区建立上海虹桥商务区的国际专业服务业人才特区、联合长三角地区在上海虹桥商务区建立长三角外籍人才服务平台。

综观历史可知，国际金融中心的形成大体可分为三种主要模式：自发拉动模式、政策推动模式和金融创新推动模式。在提升上海国际金融中心能级的模式选择方面，笔者建议采取以政策推动模式为主、自发拉动模式为辅的结合发展模式，通过对重点发展产业给予各种优惠，选择符合我国国情的合理发展路径，并审慎推进资本项目自由兑换，加快离岸金融市场建设，助力人民币国际化进程；提升贸易开放程度，减免关税；实施适当的监管制度，既要严加监管，防范和化解金融风险，又要处理好政府与市场的关系，避免过度管制，以此不断推进上海的金融基础设施建设、区域自发金融创新，形成相对超越本土的国际金融气氛，反哺实体经济，实现国家和区域内经济快速发展，进而逐渐过渡为全面自发拉动模式，从而使上海成为真正意义上的世界顶级国际金融中心。

二　上海国际金融中心的能级定位、能级提升的条件限制与进博会带来的创新空间

（一）上海国际金融中心的能级定位与升级方向

在全球各大国际金融中心的发展进程中，目前，纽约、伦敦、东京等国际金融中心在发展历史、地缘优势、创新环境方面均有难以撼动的核心优势。相比较而言，上海、新加坡、北京等新兴国际金融城市在金融要素配置的功能和效率方面仍面临诸多发展限制，因此，以“成长发展”为核心要素，以“国家环境”为政策要素和三项支点要素，创建一个简洁的国际金融中心能级评估模型，并在此基础上，确定上海作为国际金融中心的能级定位，进而更好地分析其能级提升方向、提出有效的对策建议。

为更好地衡量国际金融中心能级，我们基于国际金融中心功能的五大要素建立国际金融中心能级评估模型（见图1），其中“成长发展”作为能级提升的核心要素，“国家环境”作为能级提升的政策要素，“金融市场”、“服务水平”和“产业支撑”作为能级提升的支点要素。

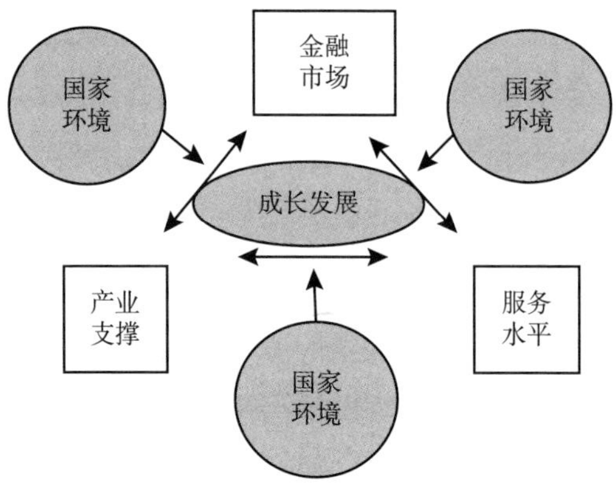

图1　国际金融中心能级评估模型

基于上述模型，国际金融中心的能级评估共包括两级指标体系（见图2），其中一级指标5个，对应的二级指标共15个。一级指标包括上述金融市场、成长发展、产业支撑、服务水平和国家环境5个指标，用以评估国际金融中心的整体金融集聚能力、资源配置效率和发展潜力。金融市场是对国际金融中心城市核心优势的评估；成长发展是对国际金融中心城市持续发展动力的评估；产业支撑是对国际金融中心城市物质基础的评估；服务水平是对国际金融中心城市资源配置能力的评估；国家环境是对国际金融中心外部环境的评估。二级指标是基于功能属性对一级指标方向性层级的展开。

参考GFCI和新华·国际金融中心发展指数进行综合分析，在全球各大国际金融中心中，纽约、伦敦在金融市场、产业支撑、服务水平和国家环境方面，近年来交替占据全球前两名的位置，上海在核心要素成长发展方面近

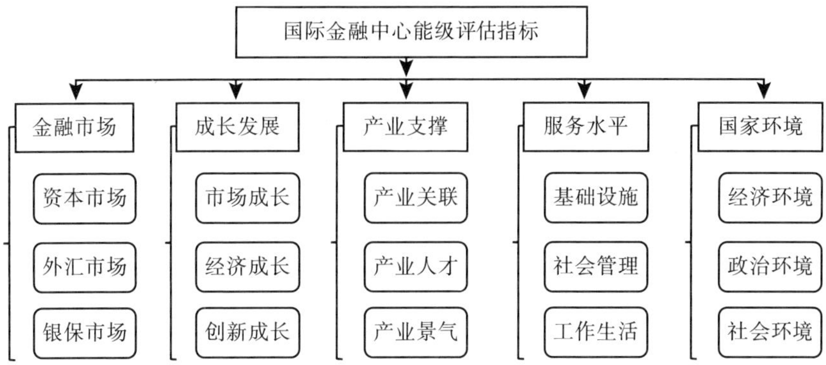

图 2 国际金融中心能级评估指标体系

年来始终处于第一的位置，因此在 GFCI 的国际金融指数排名中连年提升并于 2020 年跃居全球第三名。

纽约、伦敦作为老牌顶级国际金融中心，集中了世界金融、证券、期货及保险等行业的顶尖实力企业，有完善的金融基础设施和成熟的金融集聚功能，金融生态环境优良、金融文化历史久远。其中，伦敦尤其强调对初创企业和创业者的支持，从而使伦敦金融市场长期保持较强的市场活力。纽约基于自身完善的金融市场，一定程度上主导了国际主要贸易产品的交易和定价、国际金融资本的流动，从而在全球拥有经济和金融领域的话语权。对于美元以外的所有货币，纽约外汇市场是世界第二大交易市场。纽约基于完备的法律体系、强大的金融产品、制度创新机制及丰富的人才储备，为世界的资金供给与需求构建了强大的基础设施，为纽约持续提升国际金融中心能级提供了动力。

从国际金融中心的发展趋势及现状来看，欧美等西方国家的国际金融中心能级较高且发展比较稳定，金融市场比较健全，但随着世界经济增长点的迁移，国际金融体系的重心正逐渐向以上海、东京、北京、香港、迪拜等亚洲新兴经济体城市倾斜，其中以上海为代表的新兴国际金融中心在世界金融系统中扮演的角色越来越重要。上海作为未来亚洲最具竞争力的国际金融中心，目前在金融市场体系方面，已拥有从股票、债券到商品期货、金融期货，从外汇、黄金到 OTC 衍生品、产权交易市场等比较健全的金融产品和市场体系；在金融机构体系方面，作为亚洲最具发展潜力和竞争力的国际金融中心，上海目前已拥有较高质量和密集度的各类银行、保险机构、证券公司等金融机构，同时也拥有信托机构、财务公司、基金公司、期货公司等功能齐全的金融服务机构，整体上形成了全覆盖、多类型的金融机构体系。可以说，上海在金融市场和金融机构体系等方面已具备了冲击顶级国际金融中心的实力。虽然上海的金融市场建设逐步完善，成长发展要素居全球首位，但同时也要看到，上海在国家环境、产业支撑、服务水平等方面仍与纽约和伦敦等顶级国际金融中心存在一定差距。表 2 展示的是各国际金融中心在五大指标上的排名，据此可进一步对上海在国际金融体系中的能级定位做出具体分析。

表 2　各国际金融中心在五大指标上的排名

表现排名	金融市场	成长发展	产业支撑	服务水平	国家环境
1	伦敦	上海	纽约	纽约	伦敦
2	纽约	伦敦	东京	伦敦	纽约
3	东京	北京	伦敦	东京	东京
4	上海	纽约	上海	香港	迪拜
5	香港	深圳	香港	巴黎	新加坡
6	新加坡	香港	巴黎	新加坡	巴黎
7	法兰克福	东京	旧金山	法兰克福	上海
8	巴黎	迪拜	法兰克福	苏黎世	法兰克福
9	北京	法兰克福	新加坡	旧金山	香港
10	旧金山	新加坡	北京	上海	苏黎世

资料来源：《新华·国际金融中心发展指数报告 2019》，http://index.xinhua08.com/a/20180713，2018 年 7 月 13 日。

基于对表 2 的综合分析，笔者初步将全球一流的国际金融中心分为三个能级梯队，纽约、伦敦和东京为第一能级梯队，上海、新加坡、香港为第二能级梯队，巴黎、法兰克福、北京、旧金山、苏黎世和迪拜为第三能级梯队。

从以上能级梯队的划分可见，上海在加快建设顶级国际金融中心的过程中，应着力在服务水平、国家环境和金融市场方面进行能级提升。在服务水平方面，上海作为全球投融资中心的功能仍有待进一步增强。具备高水平服务功能的国际金融中心应能够提供高效便利的国际融资服务，并且能提供国际资本借贷的集中平台。目前，由于人民币资本账户尚未完全开放、人民币自由可兑换尚未实现，因此上海在为境内的外资企业提供融资服务乃至为全球企业提供国际融资服务方面均受到了一定的制约，其作为全球投资、融资中心的服务水平与第一能级梯队的城市仍存在差距。在国家环境方面，对比纽约、伦敦等顶级国际金融中心，上海应加快建立更为完善、公平、透明的市场竞争环境，尤其在市场透明度、法律法规方面与国际接轨，为上海的国际金融中心建设提供良好的生态环境。在金融市场方面，目前，我国大宗商品现货、期货市场仍然处于各自单独交易的状态，期货交易尚不能充分实现其价格发现和风险对冲功能，因此，上海在部分金融产品尤其是大宗商品上未能掌控国际市场定价话语权。近年来，我国大宗商品期货国际交易量不断增加，这种现货和期货市场的“分裂”状态限制了上海金融市场功能向更高能级跃进。

（二）上海国际金融中心能级提升的条件限制

首先，我国人民币国际化的进程相对滞后，与中国的政治、经济发展程度和经济体量尚不协调匹配。人民币国际化指数（RII）在 2019 年 12 月攀升至 3.03%，人民币位列全球第六大支付货币，在世界经济结构变迁和国际货币格局调整中保持了定力。[①] 虽然 RII 指数 2019 年末比 2018 年末增长了 13.2%，但 3% 的位数横向比较水平，可发现人民币国际化进程滞后。目前的人民币国际化正面临以美元主导的现有国际金融体系的全面封堵，但从经济、贸易、金融角度而言，人民币完全具备国际化的条件。没有人民币国

① 中国人民大学国际货币研究所：《人民币国际化报告 2020：上海如何建设全球金融中心》，https://www.cebnet.com.cn/20200725/102678136.html，2020 年 7 月 25 日。

际化，就无法完全启动中国金融市场的开放，人民币国际化既是中国金融市场开放的逻辑起点，也是历史起点。[①]

其次，上海尚未建立起成熟的离岸金融市场，而离岸金融市场对国家经济十分有益，并能促进上海国际金融中心的建设与发展。对中国而言，建立离岸金融市场有助于消化外汇储备，推进人民币的国际化。在人民币国际化的进程中，中国可以降低国际贸易中的支付风险并且提升在国际政治经济中的地位。

最后，我国资本账户未完全开放带给我国国际资本风险防范的优势，避免了国际资金流动对我国经济的冲击和影响，但同时也应看到，其劣势是削弱了我国金融机构在国际规范框架内开展金融业务的能力和活力，也减少了国内金融机构参与到国际金融活动中的业务量。

（三）进博会为上海国际金融中心能级提升带来创新空间

作为全球第一个以进口为主题的大型国家级展会，进博会的意义超出会展本身，旨在坚定支持贸易自由化和经济全球化、主动向世界开放市场。在第三届进博会上，“双循环”成为热门词，进博会作为联通国际国内市场的重要窗口和重要纽带，其高质量的供给引领及创造的新需求，是畅通国内大循环、促进国内国际双循环，全面促进消费、拓展投资空间的重要手段。

“金融系统本质上是信息系统，运行的是代表抽象价值的数符号”[②]。金融系统是以信息为依托的资金流运行系统，必然与运输商品的物流运行系统逆向运行并互为条件。从运作原理角度而言，这两套系统是相互依托、相互促进的半共生系统。一方面，随着跨国经济的发展，国际贸易和国际投资需求增加，金融业通过提供资金结算和投融资服务以满足企业跨境资金的需求而不断发展；另一方面，金融业的发展反向为跨国公司提供更高质量的服

① 金辉：《吴晓求：构建现代金融体系两大核心——建设国际金融中心和人民币国际化》，《经济参考报》2018 年 7 月 25 日。

② 禹钟华：《金本主义及其历史演化》，中国金融出版社，2019，第 3 页。

务，二者“相辅相成，有机融合”。[①] 上海作为我国一流国际金融中心的代表，借助进博会搭建的贸易平台，通过不断升级国际结算服务、跨国投融资服务、金融基础设施建设等诸多方面的功能，进而与进博会相互促进、相互赋能。

进博会既是我国扩大进口的重要措施，也是我国高层次开放的重要措施。进博会最大的贡献是将我国市场的国际投资机会展现给全球的企业和个人投资者，国外企业与大量的中国公司通过进博会平台建立了直接联系，它们针对中国市场的需求增加投资，对中国市场的定位更为准确，降低盲目投资导致的风险。三年来，进博会的溢出带动效应显著，“展品变商品、展商变投资商、采购商变贸易商”，逐渐形成良性运转的经济生态圈。

第三届进博会的一大创新点是数字贸易，我国迅猛发展的跨境电商行业与第三届进博会实现了数字化融合，参展企业从网上签约到在线融资，从网上保险到线上办税，实现了全流程的一体化，使进博会不再拘泥于实体会展，从而持续地促进国际贸易、国际投资合作、科技交流等专业服务发展。这也为上海顺应迅猛发展的数字化大趋势、打造具有数字化功能的国际金融中心创造了机遇。

第三届进博会的另一个创新点是促进线上与线下相结合，将跨境电商业态引入常态化展示展销，推动展品更快地变为商品。其中，“直播带货”的电商模式也在进博会上出现，2020 年 11 月 6 日，中央广播电视总台第一次尝试国际直播带货，在短短的两个小时里，意大利专场总观看人数为 2100 万，其中中央广播电视总台“中意”系列平台和账号直播总观看量达 110.8 万次，最终销售额达 3800 万元。11 月 7 日，中央广播电视总台举办的第二场国际直播带货俄罗斯、法国、西班牙、德国四国专场，总销售额达 1.05 亿元。[②] 第三届进博会结束后，符合条件的展品可以转入海关特殊监管区和

---

① 干杏娣：《试论当代国际金融中心发展的基本动因与政府介入》，《世界经济研究》1997 年第 1 期。

② 《进博 + 直播带货：开启中意合作新模式》，https：//baijiahao.baidu.com/s? id = 1682777518030673073&wfr = spider&for = pc，2020 年 11 月 8 日。

保税物流中心变为跨境电商商品。进博会巨大的溢出带动效应对上海提升自身金融中心能级起到了极大的促进作用。

三 进博会促进上海国际金融中心能级提升的对策建议

（一）进博会的数字贸易推进上海建立数字科技创新中心和数字货币区

数字贸易在第三届进博会上高调亮相在某种程度上将“由点及面”地助推“双循环”政策落地，并将以第三届进博会为原点产生几何级效应。数字贸易是指依托数字技术与信息网络，在研发、生产、跨境及消费活动中产生的，能够以数字订购或数字交互方式实现的货物贸易、服务贸易和跨境数据流动贸易的总和。[①] 数字贸易通过数字化传统生产要素，降低传统生产方式的成本，提高生产效率。通过数字化传统生产行业，提升生产能力；通过数字化传统服务行业，促进劳动力雇佣方式升级。以上优势都将为传统行业发展赋能，并扩大全球贸易的可交易空间，提高交易效率、创造中小企业发展的供需空间，进而激发市场主体的经营发展活力。

数字贸易的发展必然预示着数字金融的升级，两者互相促进。跨境电子支付为全球数字贸易提供了广阔的发展空间，而我国的政策制定与监管部门近年来正积极为数字金融、贸易便利化和数字化金融支持营造良好的政策环境。

一方面，从我国既有的先进金融科技产品应用角度，上海可基于进博会数字贸易中的跨境电商、“直播带货”线上线下融合贸易对跨境结算、网上融资、网上保险等的需求，将我国既有的先进金融科技产品应用于进博会及其带动的国际结算、投融资交易中，并可尝试进行人民币结算试点，推进人

① 赵元笃：《贸易金融数字化　助推城乡大发展》，《中国城乡金融报》2020 年 11 月 2 日。

民币国际化。目前，我国的商业银行均开发了科技化、便捷化的网上银行、手机银行等数字化产品。银行客户通过网上银行、手机银行进行一站式查询，办理转账、理财等业务。同时，金融科技公司也成了网上金融机构，如纯网上银行（微众银行）、纯网上保险公司（众安保险）等。随着我国电子商务、社交等互联网产业的发展，互联网公司的网络支付产品（如支付宝、微信支付等）在国际上的应用覆盖率和便捷性遥遥领先。第三届进博会的数字贸易创新为上述金融科技产品的跨国应用搭建了广阔的平台。

对于已有金融科技产品的应用仅仅是上海提升国际金融中心能级的初期尝试和必经阶段，目前世界各国在金融数字科技领域的竞争正处于“大数据 + 人工智能 + 区块链 + 金融”的 Fintech 3.0 阶段，这个阶段，金融科技将以大数据、人工智能、区块链、云计算等前沿技术作为载体，它们之间的深度融合发展或将在未来一段时间内推动金融业态和经营模式实现跨越式发展，而生物识别、区块链等技术也将在风险控制、信用背书等方面起到积极的推动作用。2017 年 5 月，中国人民银行成立金融科技委员会，旨在“进一步加强国内外交流合作，建立健全适合我国国情的金融科技创新管理机制，处理好安全与发展的关系，引导新技术在金融领域的正确使用”①。央行及政府部门的密切关注使得金融科技获得了良好的发展条件。② 因此，未来应着力推动上海国际金融中心建设与数字科技创新中心建设协同发展，将上海打造为具有全球数字科技创新中心特色的国际金融中心。

另一方面，从未来金融科技发展探索角度，上海若想实现打造顶级国际金融中心的目标，在远期应通过“区块链 + 金融”技术，将央行数字货币首先应用于进博会的结算平台，逐步打造以上海为中心的数字货币区。“区块链”货币理念的核心意义在于去除货币体系本身的财富效应，即通过货币体系本身获取利益，其相应的技术也支持这一点的实现。只有国际货币体系彻底摈弃财富效应，成为兼容、万联的金融服务网络，才能够成为真正意

① 《人民银行成立金融科技委员会》，《光明日报》2017 年 5 月 16 日。

② 刘庆富、孙传欣、顾研：《上海金融科技的发展现状及其基本路径》，《复旦学报》（社会科学版）2019 年第 5 期。

义上的国际货币体系，成为为世界人民造福的公共服务系统。

我国科创板于2019年6月在上海证券交易所正式开始运行，科创板的诞生标志着上海国际金融中心发力助推科技创新型企业融资及资本市场再升级，具有划时代的意义。借此机会，上海数字科技创新中心建设将与上海国际金融中心建设实现良性互动，使数字科技创新成为上海国际金融中心的优势。

（二）进博会溢出带动效应推进上海自贸区临港新片区离岸金融市场建设

三届进博会的召开为上海构建全面的离岸金融市场提供了业务机遇。基于贸易溢出效应，在首届进博会后开张的绿地全球商品贸易港成为进博会的常年展示交易平台，已经累计接待客流超过550万人次，举办各类商贸对接活动230余场，帮助150家客商成功对接。仅2020年半年的交易额就超过60亿元。而且，贸易港项目还在全国其他8个城市落地。[①] 因此，进博会带来的国际贸易总量及国际金融服务需求的时间跨度已超出进博会本身，进博会已拓展为基于上海辐射全球的经常性贸易金融活动，因此，作为国际金融中心的上海，其离岸金融能级亟须加速提升。基于进博会带来的规模经济效应和信息优势，上海可借助政策引导，在离岸金融市场建设方面集中发力。

上海可通过政策引导，积极鼓励入驻进博会的国内外金融机构推出具有特色的服务产品与方案，为各国的进出口企业提供国际贸易融资、国际结算、财富投资方案、跨境投融资、风险管理咨询等金融服务。在提升进口商品交易效率和融资支持方面，可推出进口保理、跨境电商供应链融资、全球创新汇款业务、进口代收融资、本外币跨境双向资金池等跨境结算融资服务。在减小国际市场汇率波动对贸易企业经营的影响方面，为帮助参会的进

① 陈泽炎：《第三届中国国际进口博览会的四个观察视角》，《中国对外贸易》2020年第11期。

出口企业最大限度地规避交易过程中出现的利率风险和汇率风险，可为其提供多样的汇率管理服务，例如即期售汇、利率互换、远期售汇、掉期售汇等套期保值型或理财型产品。通过离岸金融机构和离岸金融产品，为进博会参展企业实现全球融资提供便利，助推上海自贸区临港新片区构建匹配国际金融中心地位的离岸金融市场。

当然，在离岸金融市场的建设过程中也应注意，金融开放是收益与风险并存的。这就要求在金融开放和发展离岸金融的过程中不可操之过急，应该审慎、稳步推进金融开放，逐渐构建符合我国国情和发展需要的制度体系。

（三）抓住进博会促进经济发展的扶持政策，推进人民币国际化

作为国际航运中心和人民币金融中心的上海具有天然的经济政策扶持基础，而三届进博会的召开、上海的自贸区建设等机遇，更提升了其国际、国内影响力，这些优势都为推进人民币国际化提供了巨大的推力，形成引流效应和虹吸效应。

货币可自由兑换和国际上对人民币的广泛需求是人民币成为国际货币的两个必要条件。首先，人民币可自由兑换意味着放开外汇管制。当前，我国的资本项目还没有完全放开，上海可以在自贸区临港新片区范围内进行制度创新，试点人民币自由兑换。如果自由兑换能够实现，那么人民币的使用成本就会降低，外国人持有人民币的意愿将大大增强。其次，在既有条件的基础上，先升级自贸区 FT 账户功能，进一步提升人民币跨境结算的效率、扩大结算范围，进而推动自贸区背景下的人民币结算的自由化、国际化，以此增强国际投资者对持有人民币的信心。最后，利用上海举办进博会的契机，借助 2015 年建成的亚洲基础设施投资银行，通过高端装备、先进技术、商品服务等的国际贸易，合理开展与东南亚自贸区、东北亚国家以及共建“一带一路”国家和地区的合作，在贸易中推动使用人民币进行交易，逐步实现在国际贸易中尽可能多地用人民币计价、结算，并在机制成熟后进一步推广。当下，亚太地区具有代表性的国际金融中心总体发展能级趋同，远期

可谋划建设一个依托进博会的人民币资产清算中心，辐射亚太地区国际金融区域，将其定位为人民币清算中心的一个特殊分中心，以提高进博会平台上的人民币支付效率，并加强与新加坡、伦敦、纽约等主要人民币离岸市场的合作，谋求建立面向世界的上海人民币清算中心。

当前，随着我国人民币国际化进程的加快，新加坡政府也加强了与中国政府的金融合作，2020 年 9 月，全球规模最大的中国纯国债 ETF——工银南方东英富时中国国债指数 ETF——在新加坡交易所开始交易，其在新加坡目前比较成熟的金融体系和相对完善的国际金融市场基础之上，推动了人民币离岸金融市场发展。通过创新离岸人民币金融业务，也有利于新加坡巩固其亚洲国际金融中心的地位。

2020 年 11 月 15 日，东盟十国和中国、日本、韩国、澳大利亚、新西兰正式签署了《区域全面经济伙伴关系协定》（RCEP），也是目前全球最大的自由贸易协定。RCEP 的签订可以促进区域内人民币结算格局的形成。

但应该预见，未来人民币国际化进程必将遭受重重阻挠。因此在人民币国际化过程中，需要央行在币值计算方法和货币政策工具方面进行改革和创新，以适应资本项目的开放。

（四）借助进博会完善人民币资产交易市场体系，提升上海金融产品定价能力

进博会平台上巨大的交易规模对人民币资产交易体系提出了更高的要求，上海应加速完善各类人民币资产交易市场体系。一方面，应创新风险可控的人民币投资产品；另一方面，应打造多元、便捷的国际投资渠道，以推进主板市场发展为主导，同时完善科创板市场功能，建设与顶级国际金融中心同级别的股票市场制度。同时，加快债券市场发展，提高债券融资在直接融资中所占的比重，扩大债券的市场覆盖面。审慎推进商品期货、金融期货等资本市场发展。综上，上海国际金融中心为打造完善的人民币资产交易市场体系和高效的人民币资产投资渠道，应具备面向全球投资者的规范法律制

度、客户容纳体量、功能服务级别，以实现人民币资本市场向全面国际化的跃升。

金融产品的自主定价能力是提升上海国际金融中心服务能级的核心。目前，我国拥有比较完备的金融期货、商品期货、利率汇率衍生品等风险管理工具，应在全球期货交易平台的兼并重组领域提高上海期货交易所的参与度。应支持和鼓励企业在风险可控范围内积极开展套期保值业务，在业务层面制定与套保业务操作实务相适应的企业会计准则，以提升市场参与主体应用期货市场套期保值和风险对冲工具的水平。长期以来，我国金融市场在国际期货定价规则方面的话语权较弱、参与度较低，通过上述途径建设和功能提升，加之政策引导下企业对利用期货市场管理金融的风险的认识加深，将促进上海建设立足于人民币金融资产的交易中心、定价中心和风险管理中心。

（五）借助进博会的辐射功能构筑面向长三角地区的大区域金融

随着中国的经济转向高质量发展阶段，建立世界级规模的城市群是发展过程中的必经阶段。上海处于有世界第六大城市群之称的长三角城市群，应当充分利用这一区位优势。首届进博会在上海虹桥商务区成功举办，该区域凭借地理优势和产业优势可对江浙皖三省发挥强大的辐射作用，推动长三角地区高质量一体化发展。

在习近平总书记 2019 年 5 月 13 日主持召开的中共中央政治局会议上，《长江三角洲区域一体化发展规划纲要》被审议通过。一方面，长三角的商品经济和对外贸易有助于上海国际金融中心功能的发展；另一方面，实体经济也会产生大量相关的金融业务需求，进而支持上海金融业的发展。此外，可以将长三角区域内企业的闲置资金引至上海，提升上海的金融实力。2020 年 2 月 14 日，中国人民银行、银保监会、证监会、国家外汇管理局、上海市政府联合发布《关于进一步加快推进上海国际金融中心建设和金融支持长三角一体化发展的意见》（以下简称《意见》），充分体现了国家对加快推进上海国际金融中心建设的重视。

上海应借助进博会强大的辐射效应，充分发挥在长三角城市群中的龙头作用，构建平台，加强物流辐射和资金流辐射，以优化长三角的资源配置、产业结构和金融环境，助力长三角区域一体化发展。上海在提升长三角地区资源整合效率的基础上与其协同发展，将自身打造成辐射全国乃至全世界的国际金融中心。

（六）借助进博会构建世界性信息中心，提升上海国际金融中心产业支撑能级

大数据、云计算、5G、物联网等信息技术的发展正在改变人类的生产生活方式，推动人类社会进入数字化时代。因此，构建世界性信息中心是上海成为世界性超级城市的必由之路，更是其成为全球顶级国际金融中心的前提。上海需要基于既有的电子网络优势及信息技术优势，构建面向未来、面向世界的信息中心及超级网络，将进博会的物流系统与国际金融中心的金流系统和超级网络紧密结合，在从互联网向物联网升级的历史进程中走在时代前列。

（七）进博会推动上海保税区、自贸区向自由贸易港功能区转型

在2018年首届进博会开幕式上，上海即被赋予了一项任务：上海自贸区扩容，增设临港新片区。第三届进博会更提出，中国将有效发挥自由贸易试验区、自由贸易港引领作用，而加快推动上海保税区、自贸区向自由贸易港功能区转型是上海国际金融中心能级提升的“加速器”。

2019年8月6日，国务院印发《中国（上海）自由贸易试验区临港新片区总体方案》。上海可以将自贸区临港新片区作为自由贸易港的“试验田”，立足国内、面向世界，以临港新片区为起点推动保税区和自贸区向自由贸易港功能区转型，助力上海国际金融中心建设。

中国提出的“一带一路”倡议有助于推动自由贸易港的建设。2017年1月，习近平主席在日内瓦万国宫“共商共筑人类命运共同体”会议上发表

了《共同构建人类命运共同体》主旨演讲，“人类命运共同体”的理念在联合国成员国中得到了广泛认同，海内外学者普遍认为，“一带一路”倡议是该理念走向实践的关键一步，“旨在通过共建、共享，形成更高水平的陆海空通道网络、高标准自由贸易网络”[①]，同时以重要港口为节点，建设通畅、安全、高效的运输通道，助力共建“一带一路”国家和地区互联互通和共同合作，以实现多方共赢。在“一带一路”布局中，自由贸易港和国际金融中心有着良好的机遇，发展空间巨大。上海作为长三角城市群与“一带一路”的交汇点，应当充分发挥其经济辐射作用。

21 世纪海上丝绸之路上分布着众多自由贸易港，如香港自由贸易港、新加坡自由贸易港、鹿特丹自由贸易港等。在建设海上丝绸之路的过程中，上海应加强与沿线国家自由贸易港的对接与合作，建设第四代自由贸易港，即“物理空间上分离但通过公共经营者或管理部门相联系”[②] 的港口联盟。

（八）借助进博会和“一带一路”倡议、RCEP 联动，推进上海成为全球人民币投融资中心

由于人民币资本账户和人民币自由兑换的限制，上海提供国际投融资金融服务的功能受到较大的限制，这成为上海国际金融中心能级提升的瓶颈。在我国审慎放开人民币资本账户和逐步推进人民币国际化的同时，进博会的定期举办、“一带一路”倡议的实施和 RCEP 的签订成为将上海建设为全球人民币投融资中心的重要推手。

目前，在全球人民币投融资中心建设方面，作为金融基础设施的 CIPS 二期已全面运行，可向境外投融资企业提供符合国际规范的跨境人民币业务结算清算服务。截至 2020 年 2 月，CIPS 系统共有 33 家直接参与者和 908 家

① 国家发展改革委、外交部、商务部：《推动共建丝绸之路经济带和 21 世纪海上丝绸之路的愿景与行动》，外文出版社，2015。

② Secretriat UNCTAD，“Technical Note：Fourth-Generation Port，” http：//www. customs. gov. cn/publish/portal174/tab63990/module168947/info703529. htm.

间接参与者，共计 941 家参与者。其中亚洲 698 家（境内 392 家），业务覆盖全球 95 个国家和地区。

相对于 CIPS 的覆盖基础，人民币的国际使用率成为上海建设全球投融资中心的瓶颈。目前人民币国际使用率仅为 3%，与我国的经济体量和发展速度明显不相匹配，尤其对比美元的 50%、英镑的 26% 和日元的 4%，人民币国际化的道路还很漫长，但令人欣喜的是，据中国银行 2019 年发布的《人民币国际化白皮书》统计，2019 年人民币跨境使用量较 2009 年增加 5000 多倍，规模近 20 万亿元。2019 年人民币跨境结算规模较 2018 年增长 24%；2019 年第四季度，人民币跨境使用活跃度为近 3 年新高。同时，共建“一带一路”国家和地区对使用人民币进行跨境结算表现出较强的意愿。在共建“一带一路”国家和地区的受访企业中，71% 的企业拟提升人民币跨境结算使用比例，高于全球境外受访企业的比例（69%）；在人民币金融产品方面，共建“一带一路”国家和地区中使用人民币存款产品和融资的企业比例同样高于全球境外受访企业的整体水平，但使用人民币投资、结算等资金产品的企业比例却低于全球境外受访企业的整体水平，因此可见，将上海建设为全球人民币投融资中心势在必行。

B.8
进博会促进文化、旅游发展与“双循环”新发展格局构建研究

李 萌　陈文彦　高宇璐*

摘　要：中国国际进口博览会（以下简称“进博会”）是扩大内需、促进消费、推动国内国际双循环相互促进的国家级平台。文化、旅游是历届进博会重要的交流交易内容，在服务我国构建新发展格局中承担着重要功能和使命。本文系统分析了新冠肺炎疫情给国际国内文化、旅游业发展带来的影响与挑战，阐释了文化、旅游服务国内国际双循环相互促进新发展格局的基础属性、行业基因、使命和前景，梳理总结了第三届进博会促进文化、旅游相关领域发展的情况，在此基础上，从进一步夯实人文交流和开放合作功能、进一步促进国内文旅大消费、进一步推动国内区域文旅大合作、进一步推进文化旅游业线上线下深度融合发展、进一步助力国内国际双循环相互促进发展新格局的构建五个方面，提出了进博会更好地促进文化、旅游发展与“双循环”新发展格局构建的思考与建议。

关键词：进博会　文旅大消费　文旅大合作　“双循环”

* 李萌，中国社会科学院－上海市人民政府上海研究院研究员，复旦大学管理学博士；主要研究方向为区域文旅经济、产业人才政策；陈文彦，中国社会科学院－上海市人民政府上海研究院科研处主管；高宇璐，上海研究院硕士研究生。

2020 年全球经济受到新冠肺炎疫情重创，贸易保护主义，又让国际秩序和多边贸易体系受到严峻挑战。为适应世界经济发展趋势，增强我国发展的主动性、安全性，中央提出要加快构建以国内大循环为主体、国内国际双循环相互促进的新发展格局。进博会是扩大内需、促进消费、推动国内国际双循环相互促进的国家级平台，在复杂多变的形势下，第三届进博会如期举办，既彰显了中国坚定不移对外开放的决心，也体现了中国愿同世界分享国内市场、推动世界经济复苏的责任担当和美好愿望。

本研究旨在以文化、旅游领域为切入点，研究疫情给国际国内文化、旅游业发展带来的影响与挑战，阐释了文化、旅游服务“双循环”新发展格局的基础属性、行业基因、使命和前景，同时，根据国家对进博会发展新定位和第三届进博会取得的实际成果，同时总结第三届进博会文化、旅游相关领域发展情况及取得的成效。在此基础上，提出以进博会为契机和抓手，促进文化、旅游发展与“双循环”新发展格局构建的思考与建议。

一 疫情给国际国内文化、旅游业发展带来的影响与挑战

（一）疫情对国际文化、旅游业发展的影响

1. 受疫情影响，2020年全球文化、旅游业受到重创

2020 年，全球文化、旅游业受到重创。受疫情影响，包括美国、日本、韩国等在内的多国政府迅速采取了戒严、出行管制、关闭海关、航班停运、景点关门等管制措施，酒店、航班和 OTA 平台遭遇了大量退订，大量文旅企业由于资金短缺，就业和投资受到大幅影响甚至宣告破产，全球旅游人数和收入呈断崖式下降。根据 2021 年 3 月联合国世界旅游组织（UNWTO）发布的《世界旅游晴雨表》[1]，2020 年，国际游客人数下降了 73%。世界旅游城市联合会（WTCF）的研究结果也同样佐证了疫情给文化、旅游业发展带

[1] UNWTO，“World Tourism Barometer，” https：//www. unwto. org/.

来的极大破坏性，其《世界旅游经济趋势报告（2021）》[①] 显示，新冠肺炎疫情使全球旅游业遭受近4.5万亿美元的巨额亏损，旅游业失业人数超过6200万。新冠肺炎疫情造成的损失是2008年全球金融危机的18倍。

2. 疫情给旅游业带来的损失还使其他经济部门产生连锁反应

疫情给旅游业带来的损失还使其他经济部门产生连锁反应。《世界旅游经济趋势报告（2021）》[②] 显示，长期的旅行限制使得旅游业对全球GDP的贡献下降了49.1%，其中休闲消费下降49.4%，商务消费下降61%。美国旅游协会(USTA)[③] 公布的数据显示，旅游业已成为受疫情影响最严重的国民经济部门，收入从2019年的2.6万亿美元下降到2020年的1.5万亿美元。美国航空公司年度亏损达到创历史纪录的89亿美元，美国西南航空公司也出现了近48年来的首次亏损。在过去的一年中，高达560万名旅游业从业人员失去了工作，约占美国因疫情造成的所有裁员工作岗位的65%。另外，数据显示，2020年全澳大利亚的旅游支出下降了51%（降至741亿美元）。[④] UNWTO的《世界旅游晴雨表》[⑤] 也用数据呈现了疫情造成的经济损失。2020年，国际旅游收入实际下降64%（以当地货币、可比价格计算），相当于减少9000多亿美元，全球出口总额减幅超4%。国际旅游业（包括客运）的出口收入损失总额将近1.1万亿美元。

3. 亚太地区文化、旅游业受到疫情冲击最大

根据UNWTO数据，2020年，亚太地区的国际入境人数减少了84%，比前一年减少了约3亿游客。2020年1~8月，亚太地区国际游客规模下降

---

① 《世界旅游经济趋势报告（2021）》，https://cn.wtcf.org.cn/special/TrendReport2021，最后访问日期：2021年6月4日。

② 《世界旅游经济趋势报告（2021）》，https://cn.wtcf.org.cn/special/TrendReport2021，最后访问日期：2021年6月4日。

③ USTA，“Fact Sheet: Travel's Dramatic Losses in 2020”，https://www.ustravel.org/research/fact-shee t-travels-dramatic-losses-2020.

④ “Overseas Arrivals and Departures，Australia，” https://www.abs.gov.au/statistics/industry/tourism-and-transport/overseas-arrivals-and-departures-australia/jan-2021.

⑤ UNWTO，“World Tourism Barometer，” https://www.unwto.org/.

幅度最大（78.8%），其次是非洲地区（69.1%）、中东地区（68.7%）、欧洲地区（67.7%）。而2021年1月，国际游客人数同比减少87%，[①] 形势同样不容乐观。亚太地区多以中国为主要客源地，其旅行社、住宿、餐饮、汽车租赁等服务行业的收入大量依赖中国游客的消费支出，由于中国出境旅游市场收缩，亚太地区旅游市场陷入经营困境。虽然从2020年5月开始，部分亚太国家开始向国际游客开放，旅游业迎来短暂回暖，但是大多数国家对国际旅游仍然持谨慎态度。

（二）疫情给国内文化、旅游业发展带来的挑战

疫情给文旅企业经营带来极大的困境，同时也加速了文化、旅游业洗牌。营收锐减、资金链断裂、融资困难的中小企业被大量淘汰，文旅企业间的兼并重组不断出现，行业集中度上升，个别头部企业有望脱颖而出。以酒店行业为例，数据显示，受疫情影响，2020年已有超过15万家酒店倒闭，其中大部分是小、散、弱的单体酒店。为了生存下去，很多单体酒店正考虑翻新、加盟。与此同时，很多酒店集团却秉持扩张战略，逆市布局酒店市场。[②] 有关锦江酒店的报道显示，集团新开业酒店651家，净增开业酒店305家，与去年同期相比基本持平。当前，在国际旅游尚未恢复的情况下，国内游正成为当下旅游业发展的“主战场”，我国文化、旅游业发展呈现新变化，值得进一步关注。

1. 自然生态类旅游和陪伴式旅游受到追捧

在经济下行和疫情防控常态化背景下，自然生态类旅游和陪伴式旅游是文化、旅游业发展趋势之一。一是自然生态类旅游受到追捧。受疫情影响，大多数游客在节假日往往会就近选择郊区或空旷田野去放放风、透透气，与以往相比，选择大范围、跨区域旅游的动机大大降低。像海洋、山地、草

---

① UNWTO，“Tourism Data Dashboard”，https：//www. unwto. org/unwto－tourism－dashboard.

② 季琦：《超15万家酒店倒闭、国际酒店处境尴尬，疫情对酒店业带来的影响远不止这些》，https：//new. qq. com/omn/20201209/20201209A08CCY00. html，最后访问日期：2021年6月4日。

原、沙漠等自然生态类景区受到欢迎。携程旅行网发布的报告显示，本地游和周边游位居市场榜首，自然景点、动植物园和城市绿化公园是热门选择。[①] 二是亲子游、家庭游、情侣游等陪伴式旅游成为新风尚。疫情的发生让人们更加关注对家人的陪伴，同时也更加关注出游的安全性。在国家政策的引导下，乡村旅游不断开发自然观光、亲子陪伴、健康养生等文旅项目，乡村旅游、全域旅游将成为“十四五”时期文化、旅游业的发展重点。

2. 民众对数字文化、旅游产品的消费欲望增强

出于疫情防控需要，线下娱乐活动锐减，日常娱乐生活逐渐被动转向线上交互，许多民众表现出对数字化、智能化、虚拟化游览体验的偏好。在旅游信息传播方面，很多企业采用了包括直播在内的线上手段扩大影响力。疫情期间，在实体文化产业短时期内难以完全复苏的形势下，数字文化产业的及时“补位”对文化、旅游业未来发展趋势及产业格局有着深远的影响。一方面，众多文化场馆在闭馆期间，充分运用VR/AR、人工智能等技术，大力发展线上文创、直播等新业态，这将为数字文化、旅游业发展进一步积累经验；另一方面，“互联网+”基础上的“文化+”、“旅游+”或“+文化”、“+旅游”理念进一步推进文旅融合。

3. 红色旅游即将迎来发展契机

根据文化和旅游部统计数据，2020年全年我国红色旅游出游人数超过1亿人次[②]，在“十三五”期间，红色旅游人数在国内旅游市场中的占比保持在11%以上。2021年适逢中国共产党建党100周年，在出境旅游尚未恢复的情况下，地方文旅部门正在考虑多措并举推进红色旅游发展，2021年红色旅游必将迎来新一轮发展高潮。事实上，近两年，很多红色旅游景

---

① 连品洁、白帆：《国内游客突破6亿人次　旅游归位重塑行业信心》，http://travel.people.com.cn/n1/2020/1008/c41570-31884387.html，2020年10月8日。

② 《文化和旅游部：今年红色旅游出游人数超1亿人次》，https://baijiahao.baidu.com/s?id=1686320427863851841&wfr=spider&for=pc，2020年12月17日。

区进行了深度开发，通过数字化、融合化、特色化的方式释放红色旅游发展活力，促进红色旅游由静态向动态转型，促进红色旅游产品从“单向输出”向“寓教于乐”转变，促进游客从“旁观者”转变为“参与者”。这使红色旅游景点在被打造为热门景区的同时，红色旅游的概念也深入人心。

二　文化、旅游业服务“双循环”新发展格局的基础属性、行业基因、使命和前景

（一）文化、旅游业服务新发展格局的开放性基础和幸福产业属性没有改变

2020 年，我国文化、旅游业遭遇发展困境，企业经营困难，游客的出游意愿、出游频次、旅游消费等都有不同程度的下降，疫情的发生更暴露出文旅企业无序竞争、商业模式单一、盈利模式贫乏等发展中的深层次问题。但即便如此，文化、旅游业发展的历史进程和实践进展都显示出其基础属性、行业基因没有改变。

一是文化、旅游业为人的流动服务的天然开放性基础没有改变，只要世界需要人的流动、只要发生人的流动，文化、旅游业就会继续发展。从出游目的来看，寻求娱乐和创造快乐是人的本性，也是人类区别于其他动物的显著标志。旅游是人类追求快乐的一种方式，它的出现对现代社会发展具有重要意义。随着人类社会的发展、人民生活水平的提高，利用闲暇时间，通过旅游来满足精神需求，已经成为当下国人的普遍选择。从旅游门槛来看，旅游没有排他性，不管是世界首富还是普通平民都可以旅游。高收入群体可以选择高端化、定制化、价格昂贵的旅游产品；普通市民可以选择与自身经济实力相匹配的实惠的旅游产品。但无论是哪一种，人民通过旅游获得身心愉快的感受没有太大差别。从旅游资源来看，传统的旅游资源观认为拥有自然资源优势和人文资源优势，即意味着拥有了旅游产品优势，拥有了发展优

势。但是随着全域旅游的发展，有无优势旅游资源已经不是旅游市场发展的决定性因素，旅游产品有无市场才是关键。

二是文化、旅游业为人的生活质量改善服务的行业基因没有改变。只要人民对美好生活的向往存在，文化、旅游业直接服务美好生活的功能就能发挥重要作用。首先，旅游是集物质消费和精神满足于一体的产业。辩证来看，旅游消费中的物质消费伴随着文化性和精神性，旅游是更高级的一种文化活动或者文化现象，具有鲜明的文化属性和精神价值。其次，旅游业是提高人民生活水平的有效途径。在功能发挥上，在中国现代旅游业发展进程中，旅游在提高就业率、脱贫攻坚、乡村振兴等方面发挥了重要作用。旅游的这些经济功能决定了无论是地方政府还是旅游市场，发展旅游业的初衷主要还是获得经济收益，经济性是旅游业的核心和本质。最后，旅游是衡量人民生活水平的重要指标。我国旅游业发展经历了从个体到大众、从特殊阶层到全社会的历史性转变，产业体系、旅游消费和市场规模在不断扩大。根据历年《中华人民共和国国民经济和社会发展统计公报》，2010～2019 年，国内旅游市场持续平稳增长，2019 年国内旅游人数较 2010 年同比增长 186%。旅游市场数据的变化直接反映了我国人民日益增长的物质文化需求。

文化、旅游业的基础属性和行业基因决定了其在服务“双循环”新发展格局的过程中，承担着重要的功能并一定能发挥重大的作用。尤其在扩大内需、促进消费、活跃市场、凝聚人心、扩大开放等方面，文化、旅游业有望得到更多的重视和支持。文化、旅游业将在大力培育新技术、新场景、新业态的努力下，获得新的发展优势。短期来看，不同层面的文化、旅游政策直接促进了文化、旅游消费扩容、产业升级。在国家层面，2020 年 3 月，国家发展改革委等 23 部门联合印发的《关于促进消费扩容提质加快形成强大国内市场的实施意见》（发改就业〔2020〕293 号），要求重点推进文旅休闲消费提质升级，改善旅游和购物体验，提升“智慧景区”服务水平。在地方层面，文旅厅（局）陆续出台相关实施方案，支持数字文旅产品开发、奖补并鼓励数字化文化和旅游景区建设、支持文旅部门与各大运营商合作共建数字化文旅体系。中长期来看，中央新基建战略布局将进一步助推我国文化、旅游业高质量发展。2018 年 12 月19～21 日，中央经济工作会议提出“新型基础设施建设”命题，并把 5G、人工智能、工业互联网、物联网定义为“新型基础设施”。2020 年，受疫情影响，新基建发展再一次受到普遍重视，数字化被广泛应用于战“疫”中。2020 年 11 月，国务院常务会议再次明确提出，支持智慧旅游景区建设，鼓励景区加大线上营销力度。数字技术更加深入地被应用到文旅领域，将为我国文化、旅游业做大做强做出巨大贡献。

（二）文化、旅游业服务“双循环”新发展格局的使命和前景

面对外部复杂的发展环境，经济发展“三驾马车”中投资和消费承担的任务将进一步加重。作为大消费、大民生产业的文化、旅游业应在这段特殊时期勇于承担发展使命，开辟高质量发展新路径，为国家加快构建“双循环”新发展格局做出重要贡献。

在文化维度上，文化多样性是人类社会发展的基本特征，也是重要动力。文化、旅游业要积极促进不同文化间的交流和对话，在求同存异中消除文化冲突与隔阂。国际上有种说法，旅游是和平产业，即旅游是在国际和平环境中发展起来的，加快国际旅游产业发展，可以促进不同国家的文化交流，增进人民的相互理解，实现和平。

在经济维度上，本次疫情中文化、旅游业是众多行业中复苏较快、消费潜能被率先激活的经济领域。在新环境、新要求下，文化、旅游业要把自身发展放在加快推进新型工业化、城镇化、信息化和农业现代化的大局中来谋划。当前最重要的是培育文化、旅游业新业态，促进数字文化、旅游业高质量发展。第一，要加快推进文旅资源数字化，即把数字技术应用于我国优秀传统文化中，充分挖掘其中蕴含的价值，让文旅资源“活起来”；第二，促进文化、旅游业“上云、用数、赋智”，即通过大数据、短视频、直播等现代技术，促进文旅消费场景多元化发展，培育文化、旅游业线上消费、定制消费、智能消费等文旅消费新热点、新模式；第三，丰富数字文旅产品供给，即鼓励不同类别、不同层级的互联网平台多角度开发文旅功能和产品，

支持有条件的文旅企业平台化拓展；第四，构建数字文化、旅游业生态，打好文化、旅游业“建链、补链、延链、强链”组合拳，即抓住新型基础设施建设契机，全力打造智慧旅游目的地，鼓励区域间合作开发旅游产品，共建数字化基础设施，拉长文化、旅游业链条。

在社会维度上，不断满足人民群众对美好生活的需要是一切工作的出发点和落脚点。文化、旅游业要始终把提高新型城镇化质量作为努力方向，全面服务“人民城市人民建、人民城市为人民”重要理念的落实。这就要求文化、旅游业在挖掘优秀传统文化的新内涵、构建全域文旅融合发展体系、完善公共服务供给体系方面做更多探索和实践。一是要深度挖掘新时代优秀传统文化新内涵，推动民族文化、红色文化、地方特色文化和社会主义先进文化一体传承，通过发展文化、旅游业筑牢中华民族共同体意识；二是要积极构建全域文旅融合发展体系，即地方通过积极创建国家全域旅游示范区、国家级旅游度假区、国家级文化产业示范园区、国家文化和旅游消费试点城市及国家5A级旅游景区等，不断提升文旅产品和服务供给质量；三是要完善公共服务供给体系，推进智慧景区、旅游厕所、综合性游客服务中心、自驾车露营地等公共服务设施建设，组织开展群众公共文化活动和惠民演出。

在生态维度上，随着我国生态文明建设持续推进，绿色发展的理念日益深入人心。旅游产业属于低污染、环境友好型产业，是世界公认的绿色经济，也是建设、传播、共享生态文明最具优势、最富潜力的朝阳产业。同时，旅游业也是实现从“绿水青山”向“金山银山”转化的重要桥梁，大力发展文化、旅游业有助于推动我国走上绿色发展之路。当前，地方在发展文化、旅游业的时候，最为关键的是要找到人类发展和自然生态平衡的路径，即文化、旅游业开发不能以破坏环境为代价，要兼顾和促进环境保护。

在区域维度上，文化、旅游业发展需要区域合作，区域合作需要区域联动。推动区域文旅协同需要旅游目的地和客源地密切合作，通过资源共享、客源互送、优惠政策共享、项目合作等多种渠道把旅游需求转化为旅游消费，实现国内大循环，释放新动能。以长三角为例，长三角是我国文旅资源最为集中的区域之一，文旅一体化合作由来已久。在疫情冲击下，长三角文化、旅游业受到严重影响，江浙沪皖文旅部门及时联合发布《2020年长三角文化和旅游联盟重点工作计划》，更把提振后疫情时期长三角文旅消费、促进长三角文旅市场复苏作为2020年的特殊任务、紧迫任务和共同任务。未来，长三角将在严格防控疫情的基础上有序加快开放步伐、开发联通江浙沪皖三省一市的文旅专线、鼓励跨区域乡村游、推动建设长三角区域内旅游“一卡通”“一票通”的优惠便民体系等，开展更多的合作和探索。

在贸易维度上，要发挥文化、旅游在构建开放型经济体系中的作用，重塑我国国际文旅合作和竞争新优势。当前，我国服务贸易在全球价值链上迎来了三大变化：一是服务贸易逐步向全球价值链上游位置迈进；二是知识密集型服务业在全球价值链上的地位明显提升；三是服务业出口增加值份额不断增加，为经济增长提供不竭动力。文化、旅游贸易是服务贸易的重要组成部分，加快构建文化、旅游贸易开放型经济体系，有助于发挥服务贸易新优势。为此，在构建“双循环”新发展格局背景下，要推动文旅高水平对外开放，首先应注重文化、旅游业需求侧管理，打通堵点、补齐短板，从提升传统消费能级、培育新型消费、扩大服务消费、升级消费平台、健全流通网络、培育壮大流通主体等方面入手，全面促进文旅消费，推动形成国内强大的文旅消费市场。

在认清上述使命和前景的基础上，“十四五”时期，文化、旅游业要在“百年未有之大变局”中寻求新机，主动应变、积极求变，优强项、补短板，不断推进文旅事业和文化、旅游业高质量发展。

三　第三届进博会文化、旅游相关领域发展情况及取得的成效

（一）第三届进博会期间，人文交流平台和国际采购平台功能日益增强

促进人文交流是进博会的重要功能之一。据统计，第三届进博会期间，

我国共有百项世界级、国家级非遗项目和81个“中华老字号”参与展示交流，举办49场文化公益表演活动，集中体现了我国各地的风土人情。[①] 北京共有22家北京老字号参展，涵盖工艺美术、文化等多个行业。在人文交流活动方面，北京老字号参展企业平均年龄超过200岁。在国际人文项目展示上，意大利、俄罗斯、巴基斯坦等国家借助进博会官网，多样化地展现本国风土人情，增进中外文化交流互鉴。进博会在扩大品牌文化的商品供给、增强文化资源的价值合力上的作用进一步凸显。

此外，第三届进博会举办前，财政部、商务部、税务总局、海关总署等多个国家部委多次发文，提出在通关便利化、税收优惠、市场准入等方面继续提供支持性政策。在第三届进博会期间，5件文物类展品首次借助进博会平台进行展示，在多方努力下，展品变商品，5件文物类展品顺利达成免税进口业务，并于2020年12月9日最终完成销售、清关、结算全套程序。进博会的国际采购平台功能得到进一步增强。

（二）第三届进博会文化、旅游相关领域发展情况与特点

第三届进博会基本延续了前两届的操作，服务贸易展区是六大展区之一，彰显了服务贸易在推动国际文化交流、促进世界经济往来方面的重要地位。据统计，第三届进博会服务贸易展区规划展览面积达3万平方米，吸引了250家参展商前来洽谈，其中世界500强及行业龙头企业超过50家。[②] 参展服务覆盖面更广，内容涉及金融（银行、保险等）服务、物流服务、信息技术服务、检验检测服务、综合服务、供应链管理、文化服务、旅游服务、教育服务、娱乐及体育服务等多个方面。其中，文化、旅游展示主要体现在服务贸易展区和综合形象人文展示项目上。概括来讲，第三届进博会文化、旅游交流交易呈现的新特点，主要体现在以下五个方面。

---

① 《第三届进博会闭幕，展期带来了这些亮点!》，https：//www. ciie. org/zbh/bqgffb/20201110/24570. html，2020年11月10日。

② 杨硕：《第三届进博会服务贸易展区面积达3万平米，五大板块集聚250家展商》，https：//baijiahao. baidu. com/s？ id =1680979192953871621&wfr = spider&for = pc，2020年10月19日。

1. 首次在展后设长期展示展销窗口

山东是全国首个依托进博会平台在国家会展中心（上海）设立老字号及非遗企业长期展示窗口的省份，其目的是利用进博会的溢出带动效应，进一步宣传“好客山东”文旅资源，进一步对接上海以及长三角消费市场，进一步拓展山东老字号海内外销售渠道。作为尝试，山东老字号暨非遗文化体验馆承租期为 1 年。目前，经过修整和装修，该体验馆已于 2020 年 12 月底正式亮相。首批入驻的 30 家山东老字号暨非遗企业，既包括能够体现山东城市文化并被认为是城市象征的企业，如山东德州扒鸡股份有限公司、东阿阿胶股份有限公司等，也包括能够体现齐鲁地域文化的企业，如瑞福油脂股份有限公司、济南野风酥食品有限公司。依托进博会平台，“非物质文化遗产暨中华老字号”文化展示项目首次在展后设立长期展示展销窗口举措，意义非凡。

2. 新增国家级步行街、中国旅游、综合形象展示区等人文展示项目

第二届进博会首次推出了“非物质文化遗产暨中华老字号”文化展示项目：97 场“非遗”文艺演出、各省市 171 个非遗文化和中华老字号展示互动体验项目，充分展示了各省市的文化特质和城市魅力。为进一步推动文化、旅游“走出去”，第三届进博会除了继续保留“非物质文化遗产暨中华老字号”文化展示项目外，还新增了国家级步行街、中国旅游、综合形象展示区等人文展示项目。任何一条知名步行街，体现的都是商业和文化完美融合的历史。在新增的国家级步行街展示项目中，重庆解放碑步行街、西安大唐不夜城步行街、成都宽窄巷子步行街、杭州湖滨步行街、哈尔滨中央大街等国家级步行街入展。重庆解放碑步行街专设“国际消费中心城市核心区”“5G 智慧步行街示范展示区”“服务贸易产业园区”等七大板块，集中展示了重庆解放碑步行街的“前世今生”；西安大唐不夜城步行街除了展示西安老字号美食、文创产品外，还安排网红名人、参展企业的宣传表演或体验互动；杭州湖滨步行街以“湖”和“城”为主题，形象展示了“杭州味道”。新增的中国旅游人文展示项目首次以“锦绣中华、大美山河”为主题，宣传展示各省区市特色景区景点、品牌旅游线路、风土人情、旅游服

务、地理标志产品等。海南三亚展馆以热门旅游城市三亚的旅游形象和自贸港政策为主要展示宣传内容，旨在提升三亚国际旅游目的地形象，展示三亚国际旅游消费中心建设的阶段性成果。福建旅游精品馆外观创意融合了土楼、福州古厝等特色古建筑元素，集中体现文化传承和创新，展区展出的“闽式生活”和福建本土文旅资源，体现了福建有福气、有文化内涵、有历史的寓意。在新增的综合形象展示区人文展示项目上，上海综合形象展示区分为美丽家园、购物天堂、文化驿站、梦想空间四大板块，依次体现了上海的颜值、摩登、内涵和气度；河北综合形象展示区人文展示项目设置了“京津冀协同发展”“雄安新区规划建设”“2022 年北京冬奥会”“自由贸易试验区”四大主题，生动形象地展示了河北省发展取得的成绩和城市营商环境。

3. 首次允许文物类展品参展，成交享受免征进口关税、进口环节增值税和消费税的税收优惠政策

《文物保护法》规定，外商在中国境内不允许销售和拍卖文物。若中国买家看中了某个境外文物，只能去境外购买，而要将文物带回国内还要缴纳 13% 的增值税。为支持进博会越办越好，同时促进海外文物回流，2020 年 10 月，财政部、海关总署和税务总局联合印发《关于中国国际进口博览会展期内销售的进口展品税收优惠政策的通知》（财关税〔2020〕38 号），明确指出针对艺术品、收藏品和古物参展成交的，每个参展商享受 5 件以内的税收优惠政策，免征进口关税、进口环节增值税和消费税。之后，国家文物局又配套制定了《关于支持 2020 年第三届中国国际进口博览会文物类展品监管和便利化措施的公告》，明确提出鼓励享受税收优惠政策的文物类展品在国有文物收藏单位进行不少于 3 年的公益性展示服务。2020 年 11 月，国家文物局和上海市政府正式签署的《共同推进社会文物管理综合改革试点合作协议》再次强调，要“推动进博会期间文物进口税收减免优惠政策和公益展示服务要求的落地实施”。第三届进博会结束后，明代书画大师沈周（款）的《雪江山水》长卷、明代画家仇英（款）的长卷《庭院仕女》《西巡图》《山水人物》，还有宋朝画家赵伯驹（款）的青绿山水长卷 5 件文物类展品首次实现了“展品变商品”的跨越。根据有关规定，可享受减免

增值税29.76万元人民币。[①] 进博会对于艺术机构和海外藏家的吸引力逐步增强。

4. 更多新产品、新技术、新服务参展进博会

与第二届进博会相比，第三届进博会有400多项新产品、新技术、新服务进行了“全球首发、亚洲首秀、中国首展”。其中在文化、旅游领域，首发、首展不断。意大利带来首个境外人文交流展示活动，55个世界文化遗产生动展现了意大利文化的魅力和底蕴。洛克菲勒艺术中心项目在进博会上全球首发，首个洛克菲勒扎根项目成功落地上海，该项目以艺术文化、国际交流为核心，计划设立艺术博物馆、中美艺术设计交流中心、洛克菲勒艺术剧场等，这也是美国洛克菲勒家族在亚洲首次打造的世界级艺术文化交流创造中心。[②] 项目落地将在很大程度上推动上海艺术商品和艺术创作者的国际化。法国迪卡侬集团在进博会上全球首发了一款可折叠的充气皮划艇，充好气是一款时尚的运动爱好者利器，该产品折叠后仅有行李背包那么大，有效降低了小众运动的门槛。进博会上众多“首发、首秀、首展”，一方面彰显了进博会平台的强大吸引力，另一方面也从侧面证明了中国市场的巨大潜力和发展机遇。

5. 文旅商加强联动，进博会成为文旅商国际合作对接的重要平台

进博会是国内外品牌合作对接的重要桥梁。为进一步开发中国市场，乐高集团将玩具融入更多的中国元素。如年味浓厚的乐高“年的故事套装”，展现的是中国农历新年习俗；悟空小侠产品设计则源于《西游记》中孙悟空的形象。为加快在中国市场布局，乐高集团还与上海市金山区人民政府、英国默林娱乐集团、华人文化集团公司就深度开发上海乐高乐园度假区项目进行了合作签约。借助进博会平台，在将外商投资引进来的同时，我国更多

① 《5件回流文物减免增值税29.76万元！第三届进博会首票享受税收优惠政策的展品顺利完成留购通关》，http://wenhui.whb.cn/third/baidu/202012/10/383560.html，2020年12月10日。

② 《洛克菲勒首个中国项目落地上海，刚刚在进博会全球首发》，https://baijiahao.baidu.com/s?id=1682575057545138745&wfr=spider&for=pc，最后访问日期：2021年8月9日。

的文旅企业也在与国际文旅大品牌的合作中探寻“走出去”的路径。一是通过资本合作等形式加快与国际从业者对接。复星集团麾下的复地板块正在发力“文旅蜂巢”，比如通过蜂巢模式进行定制化的旅游资源导入，与复星旗下 Club Med 地中海俱乐部合作打造文旅场景的产业地标。二是线上线下融合助力“老字号”发现商机。在第三届进博会上，百联全球食品 B2B 供应链平台百联优安“万食通”正式上线，全产业链服务能力不断增强。三是“老字号”与国际品牌联手实现多元化发展。依托“产业运营 + 产业投资”双轮驱动，豫园股份将诸多海外品牌纳入豫园系，实行多品牌错位经营。上海表与 DJULA 发布联名款腕表、海鸥表与全球奢华酒店品牌 Atlantis 发布联名青铜潜水表、海鸥表与法国 Club Med 推出两款联名腕表等。①

（三）第三届进博会文化、旅游新探索取得的成效

在疫情防控常态化背景下，第三届进博会的经贸合作成果实现了“步步高升”。一是国际文旅经贸合作成果丰硕。如在第三届进博会上，重庆市共组织了 20 余家重点文旅企业参与洽谈采购，在展会上，康辉旅游集团重庆国际旅行社、重庆司曙文化旅游发展有限公司和重庆华邦国际旅行社有限公司与摩纳哥专业康养医疗公司德诺海科实验室完成意向采购签约，签约金额超 1 亿美元。二是国内文旅合作潜力进一步释放。如第三届进博会期间，成都宽窄巷子展区以独特的人文氛围吸引了不少国内文旅企业前来洽谈。南京六合文旅、杭州博望文化、安徽交易团等 20 多个文旅企业代表、省市级交易团代表专程到展区洽谈交流，希望与成都宽窄巷子共同探索合作空间。三是地方各省市城市形象得到进一步展示宣传。如江苏充分借助第三届进博会平台，在进博会现场利用报刊、网站等媒体，大力推介江苏文旅资源和入境旅游精品线路，进博会第一天，《CHINA DAILY》国际版就刊发了“水韵江苏”入境旅游精品线路特刊，受到国内外参展商

---

① 《进博会来了：看文旅商如何联动，对接国际品牌》，https：//www. sohu. com/a/430388637_ 114986，最后访问日期：2021 年 8 月 9 日。

的高度关注。云南通过举办云南省构建现代化产业体系暨全球采购主题活动、参加综合形象展示和四大专区展示，全方位展现了云南地方文化和投资环境。哥伦比亚驻华大使蒙萨尔韦表示希望哥伦比亚能与云南的城市建立友好城市关系，并在文化、旅游领域进行深度合作。马尔代夫驻华大使阿兹玛表示，云南是马尔代夫与中国合作的重要省份，希望疫情结束后，欢迎云南人继续到马尔代夫旅游，马尔代夫人也可以走进云南，了解学习云南的自然文化。①

四　进博会更好地促进文化、旅游发展与“双循环”新发展格局构建的思考与建议

（一）进一步夯实进博会的人文交流、开放合作功能

近年来，国际文旅市场保持强劲的增长势头，并成为我国驱动国民经济发展的重要动力之一。在疫情防控常态化背景下，文化、旅游业充分释放其发展潜力，将有助于世界经济复苏。

回顾历史，立足当下，开放合作始终是各国激发国际经贸活力的重要动力和现实要求，世界各国以及国内各省区市只有秉持开放合作的理念，持续加强人文交流，才能促进世界经贸共同繁荣发展。文化、旅游业作为我国新一轮改革开放的重点领域，具有韧性强的特点，进博会的人文交流功能和开放合作功能很大程度上需要靠文化、旅游业来持续强化，或者说与其他产业相比，文化、旅游业更有优势、更有前景。

在当前世界经济陷入暂时衰退的背景下，通过文化、旅游业进一步夯实进博会的两大功能，有助于为后疫情时代全球经济复苏注入新活力，为世界经济尽快回暖提供新动能。而这需要基于文化、旅游业的基础属性和发展规

① 《多国驻华大使寄语云南：我们能合作的领域很多》，https：//baijiahao. baidu. com/s？id = 1682932315910157594&wfr = spider&for = pc，最后访问日期：2021 年 7 月 23 日。

律，按照国家对进博会这一世界性公共产品的功能定位要求，客观分析当前及今后一个时期全球文化、旅游业发展趋势，在进博会的运作理念、展区设计、招商招展、展示方式、交易促进等多个方面，对文化、旅游业做出更前沿、更系统的谋划和安排。

（二）进一步促进国内文旅大消费

在驱动经济增长的“三驾马车”中，消费的增长难度最大，因为其不仅与经济发展周期、社会福利以及企业投资有关，也与消费者的消费意愿、消费水平以及未来生活预期相关。提振消费，最重要的是改变消费者的预期、提振消费信心。作为我国重要的国际性展示窗口，进博会在展示国家形象、交易产品、交流文化理念的同时，也进一步增强了经济活力和消费动力。进博会的顺利举办有利于增强国内外消费者的消费信心和消费动机，满足消费者对高质量、高标准进口商品以及服务的多样化需求，丰富消费者的多样化选择。放眼全球，当前中国依然保持着很强的消费需求以及消费能力，这将有利于“双循环”新发展格局的构建。

扩大内需、扩大消费的出发点和落脚点在于更好地满足人民日益增长的美好生活需要。2020 年的中央经济工作会议把“坚持扩大内需”这一战略基点作为 2021 年的重点任务之一，以形成强大国内市场，促进新发展格局的构建。我国中等收入群体已超过 4 亿人，位居世界第一。随着中等收入群体进一步壮大，消费增长和消费升级动力将更为强劲。另外，当前我国仍有一定比例的低收入群体，随着未来收入水平的提高，其潜在需求也将得到更加充分的释放。文化、旅游业既是改善民生的幸福产业，也是比较容易刺激民众消费的经济抓手。充分挖掘国内文旅消费市场潜力，不断提升文旅消费品质，是加快构建“双循环”新发展格局的战略支撑点之一。

进博会的举办，一方面扩大了我国高品质消费品和服务的进口，有利于丰富国内消费选择，提高消费品质，同时引导境外消费回流；另一方面，进博会搭建了一个互利共赢的国际化平台，促进全球在共享发展机遇的同时实现快速发展，为国内文旅企业提供与国际品牌文旅企业交流学习的机会，有助于促进文化、旅游业转型升级，提高文旅产品供给质量，提升文旅消费品质，稳定消费预期。未来，进博会可在扩大国际品牌文旅企业参展邀请范围、优化文旅展区布置、加大文旅合作牵线搭桥力度等方面为国内文旅大消费做出更为积极的努力。

（三）进一步推动国内区域文旅大合作

文化、旅游合作是促进不同层面文化、旅游循环发展的重要路径，进博会可以在其中发挥重要作用。

1. 强化区域内循环

区域内循环，既可以是县域的、市域的，也可以是省域的。从城市群的角度来分析，这个循环还包括国家重点建设的京津冀、长三角、粤港澳大湾区等城市群内部文化、旅游合作。在文旅合作上，区域内循环要求区域内部率先建立起统一的文旅产品宣传、协调合作机制，形成统一的文旅消费大市场。

以长三角为例，随着长三角一体化上升为国家战略，长三角文旅一体化推进步伐明显加快。如长三角内部互联互通的高铁密度不断增加，日益成为城市品牌的宣传窗口；疫情防控常态化以后，长三角地区城市积极向周边城市发放旅游消费券，以促进本地文旅消费市场复苏，成为长三角探索文旅一体化的新实践。“十四五”期间，长三角三省一市要构建文旅区域内循环发展格局，还应进一步提升区域互联互通程度，如继续开发一系列联通长三角三省一市的专项旅游线路，在文旅产品设计、线路策划、宣传推广、市场营销、渠道建设、信息服务、标准衔接等方面下更大功夫。同时，要不断弱化区域间、城乡间的旅游界限，拓展郊区游、邻市游，延伸跨省游、跨界游，以“连线”“跨界”的思路串链成网，形成更多区域内部的旅游产品以及旅游项目。

2. 构建区域间循环

区域间循环，指的是构建跨区域“游客共引、资源共享、品牌共创”的文旅开发协作机制。从城市群角度来思考，区域间循环主要指国内几大重点城市群间文旅合作机制的构建。从旅游资源看，一方面，区域间差异化的旅游资源，是开展区域合作的基础，如在乡村旅游合作开发上，地方特色的乡村旅游资源是开展异地推介、吸引客源的抓手；另一方面，区域间相似的旅游资源，也可以成为区域间循环构建的链接点，如近期上海杨浦与贵州遵义开启的建党百年红色文化旅游跨区域合作，就是以红色文旅资源作为区域间文旅链接的着力点。而区域间循环的构建，不管是差异化的旅游资源还是相似的旅游资源，在文旅合作上，都要求区域间在文旅信息互联互通、资源共享等方面形成良性的沟通机制，在推动区域间文旅资源整合、健全文旅产业体系上达成共识。

城市群间的文旅合作是区域间循环构建的典型。以长三角地区和粤港澳大湾区文旅互动为例，长三角地区和粤港澳大湾区都是我国经济发达地区，消费能力以及投资能力强，文化背景和旅游资源互补性较强，长三角地区文化、旅游业的发展以江南文化、海派文化、红色文化为底色，粤港澳大湾区的文化、旅游业以岭南文化、丝路文化、侨乡生态文化为发展特色。未来两地可通过进博会平台在文旅资源共享、优势互补、市场共拓、信息互通等方面探索合作空间。

3. 构建全国范围内文旅领域的循环系统

在这个层面，是把全国作为一盘棋、一个整体、一个系统来考虑。在文旅合作上，要充分发挥我国集中力量办大事的制度优越性，针对事关我国文旅发展全局的大项目、大活动，要坚持党的统一领导，统一安排、统一布局，形成全国范围内协调一致的文旅领域的循环系统。从运行机制角度来说，需要构建三大机制：一是协调机制，即全国范围内循环系统的构建要由政府牵头，政府职能部门、社会组织、市场主体参加，组建协调机构，统一协调运作中的规划制定、网络构建、产品布局等事宜。二是政策引导机制。各层级文旅部门要根据文化、旅游业发展的实际需求制定文旅政策，鼓励和引导相关企业、社会资本参与全国范围内文旅领域循环系统的构建。三是标准引领机制。有关部门要在新环境、新要求下勇于实践、大胆探索，同时积极跟进、及时总结，尽快形成全国范围内文旅领域的行业标准或指导性意见以及具体运行要求。

（四）进一步推进文化、旅游业线上线下深度融合发展

数字文旅是数字经济的重要组成部分，是相对于传统文旅的革命性巨变，是文化、旅游业未来的重要发展方向。近年来，我国数字文旅新模式不断涌现，数字文旅消费规模不断扩大，数字文旅发展迎来前所未有的新机遇。疫情背景下，以数字内容为核心的数字文化、旅游业异军突起、逆势上扬，更深刻地体现了文旅数字化发展的巨大活力和潜力。为此，全国各地文旅部门以及市场主体纷纷将数字文旅作为工作重点，不断创建文旅发展新模式，研创文旅新产品，社会效益和经济效益日益提升。2020 年 11 月，《文化和旅游部关于推动数字文化产业高质量发展的意见》（文旅业发〔2020〕78 号）明确要实施文化产业数字化战略，推动数字文化产业高质量发展。“十四五”期间，数字文旅必将成为国际文旅产品交流和贸易的重要形态。

在构建“双循环”新发展格局的过程中，文化、旅游作为其中重要一环，需要在线上线下联动方面厘清以下几对关系。一是数字文旅与游客的关系。以往，游客是通过线下旅游、实地体验来获得实实在在的愉悦感，2020 年受疫情影响，数字文旅迅猛发展，但是线上旅游无法取代线下旅游，线上旅游更多的是弥补游客因对目的地或景区不熟悉，游览时浮于表面、游览后印象不深等不足，是提升旅游质量和旅游体验的一种手段。二是数字文旅与传统文旅供应商的关系。当前，学界和行业关于数字文旅的探讨更多地集中在文旅资源的数字化上，但是对于传统文旅供应商来说，实现文旅资源数字化需要投入大量的人力、财力和精力。未来，随着疫情缓解或结束，数字文旅可能成为传统文旅供应商重要的支出内容。如何使数字文旅成为既有产品和服务的有效补充，成长为独立的盈利点，值得进一步观察讨论。三是数字文旅与数字创意企业的关系。一方面，疫情完全结束后，线上集聚的游客能否保持长期的黏性和忠诚度，并适时转化为线下消费，目前还不确定；另一

方面随着数字文旅的壮大，其竞争对手除了传统的线下文旅，也包括网络教育、数字影音、网络游戏、网络文学等数字产品。总的来说，数字文旅下一步发展首先需要定位好数字文旅的功能。

线上线下融合是第三届进博会的亮点。为应对疫情造成的线下沟通困难问题，第三届进博会新引入的云报名、云签约、云路演等方式受到参展商的热烈欢迎。事实上，在线推介、线上洽谈、网络直播等新型贸易沟通方式也让第三届进博会的交流互动相比前两届进博会更频繁、多元，效果也较好。未来，进博会可以考虑文化、旅游业线上线下融合发展的需要，在构建新功能、创建新模式、服务新业态等方面，做出更多的探索与实践，同时文化、旅游业也可借助进博会数字化探索的新思路和新经验，建立国际数字文旅交流交易新通道。

（五）进一步助力国内国际双循环相互促进新发展格局的构建

“双循环”发展新格局下，刺激国内消费是必然选择，文化、旅游业作为现代服务业发展的代表，不断扩大以提高人民生活质量为目的的文旅消费也是大势所趋。因为唯有构建全国范围内文旅领域的循环系统，才能更好地联通国内市场和国际市场，而只有充分利用好国内国际两大市场、两种资源，才能为我国实现文旅高质量发展提供强劲动力，同时也为全球经济恢复增长、共享机遇、共同发展贡献力量。

在疫情防控常态化背景下，中国坚持举办第三届进博会，向世界表明了中国积极扩大对外开放、以进口促进贸易发展的决心。第三进博会促进文化、旅游发展与“双循环”新发展格局的构建主要体现在以下两个方面：一是通过进博会平台，积聚国际、国内优质文旅要素资源，更好地满足国内民众的多元化需求，切实促进国内外优质文旅企业的交流合作，有效提高国内文旅产品供给质量，有力推动国际文旅服务贸易发展；二是通过进博会平台，吸引更多国外的文旅投资机构、文旅龙头企业及文化、旅游业重要行业组织等深度参与国内文化、旅游业发展，同时，鼓励支持国内有实力的文旅企业，通过资金、项目、管理、人才等多种渠道，借助进博会展示交易平台，更积极地走向全球，更多地参与国际文化、旅游业价值链的构建，由此加快提升我国文化、旅游业高质量发展水平，提高我国在全球文化、旅游业价值链中的位次。这是文化、旅游业服务我国构建“双循环”新发展格局的重大贡献，也是进博会促进文化、旅游发展与“双循环”新发展格局构建的突出体现。

B.9

进博会与扩大内需、促进新型消费研究

潘红虹*

摘　要：中国国际进口博览会（以下简称"进博会"）作为中国与世界分享市场机遇的开放性平台，是畅通国内大循环、构建新发展格局的重要窗口，对于扩大内需、促进消费尤其是新型消费具有重要作用。总体来看，当前中国消费水平、消费结构及其对经济增长的拉动作用与发达国家相比仍存在一定的差距。进博会连续三届"越办越好"，在激发国内需求市场潜力、促进新型消费发展方面成效显著。未来，应依托进博会进一步增强"6天+365天"一站式交易服务平台功能，积极构建消费领域新业态、新模式，加强新型产业供给体系建设，深化长三角一体化引领，形成统一大市场，加强进博会与自贸区战略联动，优化制度创新环境，全面释放进博会在扩大内需、促进新型消费方面的溢出效应。

关键词：进博会　扩大内需　新型消费

一　中国消费市场发展特征与趋势

改革开放以来，我国经济社会快速发展，生产力水平得到大幅提升，

---

* 潘红虹，中共上海市嘉定区委党校教研室主任，高级经济师；主要研究方向为消费、商贸流通。

居民收入持续增加，居民消费水平不断提高，消费在经济发展中的作用不断增强。总体来看，我国居民消费结构仍然处于升级进程中，最终消费率和居民消费率在经历了较长时间波动下降后，近年来呈现反弹回升态势。

（一）中国消费市场变动特征

1. 中国居民消费率变动特征

从最终消费率的变动情况看，居民消费率和政府消费率共同变动引发最终消费率变动。政府消费率基本保持平稳态势，居民消费率和最终消费率走势一致，总体呈现波动中持续下降的态势，2010 年以来有所反弹回升。具体而言，1978 ~2019 年，中国最终消费率从 61. 4% 下降到 55. 4%，居民消费率从 48. 4% 下降到 38. 8%。尽管 2011 年以来中国居民消费率呈现止跌回升的态势，但回升幅度较小，仍然处于改革开放以来平均居民消费率历史最低水平。这说明居民消费水平没有跟上中国 GDP 高速增长的步伐，居民未能通过消费充分享受改革开放的成果。

从居民消费率的变动情况看，总体呈现波动中下降态势。农村居民消费率走向基本与城镇居民消费率一致，但城镇居民消费率和农村居民消费率呈现背离发展态势。观察历年农村居民消费率的变动情况可知，除了1978 ~1982 年有 2 个小幅上升的阶段外，1982 年以后基本保持单调递减加速下降的态势。与此相反，改革开放以来，虽然中国城镇居民消费率曾经一度低于农村居民消费率，但总体上呈现波动中上升的态势，并且在 1992 年超过农村居民消费率以后，二者间的差距持续扩大。具体来看，中国城镇居民消费率总体呈上升态势，从 1978 年的 18. 35% 上升至 2019 年的 30. 38%，占居民消费率的比重从 37. 91% 上升到 78. 32%；农村居民消费率总体上呈下降态势，从 1978 年的 30. 05% 下降至 2019 年的 8. 41%，占居民消费率的比重从 62. 09% 下降至 21. 68%。由此可见，改革开放初期，中国居民消费主要是以农村居民消费为主体，而从 20 世纪 90 年代城镇化快速发展以来，中国居民消费则主要是以城镇居民消费为主体，这与中国的城乡二元结构以及城镇化发展水平相对应。

2. 中国城乡居民消费结构变动情况及特征

根据国家统计局的分类，居民消费结构主要包括食品、烟酒，衣着，居住，生活用品及服务，交通和通信，教育、文化和娱乐，医疗保健，其他用品及服务八大类。国家统计局长期对城乡居民消费结构进行分开统计，下文重点分析 1992 ~ 2019 年中国城乡居民消费结构的变动情况及特征。

总体来看，城乡居民消费结构的变动情况基本一致，整体表现为：生存型消费中的食品和烟酒、衣着的支出占比下降，居住消费支出占比大幅上涨，发展型消费和享受型消费支出占比快速上升。

从城乡居民消费结构来看，恩格尔系数不断下降，但是生存型消费支出占比仍然偏高。具体来看，城镇和农村居民食品、烟酒的消费支出占比分别从 1992 年的 52.89%、57.55% 下降至 2019 年的 27.55%、30.00%。但是，2019 年城镇与农村居民在食品和烟酒、衣着、居住三个类别上的消费支出占比之和分别达到 58.24%、56.90%，可见居民消费结构中，生存型消费支出占比仍然过高。

1992 年以来，城乡居民在交通和通信，教育、文化和娱乐，医疗保健方面的消费支出占比均呈现持续上升趋势。城镇和农村居民在这三类上的消费支出占比之和分别从 1992 年的 13.94%、12.17% 上升至 2019 年的 33.08%、35.56%，城乡居民消费升级趋势明显，并且农村居民消费升级速度超过城镇居民，显示出较大的潜力。

从城乡居民居住消费来看，居住消费支出占比快速上升，对居民服务型消费形成挤压效应。城镇和农村居民居住消费支出占比分别从 1992 年的 5.96%、15.92% 上升至 2019 年的 24.16%、21.54%。大体来看，2009 年至今城乡居民居住消费支出占比稳定在 20% 左右，城乡居民的生活用品及服务、其他用品及服务的消费支出占比均呈现滞增甚至小幅下降趋势，表明城乡居民居住消费支出占比过高对居民服务型消费支出形成了挤压效应。

（二）消费市场的国际比较

从世界主要发达国家的经验来看，只有消费在促进经济发展中发挥较大作用，才能保持经济长期稳定发展。下文通过将中国与美国、英国、法国、日本四个国家的居民消费率、消费结构等进行比较，对中国与其他四个国家的居民消费异同进行探究。

1. 最终消费率和居民消费率

从2000～2018年个别年份中国和其他四个国家的最终消费率变动情况看，在消费对GDP的贡献度层面，中国和其他四个国家的差距还较大。总体来看，美、英、法、日近年来的最终消费率基本在80%左右波动（见图1），2018年四国的最终消费率分别为82.34%、83.95%、77.17%、75.44%，而中国2018年的最终消费率仅为55.30%，比英国和美国低近30个百分点。

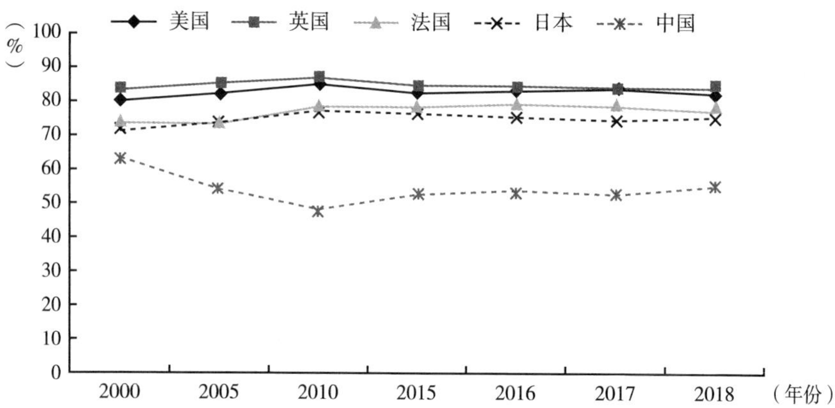

图1　2000～2018年个别年份五国最终消费率变动情况比较

资料来源：世界银行WDI数据库（https://data.worldbank.org.cn/indicator）。

居民是市场经济的消费主体，居民消费率高低可以直接反映一国市场经济的繁荣和活跃程度。从2000～2018年个别年份中国和美、英、法、日四国的居民消费率变动情况看，中国居民消费率与其他四国还存在一定的差距

（见图2）。总体来看，美、英两国的居民消费率较高，长期在65%以上，日本、法国的居民消费率则在55.0%左右；相比之下，中国居民消费率最低，2005年以来长期处于40%以下。2018年中国居民消费率为38.7%，同一时期的美国、英国、法国、日本分别为68.1%、65.5%、54.0%、55.6%。这表明与美、英、法、日四国相比，中国居民消费率仍然偏低，有较大的增长潜力。

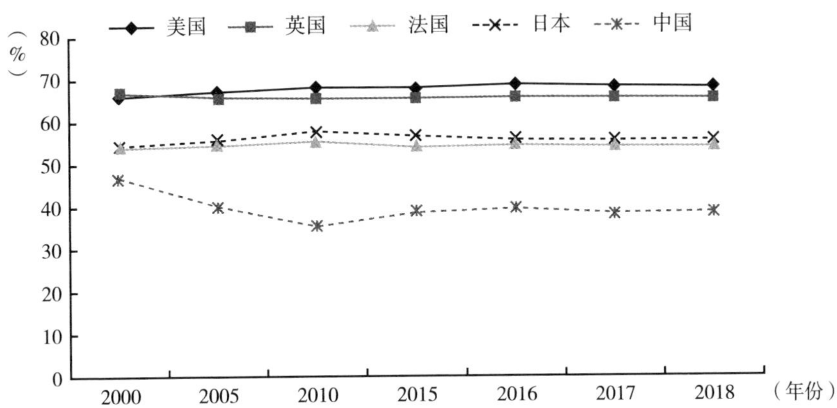

图2　2000~2018年个别年份五国居民消费率变动情况比较

资料来源：世界银行WDI数据库，（https：//data. worldbank. org. cn/indicator）。

总体来看，中国消费水平及其对经济增长的拉动作用与发达国家相比仍存在一定的差距，我国还应进一步扩大消费、扩大内需。

2. 居民消费结构的国际比较

当前，中国消费结构仍然处于升级过程中，与发达国家相比仍存在一定的差距。① 这既与中国经济社会生产的发展阶段及水平有关，也与中国幅员辽阔、消费多元化的特征有关。中国与美、英、法、日四国在消费结构方面的差距主要体现在以下几个方面。

近几年，中国居民的食品、烟酒消费支出占比约为30%，2018年食品、

① 英国、日本、法国、中国统计局官网以及CEIC数据库。

烟酒消费支出占比为28.4%，而美国和法国居民的食品、烟酒消费支出占比不到中国的1/2、1/3，英国和日本的恩格尔系数也低于中国。

从食品和烟草、衣着、居住、生活用品及服务四项生存型消费支出占比之和来看，2018年中国居民生存型消费支出占比为64.4%，远高于美国（34.91%）、英国（46.16%）、法国（54.1%）、日本（50.23%），可见中国居民的生存型消费支出占比相对较高，未来有进一步下降的空间。

从发展型消费和享受型消费来看，中国居民消费升级进程加快，但仍有进一步追赶的空间。2018年，中国居民交通和通信及教育、文化和娱乐消费支出占比之和为24.7%，中国居民医疗保健消费支出占比相对处于较高水平。

（三）中国消费市场发展趋势

2019年，中国人均国民总收入首次突破1万美元大关，居民消费能力不断提升，成为仅次于美国的全球第二大消费市场。互联网、大数据等新一代信息技术的应用推动了消费领域新业态、新模式的发展。在内外多重因素推动下，中国消费市场呈现新的发展趋势。

1. 在线经济快速发展

我国在新一轮信息技术方面具有相对比较优势，特别是在电子商务领域。2011～2019年，中国电子商务交易额从6.09万亿元增长到34.81万亿元，年均增长率达到21.37%；网络零售额从7800亿元增长到10.63万亿元，年均增长率达到33.67%。具体来看，2019年，实物商品网上零售额实现8.52万亿元，较上年增长19.5%，在社会消费品零售总额中的占比为20.7%，对社会消费品零售总额的增长贡献率达到45.6%。① 在网络购物快速发展的同时，在线餐饮、在线旅游、在线医疗、在线教育、在线家政等线上服务消费也呈现快速发展势头。2019年，中国在线餐饮零售额同比增长

① 《中国电子商务报告2019》，http://images.mofcom.gov.cn/wzs2/202007/20200703162035768.pdf，最后访问日期：2020年12月25日。

12.3%，在线家政从业人员数量同比增长34.1%。[①] 截至2020年3月，国内网络购物用户规模达到7.1亿，较2018年底增长了1亿；手机网络购物用户规模达7.07亿，较2018年底增长了1.16亿。[②]

2. 进口消费市场持续扩容

随着收入水平持续上升，居民对高品质商品的消费需求不断增长，进口消费市场快速发展。为满足居民消费升级的需求，2015年以来，我国政府多次主动下调和消费品相关的进口关税。例如，自2019年3月1日起，我国政府多次下调进口商品的税率水平，其目的，一方面是为居民提供更高质量、更多元化的产品；另一方面有序引导海外消费回流，带动本土消费市场升级。近年来，我国消费品进口总额持续增长。2016年消费品进口总额不足1万亿元，截至2019年已增长至1.45万亿元。与此同时，从相对占比看，2016～2018年尽管我国消费品进口占整体进口的比例有所下降，但是2019年该比例仍上升至10.1%。我国庞大的消费市场潜力加快释放。根据调查，我国79.6%的消费者购买过进口商品，其中超过40.0%的消费者购买的进口商品在其同类商品购买总额中占比高于10.0%。[③] 随着年青一代成为消费主力军，25～35岁的年轻人贡献了进口商品约34.0%的消费额。年青一代消费者对快消品的大量需求，使得快消品的进口增长明显高于耐用消费品。2019年我国进口消费品中，水果、水海产品、化妆品等快消品进口增速接近40.0%，分别为39.8%、37.6%、38.8%，医药品进口额同比增长25.8%。同时，耐用消费品进口也呈现快速增长态势，如2019年电动载人汽车进口额约是2018年的1.2倍。

3. 消费分层趋势显现

在消费规模持续扩大、消费结构逐步升级的同时，消费分层成为近两年

① 《2019年全国网络零售市场发展报告》，https：//dzswgf.mofcom.gov.cn/news_attachments/20200414045153320.pdf，最后访问日期：2021年2月2日。

② 《第45次中国互联网络发展状况统计报告》，http：//www.cac.gov.cn/2020-04/27/c_1589535470378587.htm，2020年4月27日。

③ 《商务部发布主要消费品供需状况统计调查分析报告》，http：//www.gov.cn/xinwen/2019-07/18/content_5410772.htm，2019年7月18日。

消费市场的热词。在具体指向上，消费分层体现在消费结构分层、消费者年龄分层、消费区域分层等方面。在消费结构分层方面，随着我国居民消费水平的提升，居民消费内容从以必需品消费为主向以服务型消费为主转变。2019 年，我国居民消费支出中服务消费支出占比达到 45.9%，随着服务业加快对外开放，服务消费支出占比将进一步提升。在消费者年龄分层方面，根据第六次全国人口普查数据，中国“80 后”、“90”后和“00 后”人数已超过 6 亿，在总人口中的占比达到 45.6%。2020 年，中国消费主体中，“80 后”、“90 后”和“00 后”群体数量最多，分别占总消费人口的 17.3%、15.7% 和 12.6%。[①] 年轻的消费群体是伴随着互联网成长起来的“网络原住民”，他们追求新鲜事物，崇尚个性化、品质化、时尚化消费，已经成为中国消费市场上的主力军。在消费区域分层方面，近年来劳动力加速流动和城镇化不断推进，城乡居民收入差距不断缩小，加之网络信息技术应用缩短了居民与市场的距离，线上消费发展迅猛，农村巨大的消费潜力逐渐成为促进消费的重要力量。以阿里巴巴、京东等为首的电商加快布局下沉市场，逐渐完善农村地区的电商消费体系。

二　进博会在扩大内需、促进新型消费领域的实践探索

（一）进博会有效激发国内市场潜力

进博会已经连续举办三届，并且“越办越好”，在为国外企业及其产品进入中国市场提供通道的同时，也在一定程度上满足了国内居民对进口商品的消费需求，有效激发了国内市场潜力。

进博会成交规模持续扩大，参展国别趋于多元化。进博会为来自全球

① 《人口数据分析：2020 年中国 90 后在消费主体中占比为 17.3%》，https：//www.iimedia.cn/c1061/73648.html，2020 年 8 月 19 日。

各个国家和地区不同行业的参展商和采购商提供了面对面交流交易的平台与机会。2018 年，首届进博会合计意向成交额达到 578.3 亿美元；2019 年，第二届进博会意向成交额进一步增长到 711.3 亿美元，同比增长 23.0%；2020 年，尽管受到疫情影响，第三届进博会采取线上线下双渠道的方式，意向成交额达到 726.2 亿美元，比上届增长 2.1%。

共建“一带一路”国家和地区企业参展热情高，集中看好中国消费市场潜力。进博会是中国加强与共建“一带一路”国家和地区商贸往来的重要平台。在首届进博会上，共有来自 58 个共建“一带一路”国家和地区的 1153 家企业参展，约占所有参展企业总数的 30%；在疫情冲击下，第三届进博会仍有 47 个共建“一带一路”国家和地区参加，参展企业数量为 621 家，占全部参展企业总数的 22.2%。

采购商专业化水平不断提升，国企、民企共同构成采购商主力。采购商是直接促进交易形成的主体，经过三届进博会，参展的采购商规模不断扩大、专业化程度不断提升。

在第三届进博会采购商中，年营业额 10 亿美元以上的有 2238 家，年进口额 1 亿美元以上的有近 1400 家。从历届采购商所属行业来看，制造业和批发零售业采购商占比合计均超过 50.00%。以第三届进博会为例，来自制造业的采购商占总采购商的比例为 30.60%，来自批发零售业的采购商占 24.20%。[①] 从采购商类别看，主要有交易团和个体采购商两类，其中交易团又分为中央企业交易团和地方交易团。第三届进博会，全国共组建了 39 个交易团近 600 个交易分团参加采购，采购规模逐年扩大。以上海为例，第三届进博会上，上海国资国企采购分团集中签约 16 个项目，采购成交额超过 20 亿美元。[②] 上海大型零售商联盟 30 家会员企业与近 20 个国家和地区的

---

① 《第三届进博会专业采购商实力雄厚　年营业额 10 亿美元以上的达 2238 家》，http：//www.cnr.cn/shanghai/tt/20201030/t20201030_525314657.shtml，2020 年 10 月 30 日。

② 《13 家企业集团 16 个项目　上海市交易团国资分团集中签约》，https：//baijiahao.baidu.com/s？id=1682764948701991418&wfr=spider&for=pc，最后访问日期：2021 年 8 月 9 日。

厂商及品牌商集中签约38个采购合作项目，总金额超过19亿元。[①] 另外，民营企业也成为进博会的采购商主力，在第二、第三届进博会上，民营企业占采购商的比例分别达到67%和62.5%。[②]

（二）进博会溢出效应逐步显现

进博会作为面向全球的开放型平台，集聚了来自世界各地、各行各业的市场交易主体。在“6天+365天”长效机制下，进博会在开放升级、贸易促进、投资促进、消费促进等方面的溢出效应不断显现。

1. 开放升级效应

举办进博会是推动中国更高水平对外开放的实际行动，在拓展国际市场、促进服务业开放等领域成效显著。从进博会参展国家、地区和国际组织来看，首届进博会有来自172个国家、地区和国际组织的3600多家企业参展，合计吸引了约40万家采购商前来采购交易，其中境外采购商3600家；第二届进博会参展国家、地区和国际组织数量增至181个，参展商和境外采购商分别增加至3800多家和7000多家；受疫情影响，第三届进博会虽然参展国家、地区和国际组织数量有所减少，但是参展商和采购商数量基本和首届进博会持平。进博会作为综合进口平台，不仅促进货物贸易发展，也成为服务贸易的重要平台。据统计，第三届进博会服务贸易展区参展商超过250家，其中世界500强及行业龙头企业占比约为20%，特别是第三届进博会将非银金融机构首次纳入参展范围，服务贸易展商维度不断拓宽。

2. 贸易促进效应

进博会作为每年如期举办的大型展会，为全球市场主体提供常态化的交易平台，有效促进了贸易双方供需对接。在首届进博会上，来自82个国家

---

① 《上海大型零售采购商联盟进博采购成绩单：38个项目集中签约》，https：//baijiahao.baidu.com/s? id = 1682800671661261219&wfr = spider&for = pc，最后访问日期：2021年8月9日。

② 《链接五大洲、促进“双循环”，“民企军团”进博会大显身手》，https：//m.gmw.cn/baijia/2020 -11/06/1301767910.html，2020年11月6日。

和地区的市场主体参加了现场对接洽谈，包括1178家参展商、2462家采购商，达成实地考察意向601项，达成意向及签约成交657项。在第二届进博会上，参展国家和地区数量增加至103个，1367家参展商、3258家采购商通过洽谈对接达成成交意向2160项。[①] 在第三届进博会大型贸易投资对接会上，线上线下合计共有来自64个国家和地区的674家参展商、1351家采购商参会，达成合作意向861项。[②] 参展企业被贸易促进效应吸引，连续参展积极性提高。据统计，首届进博会，全球75家世界500强企业和145家行业龙头企业参展。而到第三届进博会，世界500强企业和行业龙头企业连续参展比例接近80%。[③]

3. 投资促进效应

借助进博会平台，来自全球的参展企业，直观深入地了解中国市场环境，从参展商到投资商，逐渐在生产、销售领域加快在中国市场布局。虹桥品汇和绿地全球商品贸易港等常年展示交易主平台，通过延展和常年展吸引了大量参展企业入驻，带动展品变商品流入内地广阔的市场，如虹桥品汇成功协助50余家参展商转变为进口贸易商。2020年上半年，有32个进博会参展商项目落户上海，包括纪梵娜、萨普托乳业等全球知名企业。

4. 消费促进效应

进博会连续举办三届，产品覆盖居民服饰饮食、住宿出行及文化体育、医疗卫生等领域，把世界各地高性价比的优质商品带到国内消费市场，让国内消费者足不出户就能充分享受性价比高的进口商品，对于国内居民消费升级具有重要的促进作用。通过进博会平台，不断引进新业态、新模式、新技术、新工艺，有效激发了国内居民对进口商品的消费需求，提升了居民生活

---

① 陶凤、刘瀚琳：《第三届进博会倒计时　京津冀80余家采购商现场参加招商路演》，《北京商报》2020年9月9日。

② 《第三届进博会展期过半，861项合作意向已经达成》，https：//baijiahao. baidu. com/s? id = 1682762830871627858&wfr = spider&for = pc，最后访问日期：2021年8月9日。

③ 《进博会释放中国开放信号　数百家企业报名、签约参展第四届进博会》，https：//baijiahao. baidu. com/s? id = 1683472744975197833&wfr = spider&for = pc，最后访问日期：2021年8月9日。

品质。同时，大量的进口商品，对国内消费品生产商和销售商也会形成倒逼机制，促使其进行产品设计和制造工艺的改进，使产品定位更加符合市场需求，促进市场供需动态平衡。

（三）进博会促进新型消费加快发展

进博会作为中国扩大进口的开放性平台，在助力“首发”“首秀”经济发展、推动消费业态模式创新和引领形成新消费热点方面发挥着重要作用。

1. 进博会助力“首发”“首秀”经济发展

目前，进博会已成为众多国际参展商进行新产品、新技术和新服务“全球首发”和“中国首展”的平台，且新品展示数量逐年增长。据统计，5446 件产品及服务通过首届进博会首次进入中国市场，其中全球首发为 101 件。[①] 第二届进博会全球首发的新产品、新技术数量快速增长至 391 件，[②] 比第一届增加了 290 件。第三届进博会全球首发的新产品、新技术、新服务数量仍保持增长态势，达到 411 件。[③] 受新冠肺炎疫情影响，第三届进博会医疗器械及医药保健展区成为高科技产品的“首发重地”，医疗器械领域巨头美敦力等行业内领先企业纷纷携新产品、新设备亮相，该展区新品首发数量超过 120 件。

围绕进博会“首发”“首秀”资源，国内商业企业积极对接参展商及品牌伙伴，通过设立国家馆、举办国别商品周、入驻“6 天 + 365 天”一站式交易服务平台、开设首店等举措，吸引“首发”“首秀”资源转化落地。比如 2020 年 6 月，雅诗兰黛集团旗下 KILIAN、Editions de Parfums Frédéric Malle 两大奢华香氛品牌继 2019 年完成“进博首秀”之后正式进入中国市场，在上海国金中心开出全球新概念店暨中国首店。而 2020 年 9 月，进博

---

① 参见潘高峰《在进博会上看见未来》，《新民晚报》2019 年 11 月 9 日。

② 《第二届进博会成果丰硕　高水平开放惠及全球》，http：//www. xinhuanet. com/fortune/2019 - 11/11/c_ 1125215776. htm，2019 年 11 月 11 日。

③ 《“双循环”新发展格局聚能量　进博会意向成交创新高》，http：//www. zqrb. cn/finance/hongguanjingji/2020 - 11 - 11/A1605047609472. html，2020 年 11 月 11 日。

会“6天+365天”一站式交易服务平台绿地全球商品贸易港推出“创意冰激凌”“火腿工厂”“啤酒工坊”“面包王国”等创新体验业态，以进一步推动进博会资源转化落地。

进博会在云集国际大牌进行新品“首发”“首秀”的同时，也积极与国内跨境电商平台合作，为境外更多的二、三线品牌和小众品牌进入中国市场提供了通道，丰富了国内消费市场。第三届进博会上，资生堂、雅诗兰黛等100多个全球快消大集团及品牌，和天猫国际进行新品孵化合作，将参展新品通过进博会平台快速触达中国市场，目前已经有100多个品牌在天猫开设了其在中国的数字化首店。2020年进博会与“双11”无缝链接，海外品牌共发布120万款新品，将进博会展出的1400多款新品加速变成商品。

2. 进博会推动消费业态模式创新

为发挥进博会溢出效应，上海创新推出“6天+365天”一站式交易服务平台（以下简称“6+365”平台），为境外参展商和境内外采购商提供线上线下融合、多渠道常年展与在线交易支付为一体的一站式交易服务。截至第三届进博会，上海已经搭建56个“6+365”平台，其中包括绿地全球商品贸易港、上海西郊国际农产品交易中心、上海自贸区红酒交易中心、SCP小咖云国际康养产业创新中心等涵盖不同领域的平台。这些平台利用进博会政策打通保税展示交易环节，积极发展代理商与批发商，同步采用线上线下相结合的交易方式拓展消费渠道，推动优质商品进入国内市场。此外，为进一步放大进博会溢出效应，“6+365”平台逐渐从上海走向长三角地区。目前，虹桥品汇已经在杭州、嘉兴、合肥、黄山等城市建立了分中心，还在常州、苏州等地开展了各类快闪活动，为长三角地区的消费者带来进博会福利，使他们能够便捷地购买到高性价比的进口商品。

进博会推动跨境电商平台与保税物流联动发展，提高了展品变商品的效率。在跨境电商与保税物流结合的模式中，消费者提交订单后，由海关后台系统进行数据核对，审核通过后，商品直接从保税仓发往消费者，可以降低流通成本，加快流通速度。比如虹桥品汇依托虹桥商务区保税物流中心（B型）前店后仓优势，实现保税物流中心、线下展销中心、线上交易中心功能叠加，积极打造融保税展示、跨境电商、商品交易、物流仓储、通关服务于一体的保税展示交易常态化模式。淘宝全球购通过在外高桥设立跨境保税仓，构建了“全球购，外高桥供货”模式，日订单处理能力在5000单以上，江浙沪买家最快当天收货，为全球中小品牌跨境电商提供供应链服务支撑。

第三届进博会还引入直播电商这一新业态，开创了“云逛进博”新模式，让无法到场的参展商和采购商可以通过线上方式参与进来。薇娅以“进博线上好物推荐官”的身份带领消费者云逛进博会，四个小时的直播吸引了2378万观众，秒杀了近百万件产品，累计成交7000多万元。[①] 直播带货走进进博会是进博会与新型销售模式融合的创举，借助进博会的平台与直播带货，消费者可以通过线上看直播的方式“边逛边买”，使进博会上的优质进口商品以更加亲民的方式走进国内消费市场。

3. 进博会引领形成新消费热点

进博会集聚了全球消费市场最新的产品和技术，对引领国内消费升级、推动形成新消费热点发挥了重要的作用。全球服装品牌优衣库在第三届进博会上推出的一款重量约235g，集轻、暖、便携、防水和防静电五大功能于一体的高级轻型羽绒服，因简约、时尚、轻便已经在消费市场上成为热销爆款。曾在进博会上展示的逼真的人造皮肤、世界上最小的胰岛素针头、会做饭的机器人，都在美妆护肤、健康医疗、智能家居等方面引领着新消费风尚。

科技让生活更加智能和美好。从进博会平台走入中国市场的各类智能家居产品受到国内消费者的青睐。比如，第三届进博会首次设立体育用品及赛事专区，展出了全球各大体育品牌的文化创意产品，其中包括迪卡侬品牌推出的曾创造吉尼斯世界纪录的“2秒快开帐篷”和一个折叠起来仅有一个背包大小的创新运动产品ITIWIT X500充气皮划艇。这两款产品分别应用了先进的技术并由特殊的材料制造而成，具备轻便且安全性高的特点，成为媒体争相报道的户外运动黑科技产品，引领着户外运动消费潮流。

---

① 《“进博线上好物推荐官”薇娅火力全开！云逛进博，直播四小时秒杀近百万件产品》，https：//baijiahao. baidu. com/s？id = 1683083495612244044&wfr = spider&for = pc，2020年11月12日。

进博会将现代化智能科技与绿色健康生活理念结合，竭力打造绿色智能消费场景，对传统消费理念和生活方式形成冲击。如第三届进博会展示了住房从“建造”到“制造”的智能场景，通过采用一种新型装配式建筑系统将原传统建筑大部分的现场建造、装修工作移至工厂完成，然后将数字模块化产品运至项目地，只需数天甚至数小时，一座完整的建筑就可以搭建完成。搭建的建筑具备科学、时尚的现代化家居设计，配备完善且智能的生活设施与全部家居用品，并且所有的生活用品和设备都符合国际认证的绿色、节能和环保标准。

三　进博会在扩大内需、促进新型消费领域的功能作用

（一）进博会作为“买全球、卖全球”的网络枢纽平台，有利于进一步激发内需潜力，强化消费对经济增长的基础性作用

党的十九届五中全会提出：“十四五”时期，要加快构建以国内大循环为主体、国内国际双循环相互促进的新发展格局。构建“双循环”新发展格局，重点是要充分发挥超大规模市场优势，坚持扩大内需战略基点，促进形成强大的国内市场。2014 年以来，消费已经连续 6 年成为我国经济增长的第一驱动力。2019 年，在我国按支出法计算的 GDP 总量中，最终消费支出、资本形成总额、货物和服务净出口占比分别为 55.4%、43.1%、1.5%，分别拉动经济增长 3.5 个百分点、1.9 个百分点和 0.7 个百分点。由此可见，加快形成强大的国内市场，构建新发展格局，重点是进一步扩大消费，强化消费对经济增长的基础性作用。

中国拥有世界上最广阔的消费市场，和世界上规模最大的中产阶层消费群体，需求市场广阔。而随着现代化商业综合体、购物中心等消费设施在三、四线城市遍布开花，三、四线城市消费方式逐步接轨一、二线城市，下沉市场也展现出巨大的潜力。根据国际经验，人均 GDP 超过 8000 美元，居

民的品质消费、服务消费将进入快速发展阶段。2019 年，我国人均 GDP 已经超过 1 万美元，这意味着我国居民消费升级将进入一个快速发展期。

进博会作为“买全球、卖全球”的网络枢纽平台，助力引进更多境外商业企业、商品品牌以及消费领域新模式、新业态、新技术，可以给上海和全国人民提供更舒适的购物体验、更丰富的购物选择、更具性价比的商品和服务，为不同收入阶层、性别、年龄的消费者提供更加国际化、多样化的消费选择，促进了国际优质供给和中国广阔市场的对接。面对居民消费升级趋势，境外企业通过运用前沿科技打造定制化、个性化产品，不断丰富各种智能消费场景，以高品质和新创意满足消费升级趋势下消费者对品质消费、健康消费、绿色消费和创意消费的需求，进一步释放国内需求潜力，在提升居民生活品质的同时，进一步扩大内需、促进消费，促进经济平稳增长。

（二）进博会作为全球消费创新的集中展示平台，有利于展现全球最新消费趋势，引领国内新消费潮流和新生活风尚

进博会是全球最新科技产品和技术集中展示的重要平台，从进博会的保障手段和信息技术的应用，到“首发”“首秀”展品展示的科技水平和时尚特质，都体现了全球最新的消费趋势，引领着国内新消费潮流和新生活风尚。

消费品展区作为进博会面积最大的展区，成为消费领域境外新产品、新技术、新品牌、新业态进入中国的重要平台，众多企业在进博会上进行“全球首发”“中国首展”，积极诠释“新”生活、“酷”科技、“最”潮流等未来生活方式和理念。从进博会展品看，蕴含各种新科技和新概念的新产品涉及美妆、服装、智能家居、体育用品、医疗器械、交通出行等领域，引领颜值经济、健康经济、体育经济、体验经济等发展。新技术的应用将众多新科技元素与创新模式融入生活情景，通过应用新科技打造智能生活新场景，颠覆了传统的生活方式，引领消费者走向更加便捷和美好的生活。

新冠肺炎疫情背景下，第三届进博会还加强了信息技术应用，“云技术”“云服务”成为亮点。第三届进博会引入了云报名、云洽谈、云路演、云签约等“云招商”方式，保障了招商招展工作顺利进行。围绕进一步提供“云服

务”，第三届进博会还实现了“首次进博会场馆5G全覆盖”“线上直播带货首次进入进博会”。实体会展结合在线模式，既是疫情之下保障进博会顺利举办的客观需要，也反映了数字经济在疫情防控常态化背景下强大的生命力。

上海历史上就是中国繁华的对外贸易港口，引领中国消费潮流。今天的上海仍然是中国新消费的引领地、新品牌的集聚地、新零售的试验田、新技术的竞技场。作为进博会永久举办地，上海将立足广阔的国内消费市场，依托上海自贸区、进博会等大平台，积极发展科技消费、数字消费、绿色消费等新型消费，使上海购物做到领先全国、引领国际，让国内消费者不出国门就能领略最前沿的时尚潮流。

（三）进博会作为全球科技创新和产业升级的成果展示平台，有利于倒逼国内供给侧改革，以产业升级带动消费升级

未来，国际竞争的重点是科技和产业的比拼。中国正处于产业转型升级迈向中高端的阶段，举办进博会，打造进口平台，并不只是为了满足人民的美好生活需求，更重要的是助力产业转型升级。

第三届进博会共设置食品及农产品、汽车、技术装备、消费品、医疗器械及医药保健、服务贸易六大展区。围绕经济社会发展前沿热点和产业发展未来趋势，新设公共卫生防疫专区、节能环保专区、智慧出行专区、体育用品及赛事服务专区，以展中展的形式集中展现行业发展最新科技成果。其中技术装备展区扩容升级，重点突出自动化、精密化、集成化、节能化等绿色制造、智能制造理念，成为各国企业高端装备和关键技术集中展示、竞技比拼、创新转化以及市场试水的重要平台。

进博会使全球的先进产品和技术到上海展示，国内众多的中小企业不用到国外去学习，在进博会上就能看到众多的创意、创新和创造，使国内中小企业了解国际先进的技术、工艺、管理经验及存在的差距和不足，从而通过学习补齐短板，推动自身转型升级。同时，进博会还促进了参展商变投资商，使得更多先进的技术和产品涌入中国市场，在丰富国内中高端商品供给的同时，也给国内中小企业带来了竞争压力，倒逼国内中小企业进行生产和

营销改革，应用新技术、新模式进行创新转型。

当前国际贸易的发展正从以传统的产品贸易为主转变为以价值链贸易为主，整体来看我国仍然处于国际分工体系的中低端环节，从全球价值链中获取的利益远低于发达国家。依托进博会倒逼供给侧改革契机，加快促进产业升级，我国需要更加重视进口的作用，扩大对高质量产品和服务的进口，同时进一步加大对先进生产要素、制造工艺、优秀人才的引进力度，主动构建“以我为主”的全球制造业供应链体系，利用我国完备的产业配套体系和超大规模市场的独特优势，形成具有更强创新力、更高附加值、更安全可靠的产业链供应链。同时，围绕推进数字产业化和产业数字化，扩大以数字技术为核心的新技术应用场景，推动数字经济和实体经济深度融合，用数字技术促进传统产业改造升级，这是放大进博会溢出效应、推动国内产业转型升级的重要方向。

（四）进博会作为体现中国高水平开放的重要窗口，有利于促进制度创新和营商环境优化，打造鼓励创新、开放包容、友好的制度环境

2018 年，中央经济工作会议首次明确要推动商品和要素流动型开放向规则等制度型开放转变。2018 年首届进博会以来，围绕让进博会“越办越好”，我国相关部门配套推出了系列制度及政策，在知识产权保护、贸易便利化、通关便利化、检验检疫、市场监管等领域推出了系列制度创新举措，为国外企业进入中国市场提供了便利的条件。2019 年，我国制定了《外商投资法》，并于 2020 年 1 月 1 日起施行，从法律层面推动了中国和国际投资规则的对接，进一步改善了国内外商投资环境。根据世界银行发布的报告①，中国在全球的营商环境排名中由上一年的第 46 位提升至第 31 位，位居东亚地区第七位，连续两年成为全球营商环境改善最显著的十大经济体之一。

① 《世界银行〈2020 年全球营商环境报告〉发布——中国排名连年跃升》，https：//www. sohu. com/a/349651862_ 676545，最后访问日期：2021 年 8 月 26 日。

上海作为进博会的永久举办城市，是我国改革开放的排头兵和创新发展的先行者。2013 年，中国（上海）自由贸易试验区成立，2019 年设中国（上海）自由贸易试验区临港新片区，聚焦建设以投资贸易自由化为核心的制度体系，致力于在更深层次、更宽领域推进全方位、高水平对外开放。在海关总署的支持下，中国（上海）自由贸易试验区已经在展品备案、担保放行等方面加快了通关流程，并且针对进博会期间销售的一定数额进口商品予以相关税收优惠，还加大了对进博会展品的知识产权保护力度，对于进博会上首次展出的发明创造、首次使用的商标，经展会方出具展出证明，展商在中国申请专利时享有 6 个月的宽限期。随着进博会连续三届举办成功，创新制度及政策逐渐从试点转为常态化运行，带动区域及国内营商环境逐步优化。

四 依托进博会扩大内需、促进新型消费的对策建议

（一）进一步增强“6 +365”平台功能，打造“买全球、卖全球”平台

“6 +365”平台是放大进博会溢出效应的有力载体，是打造永不落幕的进博会的重要平台。为充分发挥“6 +365”平台的功能优势，建立展品变商品的长效机制，创新“6 +365”平台模式，完善平台功能机制；增强平台贸易促进功能，提升“6 +365”平台能级。

加快发展“6 +365”平台，建立展品变商品的长效机制。举办进博会是中国推动新一轮高水平对外开放的重要决策。上海是进博会永久举办地，也是“6 +365”平台发展最快的地区。依托上海“6 +365”平台良好的资源基础，重点是强化上海在建设“6 +365”平台方面的示范和引领作用，深入推进以绿地全球商品贸易港、SCP 小咖云国际康养产业创新中心等为核心的一批优质“6 +365”平台功能发展和经营模式创新，助推同类平台相互交流合作，形成平台错位联动发展特色优势。同时，还要不断完善“6 +

365”平台服务体系，加快完善平台在不同产业、不同领域和不同区域的功能布局，深层次挖掘“6 +365”平台背后相关的产业链和价值链，整合和利用相关资源，加快形成创新机制，提升“6 +365”平台展示交易服务能级。

创新“6 +365”平台模式，完善平台功能机制。基于“6 +365”平台展品变商品的功能，转变平台功能定位，实现多功能融合，将展品变商品的传统模式转变为商品变展品及展品变商品的新模式，打造进博会展品提前展和延展相结合的“6 +365”平台模式，驱动平台由被动承接进博会溢出效应转变为主动放大进博会溢出效应。同时，依托国家进口鼓励政策、跨境电子商务零售进口税收政策等，加快打通“6 +365”平台在集中采购、跨境电商平台和保税展示交易之间的通道，建立线上线下相结合的保税展示交易新模式。

增强平台贸易促进功能，提升“6 +365”平台能级。随着进博会成功举办了三届，“6 +365”平台也逐渐发展成熟，获得了国内外参展企业和消费群体更多的关注和认可，逐渐成为国际商品和品牌进入中国的窗口。“6 +365”平台不仅是商品展示和交易的载体，更是国际贸易促进平台。围绕着贸易促进这一核心功能，一方面，“6 +365”平台应深度挖掘进博会的商贸合作伙伴资源优势，积极开拓境外优质商品的贸易连接渠道，主动寻求合作。同时，引进国外优质品牌入驻平台，利用平台资源对品牌进行推广，帮助其在中国市场实现孵化。另一方面，“6 +365”平台运营商应完善国内市场终端销售体系，培育一批一级代理商、批发商，开拓专业销售渠道，使国内消费者享受到进口商品的红利。依托承接进博会溢出效应的独特功能，“6 +365”平台还应以贸易促进为核心，加快形成商品展示 + 文旅体验 + 商务洽谈 + 投资落地于一体的闭环服务体系，促进形成以文旅体验展示促进贸易投资落地的功能模式。

（二）加快数字经济赋能，助推新消费、新业态、新模式发展

为进一步发挥进博会扩大内需、促进新型消费的溢出效应，应加快数字

经济赋能，强化数字经济在助推新消费、新业态、新模式发展方面的支撑作用。

加快完善跨境电商平台体系，引入全球优质消费资源。围绕进博会扩大进口的战略优势和国内消费升级的市场基础，依托我国电子商务发展的产业基础，加快完善跨境电商平台体系，进一步引入国际商品和服务资源。充分发挥天猫国际、京东全球购、网易考拉、洋码头等大型跨境电商的引领作用，学习和借鉴以亚马逊为主的国际知名跨境电商的成功经验和运营模式，高效整合以大型跨境电商平台为主导的优势资源，为完善跨境电商平台体系提供核心技术支持和产业资源支撑。加快建设一批具有特色商业模式的新型跨境电商平台，积极发展跨境电商零售进口新模式，推动跨境电商平台规模化、产业化、特色化发展，形成跨境电商产业集聚效应。加快完善跨境电子支付结算方式，建立便捷的国际支付平台，实现多币种自动兑换，形成跨境电商平台、境外商家、消费者、国际支付平台、金融结算机构高效联动的电子支付体系。

强化新兴科技在数字经济中的应用，加快发展在线经济。强化新兴科技在数字经济中的应用，以数字经济赋能消费模式创新发展。一方面，依托新科技，鼓励商家创新参展方式，打通线上线下联动渠道，加强商家网络直播、电商平台和消费者之间的互动，加大产品推广力度；另一方面，通过网络平台，推动传统制造商的产品设计、生产制造与需求端的对接联动，使其提供符合市场需求的高品质商品和服务，发挥进博会促进新型消费发展和驱动消费升级的倍增效应。

积极发展首店、首发经济，打造全球新品首发首选地。目前，上海国际高端知名品牌集聚度已经超过 90%，但是品牌的丰富度和层次性还不够。依托进博会首发、首秀资源集中优势，可以考虑在进博会消费品展区设立“世界品牌产品首发展销区”，打造进博会首发、首秀品牌标杆。同时，依托进博会新品首展、首秀，积极发展首店、首发经济，推动更多的国际品牌、时尚潮牌、新锐品牌在上海设立全球首店、亚洲首店、中国首店或者上海首店，引进全球新品首发、品牌首秀、文化首演等各种首发活动，进一步提升上海的品牌集聚度和时尚引领度。加强上海时装周与进博会的联动，延长首发经济产业链，形成集新品发布、展示、推广、交易、销售于一体的首发经济产业链，集聚高端产业链上的各类要素，提升“上海购物”品牌含金量。

促进免税业发展，吸引中高端消费回流。目前，中国的奢侈品消费额已经占到全球奢侈品消费总额的1/3，其中70%的消费实际上发生在境外，通过出国旅游或代购实现。依托进博会扩大内需、促进消费，还面临着吸引高端消费回流的任务。下一步应依托进博会进一步推动国内免税业的发展，一方面，加快完善免税店布局，除了建立机场免税店、离岛免税店之外，进一步加快建立市内免税店，并逐步向离境的国内消费者开放，为吸引高端消费回流创造便利条件。同时，积极开拓线上免税销售渠道，打破传统免税店依附机场、港口等进行实体经营的单一模式，推动免税业依托线上平台，助力消费回暖，为消费群体提供更多的中高端商品购买渠道。另一方面，依托进博会集聚大量国际品牌的契机，进一步丰富免税商品和品牌，提供更具性价比的价格，引导高端消费回流国内市场。

（三）倒逼供给侧改革，构建新型产业供给体系

进博会通过引进全球优质商品与服务，填补了国内消费者对中高端商品和服务的需求缺口，提升了居民生活品质。但也对国内生产制造企业形成竞争压力，倒逼国内企业加快提高生产制造水平及组织流程再造，有助于破解当前国内市场供给与需求不匹配的结构性矛盾

畅通商品和服务进口渠道，增强进口商品和服务供给能力。目前国内市场消费升级趋势明显，但是国内消费市场的供给仍然存在一定的滞后性，广大消费者对进口商品和服务的需求未能得到充分满足。进博会作为专业进口平台，汇集了全球优质商品与服务，丰富了国内市场进口商品和服务的供给，在改善国内消费市场供给结构、压缩进口产品中间流通环节、降低商品末端市场价格方面起到较大的作用，使消费者能够以高性价比购买到进口商品和服务，一定程度上提升了居民生活品质。

学习国际先进经验和技术，提升生产制造水平。国外企业在品质、价格、服务、创新等方面的优势，给国内企业带来了直接的竞争压力，倒逼国内企业进行供给侧改革。依托进博会这一合作交流平台，国内企业主动对标国际先进标准，学习并引进国外企业先进的经验和技术，创新理念，进行工艺改进和技术升级，以提高产品质量，改变国内消费市场低端供给过剩、中高端供给不足的结构性矛盾，满足消费者不断升级的消费需求。

驱动组织流程和业态模式创新，提升产业链、供应链现代化水平。除了依托进博会引进国外企业先进的生产制造工艺、组织流程和业态模式外，提升工业制造的信息化、数字化和智能化水平，也是驱动我国供给侧改革的关键。依托移动互联网、5G、大数据、区块链等核心技术，高效整合上游生产线、供应商以及下游产品和客户，降低生产制造成本，延长制造业产业链，打造完整的产业链闭环体系，提高制造服务系统化和智能化水平。同时，创新制造业生产模式，依托互联网平台使传统的 B2C 制造模式转变为 C2B 模式，通过线上平台实现客户端与企业的定制合作，使消费者充分参与到产品设计、研发、生产制造等流程中，实现生产的定制化和个性化。

进一步扩大服务业开放，提升中高端服务供给水平。当前，服务贸易在全球贸易中的地位不断提升，但是我国服务业的国际竞争力较低，服务业整体处于价值链中低端。进博会设立了服务贸易专区，内设金融、物流、咨询、文化、旅游等相关板块，为全球服务贸易供需双方搭建了沟通合作平台。未来应加快进博会与中国（上海）自由贸易试验区的联动，围绕进一步扩大中国服务业开放，放开外资准入限制，改革市场监管模式，在互联网和信息服务、科学技术、文化教育、金融服务、商务旅游、健康医疗等领域积极引进国际先进的服务产品和新业态模式，带动国内服务业整体转型升级，提升现代服务业开放水平。

（四）强化区域一体化市场联动，推动形成全国统一大市场

进博会是世界上第一个以进口为主题的国家级展会，是中国推动开展双边

和多边贸易的重要平台，对于我国扩大内需、促进消费具有重要的战略意义。

围绕建立一体化消费市场，深化长三角区域一体化布局。上海作为长三角地区唯一的超大城市，应积极发挥示范引领作用，充分释放进博会扩大进口、促进消费的溢出效应，并辐射渗透到长三角区域。围绕建立一体化消费市场，依托长三角区域一体化发展的战略优势和区位条件，在江浙沪皖的重点城市合理布局平台网点，推动长三角消费市场一体化联动。加大招商引资力度，提供优质营商环境，吸引外商投资，通过降低生产成本、加快产品投放市场的速度，为长三角消费市场提供更具性价比的优质商品。依托长三角区域对外贸易资源集聚优势及电商平台产业基础，促进贸易公司与跨境电商平台合作，推动优质进口商品快速上线，为消费者提供更多选择。此外，依托进博会深入开发长三角区域的会展、商业、旅游、文化等资源，加快形成会展 + 商业 + 旅游 + 文创等跨业融合的新型消费模式，助推长三角消费市场一体化格局的形成。

放大进博会带动示范效应，促进区域消费市场协调发展。目前，不同区域居民在消费水平、消费观念及生活方式等方面仍存在一定的差距。应利用进博会技术创新与商业模式创新效应，发挥新消费业态、新商业模式、新商品流通体系在品牌区域市场渗透、服务网络下沉、渠道资源整合、质量追踪体系建设方面的效率优势，推动进口商品供应链向经济不发达区域、非中心城市以及广大中西部地区延伸，这成为缩小区域消费差距，带动城镇与农村、东部与中西部地区消费市场协调发展的重要途径，使得经济发展成果惠及更多的居民。

加快区域战略合作联动，促进形成全国统一大市场。依托长三角区域丰富的商品资源与庞大的消费市场，发挥长三角区域在扩大内需、刺激消费方面的引领作用，推广长三角承接进博会溢出效应的成功经验，助推进博会溢出效应在全国范围内释放。促进长三角一体化发展战略同长江经济带发展、“一带一路”建设联动，完善中国改革开放空间布局，形成贸易、产业、消费及服务协同联动机制，以贸易、产业间的跨区域合作促进统一消费市场的形成。同时，运用数字技术在全国范围内创新消费模式，建立大型商品集散枢纽，加强跨境电商平台建设，形成线上线下交互联动的新型消费格局，推动形成全国统一大市场。

（五）加强进博会与中国（上海）自由贸易试验区临港新片区建设的联动，优化创新制度环境

依托中国（上海）自由贸易试验区（以下简称自贸区），加大制度创新联动力度，在贸易便利化、投资便利化、金融支持产业发展等方面，围绕进博会需求，倒逼自贸区制度创新，反向服务进博会，使进博会充分享受自贸区政策红利。

推动展品变商品，实现贸易便利化。依托为进博会专项定制的《海关支持2019年第二届中国国际进口博览会便利措施》《2019年第二届中国国际进口博览会检验检疫限制清单》等，推动上海海关、食药监局等相关机构在展品及商品检测方面对标国际化质检水平，把引进国际先进商品检测仪器与提高国内产品检测技术水平相结合，不断提升产品质量检测精准度，既要严守各类进入进博会的境外展品安全底线，又要在合乎法理的范围内扩大白名单范围，积极实施创新包容、分类实施的监管制度，让更多的国际优质展品通过进博会平台进入中国市场。同时，相关部门应加强协同合作，完善多部门一站式服务体系，简化检测与审批流程，提高商品入关、参展效率，加速展品变商品的过程，使进博会展品快速进入国内消费市场。

促进展商变投资商，推动投资便利化。应进一步加快投资便利化制度创新，为境外企业提供良好的投资环境和优惠政策。依托现有外商投资落户政策，加快包括产业扶持政策、土地优惠政策、高新技术企业资助政策、社保扶持政策、人才引进政策等在内的政策体系建设，为境外企业进入中国提供好的投资环境，增强投资吸引力。同时，在具体实施各项制度与政策的过程中，以上海海关、环保局等为主的有关部门应建立联动合作机制，创新电子政务，建立进博会参展商投资落地专项通道，简化企业落户和审批流程，实现线上线下一站式便利服务，为落户企业提供绿色通道及跟踪服务。

以金融支持服务参展企业，提升金融国际化水平。依托临港新片区特殊

经济功能区和金融总部区功能定位，发挥临港新片区高端金融产业要素聚集优势，加强临港新片区与进博会联动，以金融支持服务进博会参展企业，增强上海国际金融中心金融服务贸易投资功能，推动提升金融国际化水平。加强东部临港新片区与西部虹桥商务区在金融业、会展业、新型服务业等相关产业上的合作，尤其是加强临港新片区银行、证券、保险、信托等传统金融机构与风险投资、私募股权、互联网金融等新兴金融机构和上海虹桥商务区的联动，带动与进博会相关的贸易结算、外商投资管理、财务咨询等业务发展，形成金融＋产业融合发展模式，通过资本力量推动进博会新业态、新模式在国内落地及运营推广。

B.10
进博会促进国际会展之都建设研究

王春雷　徐宇倩　张倚瑄　王　强*

摘　要： 本报告从评估上海建设国际会展之都的现状入手，基于会展与节事活动（F&SE）对举办城市的影响分析框架，从地点要素变化的角度分析了进博会对国际会展之都建设的影响机理。在此基础上，根据城市会展业发展的分析框架，从会展业发展使命、城市会展业整体营销等9个方面，研究了进博会对上海国际会展之都建设的促进作用，进而提出了相应的对策建议。

关键词： 进博会　上海会展业　“三年行动计划”　国际会展之都

为贯彻落实《全力打响“上海服务”品牌，加快构筑新时代上海发展战略优势三年行动计划（2018～2020年》，加快建设国际会展之都，2018年9月，上海市商务委员会印发了《上海市建设国际会展之都专项行动计划（2018～2020年)》，提出“2020年展览总面积达到2000万平方米”等工作目标以及“全力办好中国国际进口博览会，形成引领上海会展业发展的重大展会的服务保障、运行模式”等八大重点任务。

迄今为止，上海已初步形成中国国际进口博览会（以下简称进博会）、

* 王春雷，上海对外经贸大学会展与旅游学院院长、教授，主要研究领域为目的地营销、会展经济与活动管理、城市发展；徐宇倩、张倚瑄、王强，上海对外经贸大学会展经济与管理专业硕士研究生，主要研究领域为会展经济与活动管理。

中国国际工业博览会（以下简称工博会）、中国（上海）国际技术进出口交易会（以下简称上交会）等大型国际科技、贸易会展平台体系，其中，进博会作为全球首个以进口为主题的大型国际展会，彰显了中国主动开放市场、构建开放型经济的主张，特别是第三届进博会在特殊时期成功举办，体现了中国同世界分享市场机遇、推动世界经济复苏的真诚愿望。国家主席习近平在第三届进博会开幕式上发表主旨演讲时指出，经过三年发展，进博会已经成为国际采购、投资促进、人文交流、开放合作的四大平台，成为全球共享的国际公共产品。① 进博会作为推动上海会展业快速发展的强大引擎，不仅提升了上海作为国际知名会展城市的影响力与地位，更在政府公共服务水平特别是重大会展活动城市服务保障以及服务行业水平、营商环境、贸易便利化政策、法规建设等方面，为上海国际会展之都建设提供了坚实的保障。

一　国际会展之都建设现状评估

（一）《上海市建设国际会展之都专项行动计划（2018～2020年）》的总体执行情况

《上海市建设国际会展之都专项行动计划（2018～2020年）》（以下简称“三年行动计划”）明确提出，到2020年，上海会展业配置全球资源能力进一步提升，基本建成国际会展之都，“上海会展”成为国际知名的城市名片，并提出了4个工作目标和8项重点工作。

2020年是“三年行动计划”的收官之年，但受新冠肺炎疫情影响，包括上海在内的国际各主要城市会展业都遭受重创。尽管如此，全国首个会展业地方性法规《上海市会展业条例》于2020年5月1日起正式实施，进一步明确要将上海打造为“国际会展之都”，这为疫情期间上海会展业的发展

① 《习近平在第三届中国国际进口博览会开幕式上的主旨演讲（全文）》，http：//www.xinhuanet.com/politics/leaders/2020－11/04/c_1126698327.htm，2020年11月4日。

注入了信心。自2020年7月以来，随着会展项目逐步重启，上海会展市场快速恢复，仅7~8月两个月，上海市就举办88场展会，展出总面积达342万平方米，同比增长36%。据不完全统计，2020年7~12月，上海新国际博览中心（SNIEC）共举办90场会展活动，观众超过300万人次。[①] 如果以2019年上海会展业的表现为基准，从总体上评价，当初设定的4个工作目标已经完成2/3，部分已经基本完成。

1. 品牌展会

关于品牌展会，主要从4个方面进行考量，分别是展览总面积、国际展占展览总面积比例、单次展览面积10万平方米以上展会数量和入选世界百强商展数量。2019年，上海市展览总面积为1941万平方米，完成进度的97.05%，其中，国际展的总面积为1451万平方米，占全市展览总面积的72.92%；单次展览面积10万平方米以上的展会数量为42个，完成进度的84.00%。

2. 品牌主体

这部分主要从4个方面对品牌主体进行考量，即加入国际展览业协会（UFI）的企业和机构数量、培育具有国际竞争力的展览集团、展览场馆运营能力和专业化会展配套服务企业。截至2019年底，上海共有27家机构加入UFI（工作目标35家）[②]；在培育具有国际竞争力的展览集团方面，上海市国际贸易促进委员会、上海东浩兰生会展（集团）有限公司等均已成为全国领先的具有跨境组展能力的集团公司（机构）。2020年，上海市国际贸易促进委员会和阿里巴巴共同组建"云上会展有限公司"。2019年，上海新国际博览中心办展面积达743.73万平方米，展馆利用率为76.60%；上海世博展览馆办展面积达186.36万平方米，展馆利用率为47.80%，均入选全国展馆利用率排行榜TOP 10。此外，上海还有一批专业化会展配套服务

① 吴宇：《上海展览业复苏 疫情之下创造会展新价值》，https://baijiahao.baidu.com/s?id=1685054486174329722&wfr=spider&for=pc，2020年12月3日。

② UFI，Search UFI Members，https://www.ufi.org/membership/ufi-members/search/?chapter=Asia%2FPacific&category=&company=&company_name=&city=75&country=.

企业，如上海八彦图信息科技有限公司、上海昆仑亿发科技发展有限公司等，这些会展配套服务企业在全国范围内都有很好的示范效应。

3. 营商环境

以进博会为例，为保障进博会顺利举办，在首届进博会举办之初，上海就成立了中国国际进口博览会城市服务保障领导小组，由市委书记、市长亲自担任领导小组主要正副组长，协调进博会举办过程中可能遇到的各项跨部门、跨区的事宜，这种城市服务保障领导小组的模式是上海首创，也是具有上海特色的城市会展活动保障机制。不仅如此，上海市商务委员会下设会展业处，主管全市会展行业管理工作，浦东新区也设立了浦东新区会展业促进中心。作为全国最早成立的省级会展行业协会，上海市会展行业协会近年来开展了许多富有开创性的工作，发挥联系企业和政府的桥梁与纽带作用，为创建更好的会展业营商环境做出了重要贡献。

4. 经济社会效益

根据《2018 上海会展业白皮书》，2018 年，上海市会展业带动的经济效益已经超过 1400 亿元，产业带动效应进一步显现。[①] 与此同时，会展业在贸易促进和消费引领方面展现出巨大的动能，以第二届进博会为例，在展会上，大量外国商品涌入中国，围绕着“进博展品进商圈、进商街、进商场”，黄浦、静安、浦东、徐汇、虹口等区加快建设“全球新品首发示范区”。[②]

（二）与国际著名会展城市的横向比较

1. 综合实力比较

根据《中外会展业动态评估研究报告（2017）》[③]，世界会展城市综合实

① 上海市会展业促进中心、上海市会展行业协会、上海市商务发展研究中心：《2018 上海会展业白皮书》，2019 年 6 月。

② 《建设国际消费中心城市，“十四五”时期上海准备这么干》，https：//www.163.com/dy/article/G72OL62N055040N3.html，最后访问日期：2021 年 8 月 24 日。

③ 张敏主编《中外会展业动态评估研究报告（2017）》，社会科学文献出版社，2018，第 56～60 页。

力排行榜入围55席。从国别来看，德国有10席，中国有9席，美国、意大利各有7席，西班牙有4席，英国有3席，法国、荷兰、瑞士各2席，俄罗斯、新加坡、韩国、泰国、土耳其、波兰、捷克、比利时、瑞典各1席。在本轮评估中，上海一举超越巴黎和法兰克福，综合实力跃居世界会展城市首位，这主要受益于国家会展中心（上海）建成并投入运营。会展场馆和展会项目两大指数均排名全球第一，但组展企业发展指数得分仍较低，排在第20位。

2. 会展场馆

根据2018年2月国际展览业协会（UFI）发布的《UFI全球场馆地图（2017版）》，全球会展场馆分布呈分散化态势，展馆数量增多，规模持续扩大，场馆成为城市会展业获取竞争优势的重要工具。① 2017年，经UFI认证的全球范围内的1212个展馆能够提供3460万平方米的展览面积，法兰克福、汉诺威、米兰、芝加哥、杜塞尔多夫以及上海等城市在服务超大展会项目上具有明显的相对优势。2019年7月，深圳国际会展中心一期项目建成并投入使用，包括18个2万平方米标准展厅和1个5万平方米超大展厅，室内展览面积达40万平方米。至此，全球室内展览面积在20万平方米以上的会展场馆达到11个（见表1）。

表1　全球室内展览面积在20万平方米以上的会展场馆（2019）

单位：平方米

	场馆名称	城市	国家	展览面积
1	汉诺威展览中心	汉诺威	德国	463275
2	国家会展中心(上海)	上海	中国	404400
3	深圳国际会展中心(一期)	深圳	中国	400000
4	法兰克福展览中心	法兰克福	德国	366637

① UFI, "World Map of Exhibition Venues (2017 Edition, Revised December 2018)," https://www.ufi.org/archive-research/ufi-world-map-of-exhibition-venues-2017-edition-revised-december-2018.

续表

	场馆名称	城市	国家	展览面积
5	米兰展览中心	米兰	意大利	345000
6	中国进出口商品交易会展馆	广州	中国	338000
7	昆明滇池国际会展中心	昆明	中国	310000
8	科隆展览中心	科隆	德国	284000
9	杜塞尔多夫展览中心	杜塞尔多夫	德国	261817
10	巴黎北郊维勒班展览中心	巴黎	法国	246312
11	芝加哥麦考密克展览中心	芝加哥	美国	241548

资料来源：UFI，“World Map of Exhibition Venues（2017 Edition，Revised December 2018），” https：//www. ufi. org/archive – research/ufi – world – map – of – exhibition – venues – 2017 – edition – revised – december – 2018。

此外，随着国际会展城市之间竞争加剧，对特大展馆的现实需求已经从以规模需求为主转向围绕高质量服务为主，因此，会展场馆的使用与经营成为制约展馆展能发挥与城市会展服务能级提升的关键因素。德国是依靠强大的展馆展能和发达的制造业拉动会展业发展的典型案例。

3. 组展企业

组展企业的培育与发展与一个城市会展业发展的整体环境密不可分。根据课题组提出的“城市会展业发展的分析框架”，领导型会展企业在城市会展业发展中占据核心地位，而组展企业作为会展企业的先导，其发展状况成为影响城市会展业发展的关键因素。

欧洲是现代会展业的发源地，其组展企业凭借悠久的办展历史、成熟的运营管理体制和经验，成为全球组展企业的范本。据德国展览业协会（AUMA）统计，2016 年～2018 年，综合收入（包括主办收入、展馆运营收入、展会服务收入）超过 1 亿欧元的全球组展企业十强均来自欧洲，特别是传统会展强国德国与英国的城市分别占 4 席和 3 席，显示出组展企业要素在国家与城市会展业发展进程中的重要地位（见表 2）。

表2 2016～2018年AUMA全球组展企业十强

单位：百万欧元

序号	企业名称	国家	2018年总收入	2017年总收入	2016年总收入
1	励展博览集团	英国	1351.9	1264.0	1277.4
2	英富曼会展集团	英国	1318.9	631.1	358.3
3	法兰克福博览集团	德国	718.1	669.1	647.0
4	智奥会展集团	法国	477.0	481.9	452.6
5	MCH集团	瑞士	463.9	421.8	410.0
6	慕尼黑博览集团	德国	417.9	322.6	428.1
7	博闻集团	英国	415.8	979.0	830.6
8	爱博展览集团	法国	366.0	264.0	277.0
9	柏林展览有限公司	德国	352.1	284.0	309.4
10	科隆国际展览公司	德国	337.4	357.9	274.0

注：2018年6月18日，英富曼集团（Informa）与博闻集团（UBM）正式合并，携手打造国际领先的B2B信息服务集团以及全球最大的商业展会主办机构。

资料来源："AUMA publishes report of the German Trade Fair Industry," https://www.auma.de/en/media/reports/press-2019-22，最后访问日期：2021年8月24日。

4. 展会项目

展会项目的性质、规模和效果是衡量城市会展业发展水平的重要指标。根据《进出口经理人》杂志发布的《2019年世界商展100大排行榜》[①]，以慕尼黑、汉诺威、巴黎、米兰、拉斯维加斯、上海为代表的国际城市成为世界商业展会的热门目的地城市。在2017～2019年世界商展100强中，有4个展会在上海举办。

通过分析该排行榜的历史数据可以发现，组展企业选择目的地城市具有相对稳定性，且展览类型多集中于专业展，并在一定程度上与城市的主要产业存在潜在关联，进而推动城市社会经济发展和产业结构转型。同样，成功举办大型商业展会也是国际会展城市展能和公共服务等综合实力的体现，将在很大程度上促进城市会展业的发展。

① 《2019年世界商展100大排行榜》，《进出口经理人》2019年第7期。

二　进博会对国际会展之都建设的影响机理

进博会作为全球第一个以进口为主题的大型国家级展会，其特殊的展会性质对上海建设国际会展之都具有重大意义。从目的地的视角看，可以运用会展与节事活动对举办城市的影响分析框架，基于地点要素的变化来简要分析进博会对国际会展之都建设的影响机理。

（一）基础设施

基础设施特别是交通、能源和信息设施是城市社会经济发展的基础，更是会展业发展的基本支撑。上海巧用进博会，以引流投资为主、利用优化为辅，内流要素、建设枢纽，外扩投资、互联互通，加快推进新基建。

在新冠肺炎疫情大考之下，第三届进博会如期成功举办，推进了上海城市新基建、会展场馆和配套市政设施建设。比如，上海公安系统在进博会前夕深度维护数据信息共享平台，基于“一网统管”新技术，以精细化管理为目标，采取微治理模式：开幕式仅采取安保一级勤务，管控区域从2018年的5平方公里缩小至2019年的2平方公里，其余时间原则上不进行区域管控。为确保进博会成功举办，仅2019年场馆改造、路桥、配套市政设施等重点项目就有13项。其中，将国家会展中心（上海）北侧的2个单层展厅（1、2号馆）改造成双层展厅，同步建成室外车道，1、2号馆建成后建筑面积增加约7.5万平方米，展览面积增加近6万平方米。

第三届进博会期间，不仅在展览中为上海勾勒新生活，而且在论坛及会议上就新基建、智慧城市等开展深入探讨，寻求解决方案。一方面，第三届进博会新增“节能环保”、“智慧出行”、“公共卫生防疫”及“体育用品及赛事”4大专区。这不仅从侧面反映了新基建帮助城市传统产业摆脱依附和低附加值分工，更为上海未来的智能化转型增加了砝码。另一方面，作为第三届进博会的重要配套活动之一，“中国国际城轨交通发展趋势论坛”以

“智慧城轨，高质量发展引擎”为主题，国内外专家开展深入研讨，为上海城市交通发展带来了新思考。①

（二）专业知识

进博会带来的专业知识，不仅仅表现为其持续成功举办给会展项目运作和城市大型会展活动综合保障等带来的新标准、新知识（包括安全管理、绿色搭建、城市公共服务跨部门协调等），更具有深远意义的是，它促进了上海市上下思考如何借助进博会加速城市和产业发展。

进博会不仅为上海激活了基础设施新功能，也有助于集聚产业、促进跨界融合、建设上海开放新高地，这与国家的“双循环”新发展格局是一脉相承的。一方面，第三届进博会通过上百场配套活动，助力产业集群的投资合作。以会促展，不仅有利于中国企业积极对标国际先进企业，主动补齐发展短板，而且加速了我国全面开放创新。例如，作为高规格配套活动之一，“2020 新基建·绿色投资大会”促进了产业集群的协同发展：通过搭建零碳产品采购平台、零碳技术孵化平台和零碳绿色投资平台，聚焦“绿色＋数字”前沿技术及新基建产业发展方向，吸引绿色资本，使技术、资本和市场三者协同发展。与此同时，大会还汇聚“能源”、“建筑”和“交通”三大跨领域产业资源，通过研讨“能源＋建筑”“能源＋交通”跨界融合，梳理三者协同发展对城市转型的重要意义和面临的关键问题。

另一方面，借助进博会，上海积极推动贸易服务平台建设和产业服务模式创新。其一，“6 天＋365 天”一站式交易服务平台通过“多模式、多渠道、全方位”，整合参展商、商品、技术和服务。这不仅为上海打造国际会展之都储备了优质供应链，而且有利于提升上海会展业在全球网络中的节点位置。其二，推动了经贸金融服务产业链模式创新。2019 年前，国内多家

① 潘奕婷：《聚焦“第三届进博会”：中国国际城轨交通发展趋势论坛成功召开》，《都市快轨交通》2020 年第 6 期。

银行针对进博会制订了数字化金融服务供应链方案；由上海市金融学会跨境金融服务专业委员会发布的《上海市银行业人民币跨境金融支持进口博览会全贸易链服务方案》基于产业转型升级，将生产中心转为利润中心，采取全球采购、加工、销售的产业链模式，拓展了离岸贸易模式（境内采购商可以通过自由贸易账户开展业务）。

（三）城市与产业形象

进博会的成功举办有利于上海城市形象的具象化，特别是通过运营各方主体参与其中共创价值，向外界清晰传达了上海国际会展之都的城市品牌形象。进博会通过主题宣传片、开幕式直播等多种载体，让人们从多个维度感受进博会的氛围，同时传递进博会的理念——“新时代，共享未来”。在这场中国联通世界的仪式盛宴中，借进博符号强化城市联想，向世界传递了上海的“卓越全球城市”发展理念。

例如，上海广播电视台融媒体中心精心策划，对进博会进行了高密度、多角度、全天候的全媒体传播。具体而言，东方卫视、看看新闻 Knews、新闻综合频道等 5 个平台，全景式呈现第三届进博会的精彩盛况，第一时间对习近平主席主旨演讲进行阐释；多维度聚焦首发新品、热门展品和重点话题，生动反映进博会的成果；共推出 21 小时全媒体大型直播、62 小时网端系列轻直播，各类短视频、海报、电视报道、专题、Facebook 及 Youtube 海外推文等总计 1320 个（条），截至 2020 年 11 月 10 日，全网总浏览量突破 2500 万。①

在中观层面，进博会的连续成功举办与上海会展业的高速发展已引起国际会展界的广泛关注，上海会展业的“高标准、专业化、国际化”形象通过进博会进一步得以传播。通过了解、参观甚至参与组织或服务进博会，上海市民对会展业也有了更多的认知。

---

① 《探索重大主题报道的融合传播新样态——SMG 融媒体中心第三届进博会报道亮点纷呈》，https：//baijiahao. baidu. com/s? id = 1683043974587138131&wfr = spider&for = pc，2020 年 11 月 11 日。

在微观层面，“小叶子”让城市形象更加饱满。这群来自上海 40 余所高校的“小叶子”因国家会展中心（上海）的建筑特征而得名，在进博会期间服务于现场引导咨询、嘉宾联络接待等 9 大类岗位，成为进博会的传播载体。除了“小叶子”们的符号形象是“进博推动城市建构”的亮点之一，不少高校还借举办进博会的契机，进一步深化“产学研”创新项目。

（四）情感黏合

进博会的成功举办，有助于增强市民的情感认同，共建国际会展之都。根据 2018 年《中国国际进口博览会市民知晓度调查报告》，九成多的市民知道上海将举办首届进博会，近半数市民知道进博会的服务热线号码。不仅如此，随着进博会的运营管理日趋成熟，上海市民参与进博会的机会也更多。市民们不仅主动关心进博会，而且积极投身“护航进博”等志愿者活动。[①] 城市基层组织则以“多街道、多节点、多维度”的方式，宣传进博、共创服务，积极讲述上海故事，丰富了国际会展之都的品牌内涵，增进了普通民众对进博会的了解。

与首届进博会相比，第二届进博会闭幕后，国家展还进行了为期 10 天的延展，并接受社会观众预约免费观展。出于疫情防控的需要，第三届进博会没有安排公众开放日和延展，但展后有许多展品进入了虹桥进口商品展示交易中心和绿地全球商品贸易港，上海海关等部门推出了特别支持政策，市民可以前往选购。这些举措让市民切实感受到了进博会带来的实惠，从而为增进市民对会展业的了解和支持打下了良好基础。

（五）关系网络

以继续办好进博会为契机，上海要在服从国家统一规划的基础上，不断深入推进“一带一路”合作，激活并拓展“朋友圈”，深化双边、多边、区

① 上海市质协用户评价中心：《中国国际进口博览会市民知晓度调查报告》，《上海质量》2018 年第 10 期。

域合作，构建更具活力和竞争力的产业生态圈。

于外，互联互通“一带一路”国际合作网络。作为“一带一路”建设的关键节点城市，上海可以依托进博会，整合全球资源，寻求与世界上其他城市的优势互补。其中，上海自贸试验区以改革促开放，构建与国际规则接轨的制度体系。依托进博会平台，探索制度创新，量身定制和不断拓展产业链，吸引都乐、欧莱雅等多家外企入驻；优化区域外贸营商环境，加快进口产品上市速度，企业创新研发能力也明显提升。

于内，以进博会为平台服务长三角一体化发展战略，在“超越传统行政区划的区域经济一体化模式”下齐心协力，推动区域社会经济发展。近两年，长三角地区的发展实践表明，进博会的溢出带动效应正在向更大区域范围扩散。以联合利华为例，其在进博会上展示的众多产品在实现本土化落地的过程中，生产基地都在长三角，例如，美容与个人护理用品、家庭清洁用品、茶品类等生产基地在安徽合肥，茶叶原料和供应链在安徽黄山，沁园净水器工厂在浙江宁波，调味品生产在上海金山，实现了“围绕长三角建立全生产链，产品供应到全国，还出口海外”。

（六）文化认同

进博会交易的是商品和服务，交流的是文化和理念。为了构筑新时代发展战略优势，上海提出要全力打响“上海服务、上海制造、上海购物、上海文化”四大品牌，而进博会恰恰提供了一个难得的契机，从文化的角度讲，它有利于整合上海原先“散装式”的城市品牌。而且，通过持续举办进博会和虹桥国际经济论坛等重要活动，有助于世界各国对上海的多样性和包容性产生多元文化认同。①

一方面，借助文化融合，服务长三角一体化发展战略。在第二届进博会“非物质文化遗产暨中华老字号”展示的基础上，第三届进博会增加了国家

① 刘学华、周海蓉：《智库观点：用好进博会“红利”，提速打响上海“四大品牌”》，https：//www. shobserver. com/baijiahao/html/184085. html，2019 年 11 月 3 日。

级步行街、中国旅游等人文展示项目，吸引了国内许多城市参与。在第三届进博会上，上海设立了城市综合形象展区，总面积达234平方米，分为美丽家园、购物天堂、文化驿站、梦想空间4个板块，依次展示了上海的颜值、摩登、内涵和气度，受到了中外观众和媒体的一致好评。

另一方面，以文化交友，促进与世界各国的交流合作。第三届进博会继续依托文化产品与项目，积极促进国内外客商之间的交流合作。其中，意大利举办了首个境外人文交流展示活动，展现该国55个由联合国教科文组织认定的世界文化遗产。

此外，赋能参展商，促进企业转变角色，增进国外企业对中国市场的了解和认同。进博会不同于广交会“把产品卖到全球”，它聚焦于“把全球产品买进来”，这样，参展商的角色得以转型，譬如从“找代理”变成了“找技术、找投资”，并不断变革产品，满足消费者需求。令人惊喜的是，第三届进博会的世界500强及行业龙头企业参展回头率超过70%，部分外企更是借进博会之势扎根中国市场。例如，西门子大中华区总裁兼首席执行官赫尔曼表示，西门子对中国市场的巨大潜力和韧性发展充满信心，公司希望有更多的机会投入中国经济的国内大循环。[①]

三　进博会对上海国际会展之都建设的促进作用

自首届进博会举办以来，上海逐步落实了贸易便利化政策，推出“CCC免办自我承诺便捷通道”，并将延长ATA单证册有效期、允许展品在展后结转特殊监管区域等政策的适用范围扩大至其他展会。同时，推动国际贸易“单一窗口”与“一网通办”深度融合，提高企业单点登录便利性；开展上海城市推介大会等系列活动，宣传推广“投资上海”品牌，并通过一批重点项目、重点平台和重点载体的建设来放大进博会的溢出带动效应。

① 韩洁、于佳欣：《创造下一代技术　迈向更美好未来——访西门子大中华区总裁兼首席执行官赫尔曼》，http：//www.xinhuanet.com/tech/2020 - 10/30/c_ 1126679813.htm，2020年10月30日。

总之，进博会为上海会展业注入了创新动力，不仅为一批领导型会展主承办企业和会展服务企业在大型会展项目管理上提供了实践平台，也推进了城市综合服务和保障体系的进一步完善以及会商旅文体协同发展，更具深远意义的是，加深了各政府部门和社会公众对会展业的认识。根据城市会展业发展的分析框架，进博会对上海国际会展之都建设的促进作用主要体现在以下 9 个方面（见图 1）。

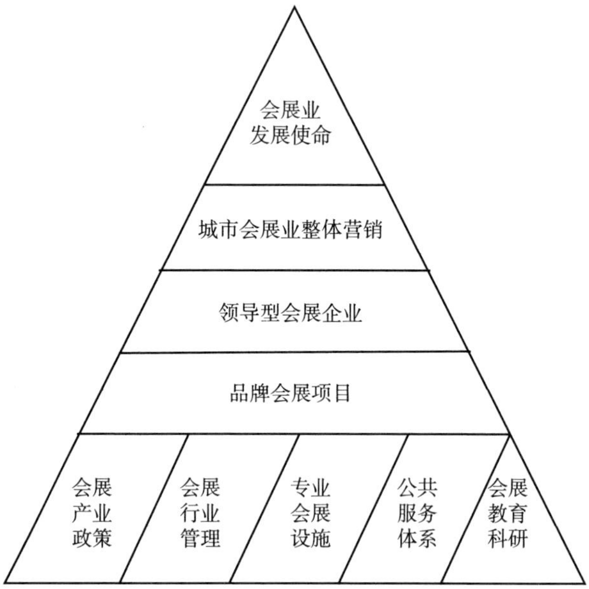

图 1　城市会展业发展的分析框架

资料来源：王春雷、王晶《国际城市会展业发展理论与实践》，中国旅游出版社，2014，第 14 页。

（一）会展业发展使命

作为构建现代市场体系和开放型经济体系的重要平台，会展业的政治、经济、贸易、文化及创新驱动等综合功能正在逐步显现。在新冠肺炎疫情蔓延的当下，第三届进博会承担起了在“双循环”新发展格局下为全球经济复苏注入动力的新使命。自 2018 年以来，进博会为上海会展业带来了新的发展机遇，在产业发展政策、城市公共服务保障等方面，为会展业发展营造了更好的外部环境。

作为世界上首个以进口为主题的大型国家级展会，进博会借助上海技术、人才、市场等要素集聚的优势，建立了世界级的商贸交易平台及“6天＋365天”长效机制。截至2020年底，先后认定56家“6天＋365天”交易服务平台。在第三届进博会期间，多个“6天＋365天”常年展示交易平台实现空间集聚，为参展商“参展一周、服务一年”，促进展品变商品，推进了上海国际贸易中心的建设。[①] 进博会让展品变商品、展商变投资商，联通中国和世界，成为全球共享的公共产品。同时，进博会服务于长三角一体化发展战略，在推进区域联动发展的同时，也为上海会商旅文体的联动发展提供了契机。

（二）城市会展业整体营销

在第三届进博会期间，联合国工发组织等国际组织，工业和信息化部、财政部等国家部委以及各地方政府举办政策解读、对接签约、投资促进等101场配套活动。新品发布专区有42家国际知名参展企业举办发布活动，分展区、分行业集中展示全球顶尖新产品、新技术、新服务。在人文交流活动方面，100个世界级、国家级非遗项目和81个“中华老字号”品牌参与展示，49场文化公益演出精彩亮相，集中展示各地人文特色。同时，俄罗斯、意大利、葡萄牙、巴基斯坦等国家借助进博会官网，以图片、视频等形式展现本国风土人情和发展投资环境，促进中外文化交流互鉴。进博会的成功举办，让全世界看到了会展业的平台作用以及上海会展业的风采。

作为国际会展之都，上海需要构建会商文旅体融合的目的地营销体系，以进一步激发产业活力。以进博会为契机，上海会展业正从以生产性服务业为主向生产性和生活性服务业兼具转变，“大会展”产业初具雏形。在第三届

① 张钰芸：《上海56家“6＋365”平台集中展示交易》，https：//baijiahao. baidu. com/s？id＝1682761814902865842&wfr＝spider&for＝pc，2020年11月8日。

进博会期间，上海举办了以“拥抱进博·共享未来”为主题的2020上海城市推介大会，同时正式启动上海“一网通办”国际版。可以预见，在不久的将来，商务、文化、旅游、科技、体育等部门将在上海城市整体营销中加强协同，形成更丰富的目的地品牌内涵，会展业整体营销将与城市形象宣传形成更良性的互动。

（三）领导型会展企业

进博会聚集全球优质资源，为企业间的国际商贸合作搭建了高效平台。第三届进博会共吸引展商2782家、专业采购商近40万家。在疫情防控常态化背景下，通过线上线下相结合的方式，2000多家参展商和采购商达成合作意向861项，按一年计，累计意向成交726.2亿美元，比上届增长2.1%。[①]

国际会展之都建设应注重品牌企业引领，以培育具有全球服务能力的会展市场主体，并引进优质企业，鼓励企业加入知名行业协会，打造专业化会展集团。上海已成为全球品牌商展登陆中国市场的首选城市，入选“2019年世界商展100大排行榜”的展会数量和规模居全球首位。与此同时，进博会在大型活动策划、组织和综合协调管理方面的经验特别是在会展划分、绿色展台搭建、安全管理等具体操作上的创新实践，可为上海的领导型会展企业提供有益指导。

（四）品牌会展项目

“十三五”期间，在进博会的引领效应下，上海的会展项目发展迅速，凸显出一批具有全球竞争力的品牌展览、国际会议和活动。据统计，2019年上海共举办各类展会1043个，展览总面积达1941.67万平方米，居全球主要会展城市之首。其中，展规模在10万平方米以上的展会共45个，30

① 张晓秋：《缘何连续三年参加进博会？欧洲“元老级”展商这样说》，http：//www.ccpit.org/Contents/Channel_ 3876/2020/1110/1305933/content_ 1305933.htm，2020年11月10日。

万平方米以上的超大型展会有 6 个。[①] 根据《2019 年世界商展 100 大排行榜》，2019 年上海共有 12 个国际展会进入榜单，其中 6 个展会的排名在前 50。[②]

截至 2019 年底，上海已拥有国际展览业协会（UFI）认证的展览项目 27 个，是全球展览会获得 UFI 认证最多的城市。在 2020 年世界百强商展名单中，上海入榜的展会有 14 个，展出面积达到 324 万平方米，同比增加了 16.8%，入榜展会数量和规模在全球主要城市中位列第一。展览项目的规模化、品牌化、国际化发展提升了上海会展项目的能级，这为上海全面建设国际会展之都打下了坚实的基础。

（五）会展产业政策

进博会的举办推动了上海会展行业法规和产业政策的出台。2020 年 3 月 19 日，上海市第十五届人民代表大会常务委员会第十八次会议表决通过《上海市会展业条例》，并自 2020 年 5 月 1 日起施行，上海成为全国首个出台会展行业法规的城市。该条例还设了“进博会服务保障”专章，在城市服务保障机制、通关便利措施、进博会溢出带动效应、长三角联动等方面做了细致规定。《上海市会展业条例》的出台，有利于促进上海会展业发展，规范会展活动，维护参与会展各方主体的合法权益，打造国际会展之都，进一步优化营商环境，推动上海“五个中心”建设。

与此同时，上海各区正在积极对接进博会，一些区制定的政策也会惠及会展业。例如，截至目前，青浦区已有 9 个重点商贸平台被认定为“6 天 +365 天”常年展示交易平台。青浦还专门制定了《青浦区加快发展现代服务业实施细则》，其中，“第十一条会展服务”对可以申请补贴的 8 种情况进行了详细说明。

---

① 桑敬民、屠建卿：《上海会展业发展报告（2020）》，上海科学技术文献出版社，2020，第 1～3 页。

② 《2019 年世界商展 100 大排行榜》，《进出口经理人》2019 年第 7 期。

（六）会展行业管理

毋庸置疑，进博会对上海会展业管理提出了更加精细化的要求。尤其是第三届进博会期间参展商联盟成立了多个专委会（包括公共卫生防疫专委会、乳业专委会等）。一方面，为项目的持续招展招商提供了稳定的沟通渠道；另一方面，也对主办方的管理与服务能力提出了更高的要求。这对上海的会展业管理是一种有益的启示，今后将有专门的机构和组织代表广大参展企业的利益。

进博会作为目前中国最大的国家级展会之一，其经验对会展业具有借鉴意义。例如，历届进博会施行的信用档案和违法违规单位信息披露制度，推进了公开、透明、公正的会展业公共服务平台建设，加强了行业信用监管与知识产权保护；同时创造了良好的营商环境，简化了办展备案程序，对同一家主办方当年在同一展馆内举办的多次展览活动进行“一次备案登记”，提高了办展参展的便利性。

（七）专业会展设施

自首届进博会举办以来，上海市各类专业展览场馆可供展览面积已超过100万平方米，在全球主要会展城市中居第一。为了满足第二届进博会展览面积增加的需求，国家会展中心（上海）完成了1馆、2馆的加层改建，增加了6万平方米的可展览面积，从而成为全国展览规模最大的会展综合体，同时还全面启动了5G网络建设，实现了5G信号的全覆盖。

从展馆结构看，“大、中、小、专”展馆种类齐全，基本形成了“2+7+X”的发展格局。从投资模式看，国家会展中心（上海）由商务部与上海市共建，新国际博览中心由中外合资建设、共同运营，上海的会展场馆形成了多样化、多层次的投资运营模式。从运营能力来看，新国际博览中心、上海世博展览馆、国家会展中心（上海）的周转次数均高于全国同类型展馆的平均水平，在展览场馆的运营能力方面明显处于国内领先水平。2018年，国家会展中心（上海）、上海新国际博览中心、上海世博展览馆三座展馆共承接278场展会活动，展出面积达1430.16万平方米，占全市九大场馆总展出面积的88.88%。

（八）公共服务体系

为了保障进博会的顺利举办，上海设立了多个专项资金来促进本市会展业的发展。在海关出入境安全管理方面，上海通过“四个升级”（通关便利化升级、监管精准度升级、措施适用性升级、溢出带动效应升级）来服务进博会，并首次实施展品进境“无纸化通关”，企业通过单一窗口上传电子单证，海关即可进行线上审单放行。同时，海关总署设立上海会展中心海关作为服务保障进博会的专门机构，提前入驻国家会展中心（上海）场馆，提供“一窗通办”服务。

值得一提的是，在疫情防控常态化背景下，第三届进博会进一步落实疫情防控工作总体方案和展馆疫情防控专项方案，确保进博会现场的人员、物品、场地卫生防疫安全。通过两次红外测温筛查，实现“无感知、不停留、可追溯”入场。与前两届进博会相比，第三届进博会的餐饮供应更加便利，供餐品类多元，并新建进博会APP餐饮预订接口，实现快捷线上点餐、到店自取。扩大临时标识覆盖面，增加防疫标识5.5万个，累计发放《导览手册》等印刷品超过50万册。

另外，“绿色会展”和“知识产权保护”一直是会展业的两大痛点。在此方面进博会率先出台相应的举措，积极推动参展商使用可循环使用的环保材料。在知识产权保护方面，努力为参展商和采购商营造良好的知识产权保护环境：不仅设立知识产权保护与商事纠纷处理服务中心，在展会期间为参展商和采购商提供相关法律咨询服务，还与上海市知识产权局协调，加大执法力度，依法查处侵犯知识产权的行为。

（九）会展教育科研

在《关于放大中国国际进口博览会溢出带动效应的实施方案》等政策文件的引领下，三届进博会及论坛等配套活动，促进了一批沪上高校的会展专业与各级政府部门、机构、会展企业、参展商等相关利益主体合作开展形式多样的项目。

作为国内第一批两个会展本科专业之一，上海对外经贸大学中德合作会展经济与管理专业的师生团队分别服务法国科西嘉工商会、南非中小企业协会和瑞士驻上海总领事馆，连续三年以参展商服务团队的身份参加进博会，主要工作内容包括前期参展准备、活动策划与执行、专业观众接待、贸易洽谈等，在协助参展商顺利参展的同时，锻炼了会展专业学生的综合能力，在全国高校会展专业建设方面发挥了示范作用。

另外，以进博会为代表的重大会展活动的成功举办也激发了沪上学者对会展经济与管理的研究热情。基于“百度学术”的检索，2019～2020 年，在标题中有“进博会”一词的中文核心期刊论文有 26 篇，主要分布在应用经济学、新闻传播学、理论经济学、政治学等学科。在政府决策咨询项目立项方面，2019 年度上海市人民政府决策咨询研究项目专门设立了“延伸进博会活动价值链，促进文体旅深度融合”选题，2020 年度上海市人民政府决策咨询研究重点专项在公开招标课题目录中也有“依托顶尖科学家论坛进一步深化临港新片区国际创新协同研究”等相关选题。进博会每年还举办会展领域唯一的配套论坛——中国会展业国际经贸论坛（CEIITF）。

四　对下一个阶段上海会展业发展的对策建设

面向国际，展望未来，上海会展业必须站在新的历史高度，朝向更高、更远的目标迈进。基于上海国际会展之都基本建成的现实，并依据进博会对国际会展之都的综合影响分析，课题组针对下一阶段上海会展业的发展提出了相应的对策建议。

（一）会展业规划与发展要面向卓越全球城市建设

面向 2035 年上海要基本建成卓越全球城市的新任务，在城市会展业的发展使命上，上海要围绕“五个中心”和国际文化大都市建设，发挥会展业在卓越全球城市建设中的特殊作用。特别是要围绕进博会、工博会、上交会等国家级会展平台在强化上海开放枢纽门户功能方面的具体实现路径，开展系列专题研究，更好地发挥大型国际科技、贸易等会展活动的综合效应。

另一方面，要深入研究并高起点编制“上海会展产业发展总体规划”，在增强会展业经济功能的同时，凸显会展业的社会、文化功能；依托本土文化尤其是非物质文化遗产，组织生活气息浓厚、参与性强的文化类会展活动，发挥会展业在人民城市建设特别是15分钟社区生活圈建设中的作用。

（二）构建与城市能级相适应的大目的地营销体系

上海至今尚未形成公私合作开展目的地营销的常态化运行机制。旅游目的地营销主要由单一主体（旅游行政主管部门）承担，会展目的地营销主要由商务主管部门承担，这种营销模式导致在推广城市品牌时各部门力量分散，理念不一。“世界著名旅游城市”“国际会展之都”“国际体育赛事之都”等发展目标，使商业机构和游客对上海的目的地品牌形象比较模糊。

在城市会展业整体营销上，上海应整合会展、商务活动、商业、文化、旅游及体育等多方资源，构建与城市综合竞争力相适应的大目的地营销体系。在这方面，可借鉴阿姆斯特丹的成功经验。2004年，阿姆斯特丹把旅游、商务、文化、居住、工作和学习等资讯整合到同一个目的地营销平台（http：//www. iamsterdam. com）上。在这个平台上，包括旅游者、会展和活动组织者、创业者、留学生、移民等在内的各利益主体都可以方便地找到所需要的信息，也能更加深入地了解阿姆斯特丹这座城市。总体来看，该平台整合了阿姆斯特丹各方面的信息，能为各类主体提供便利的资讯，增强了城市对旅游者、会展组织者等各类“客户”的吸引力。这种整合彰显了大目的地营销的理念，也反映了阿姆斯特丹市政府对城市品牌资产的理解。

（三）进一步优化上海会展业的空间布局

在产业空间布局和会展专业设施上，根据《上海市城市总体规划（2017～2035年）》和新的市场需求，重新思考和优化上海会展业的空间布局。基于大量市场调研，课题组提出如下政策建议：①上海可以再新建1个展览面积在20万~30万平方米的会展综合体和1个可以同时容纳2万~3万人的会议中心；②借鉴加拿大温哥华、美国奥斯汀等国外城市的成功经验，打造专门的城市节事活动中心，作为会议、公司活动及奖励旅游综合体。

此外，要落实《上海市促进在线新经济发展行动方案（2020~2022年）》中关于创新发展在线展览展示的要求，积极推进会展业的数字化，特别是要放大进博会“6天+365天”常年展示交易平台的效应，拓展会展市场的边界，提升上海会展业的国际竞争力。

（四）实施会展业品牌引领工程

发挥进博会的示范效应，重点培育一批有国际竞争力的本土会展市场主体和品牌会展项目。一方面，打造更好的营商环境，吸引更多的国际会展企业和相关国际会展行业组织入驻上海；通过税收补贴、宣传支持等，切实扶持本土会展企业，重点扶持1~2家会展企业集团；充分发挥上海市国际贸易促进委员会的组展和贸易促进职能；支持设立市级会展产业基金，打造全市会展行业专属的初创企业孵化器。

另一方面，对有助于推动上海现代服务业、战略性新兴产业发展的会展项目进行扶持，积极推动生物医药、通信技术、创意设计等领域具有国际影响力的大型展会落户上海。重点支持本市有实力的骨干会展企业走向国际化，并通过收购、兼并、控股等多种方式，打造具有国际竞争力的会展企业集团。

（五）以落实《上海市会展业条例》为契机完善会展业发展政策

在会展业政策方面，全面落实《上海市会展业条例》，并出台相关产业促进政策。主要工作包括以落实《上海市会展业条例》为契机，从政策和资金上对会展业给予支持，让会展业发展带动产业发展；制定相应政策，支持本土会展企业在境外办展、出国参展；加强会展业的信息化建设，重点培育“云上会展有限公司”等领导型企业；推动会展业绿色发展。

积极探讨出台“上海市会展业发展资金扶持办法”，对本地会展企业加入全球知名行业组织、国际会展组织入驻上海等进行奖励。在项目管理层面，制订“上海市展览项目分类评价与扶持计划”，引导会展企业在上海重点发展的产业领域举办会展活动。同时，在原有品牌展会评价工作的基础上，推进会展业的质量认证工作。

（六）打造更加创新和开放协同的会展业管理体系

参照法兰克福、拉斯维加斯、新加坡等国际著名会展城市的经验，在会展业管理上，上海还需要有更大力度的创新之举。

基于深入调查分析，课题组建议：①成立市级的会展业统一协调机构，构建责权明晰的会展行业管理体制，以促进上海市商务委员会、上海市文化和旅游局、上海市经济和信息化委员会等多部门联动，该机构的主要职能是部门协调、宣传推广和产业促进；②明确上海市国际贸易促进委员会、上海市商务委员会会展业处、上海市会展业促进中心、上海市会展行业协会等相关机构的职能，以更好地促进部门间的协同；③强化上海市会展行业协会的功能，特别是行业标准制定、市场调查与研究、行业认证培训等功能；④在政策和法律允许范围内，积极支持国际展览业协会（UFI）、国际大会与会议协会（ICCA）、国际展览与项目协会（IAEE）等国际会展业组织在上海的活动。

（七）以高品质的公共服务和强有力的综合保障体系支撑会展业发展

为提升城市会展业的公共服务品质和综合保障能力，下一阶段上海重点关注的工作包括：①制订面向会展组织者和商务客人的专项服务质量提升计划；②加快“一网通办”平台上的会展统一服务窗口建设，加强商务、公安、消防等部门的业务协同办理；③打造权威的全市会展业公共信息平台；④制定全市会展业危机管理指南，增强会展业应对风险和突发事件的能力；⑤加强对会议型酒店、报告厅等会议及特色活动场地及举办活动情况的统计，补齐会展业在统计上存在的短板；⑥加大对公共设施和服务的资金投入力度，指导和支持会展业的宣传推广。

（八）打造全国的会展教育和研究高地，助力国际会展之都建设

在会展教育及科研上，依托重点院校和品牌专业，创建会展专业人才培养和产业科研高地，并推动传播创新，促进上海会展业的产学研融合发展。具体举措包括：①重点扶持1～2所院校，打造全国的会展教育和研究高地，提升上海会展教育和学术研究在全国甚至国际上的影响力；②由上海市教育委员会、上海市商务委员会、上海市文化和旅游局等部门联合出台相关政策，鼓励会展企业与高校开展深度合作，促进会展业的产学研融合；③强化上海市会展行业协会在从业人员职业水平认证培训方面的职能；④通过上海市人民政府发展研究中心等机构，发布有关会展业发展的专项研究课题，以激发相关专家学者关注和参与研究上海会展业发展问题的热情。

Abstract

The 3rd CIIE, integrating virtual and physical exhibitions, is the largest international trade event with the most participating countries held by China against the backdrop of the ravaging COVID-19 and the normalization of pandemic prevention and control in China. As the spillover effects of the CIIE continue to expand, it injects impetus and vitality into global economic recovery, and wins extensive attention and praise from the international community.

Shanghai Academy is a new-type think tank jointly set up by the Chinese Academy of Social Sciences (CASS) and Shanghai Municipal People's Government, and develops continuously through innovation and exploration. Since the 1st CIIE was held in Shanghai, Shanghai Academy has gathered a number of noted experts to make systematic and in-depth study of the CIIE. This is the third CIIE Blue Book. The Blue Book produced in a special historical period rolls out research by centering on CIIE's serving national strategy and the fostering of the "dual-circulation" development pattern with domestic circulation as the mainstay and domestic and international circulations reinforcing each other.

The general report stresses that in the "dual-circulation" new development pattern, we shall give play to the spillover effects of the CIIE in terms of economic growth and the high-quality development of the Yangtze River Delta; strengthening the Yangtze River Delta could promote the domestic circulation and the dual circulation; it also points out that we shall give play to the derivative functions of the CIIE to promote the two-way flow of investment and realize interactive development of domestic market and international market, and that of domestic resources and foreign resources. We shall promote industrial development of countries and regions along "the Belt and Road", and further improve multinational operation ability and international influences of native enterprises through international cooperation in production capacity and "going global" of domestic enterprises.

The sub-reports elaborates on how to promote industrial chain and supply chain cooperation and integration between China and Europe, and countries along "the Belt and Road", and promote development of industrial chain and supply chain in the Yangtze River Delta, with potential opportunities brought by the CIIE; the paths through which the CIIE promotes the expansion of domestic demands and realization of consumption upgrading. The sub-reports also make prospective discussion on Shanghai's promoting financial development with trading activities of CIIE, carry out offshore system innovation in Lingang section of Shanghai Pilot Free Trade Zone, cement the position of Shanghai as an international financial center, build Shanghai into an international convention and exhibition capital, and promote trade digitalization; and how the CIIE promotes the "dual-circulation" in terms of cultural tourism.

The Blue Book is co-written by a dozen experts from Shanghai Academy, and several universities, scientific research organizations and think tanks around China. They studied and interpreted the CIIE from multiple angles and fields with a higher standing. The Blue Book offers a lot of inspiring and insightful thoughts, opinions and suggestions which can be used by academic and scholarly circle, governments, and enterprises of all types for reference.

Keywords: China International Import Expo; Spillover Effect; New Development Pattern

Contents

Ⅰ General Report

Abstract: China International Import Expo (CIIE) is a major measure of China to further expand opening up to the outside world in the new era. In this special period as the COVID-19 sweeps around the world, the 3rd CIIE is given a new mission to serve as an important window and bond for building the new development pattern in which domestic circulation and international circulation promote each other and boosting global economic recovery. The success of the 3rd CIIE provides an important platform for building the "dual-circulation" development pattern. In the future, it is necessary to further amplify the spillover effects of CIIE, give play to the role of CIIE as a bond and a platform, strengthen the strategic linkage of the Yangtze River Delta, and the BRI construction, so as to facilitate the construction of the new development pattern and promote higher-quality development of Chinese economy.

Keywords: CIIE; Dual-circulation; New Development Pattern

Ⅱ Topical Reports

B.2 Tackling Reverse Globalization, Giving Play to Super Market Advantage-Study on CIIE and New Cooperation between Chinese and European Supply Chains

He Shuquan, Ren Jinxin, Wang Jingqing, Zhang Wanting and Lu Yuting / 014

Abstract: Under superimposed impacts of reverse globalization and the COVID-19 outbreak in 2020, global supply chains are hit hard. Against such a backdrop, however, the cooperation of Chinese and European supply chains shows great resilience. China International Import Expo (CIIE) develops with Chinese and European supply chains in a coordinated manner, making outstanding achievements around the world and at the same time facing various difficulties. This report analyzes the powerful role of CIIE in connecting China and the outside world in terms of international procurement, investment promotion, cultural exchanges, opening-up and cooperation, and the construction status and characteristics of Chinese and European supply chains. The report holds that Chinese and European supply chains can complement each other's advantages, and China and Europe shall strengthen supply chain cooperation in terms of information technology and digital technology through the platform of CIIE and put emphasis on cooperation in logistics and finance. At last, the report offers scientific suggestions for strengthening strategic mutual trust between Chinese and European governments, promoting digital and intelligent transformation of Chinese and European supply chains, and linking with the supply-side reform in China in terms of digital economy, high-end service industry and high technology, to promote deepened cooperation between Chinese and European supply chains.

Keywords: Reverse Globalization; COVID-19; CIIE; China-Europe Supply Chain; China-Europe Cooperation

Abstract: In the post-pandemic era, stabilizing industry chain and stabilizing supply chain have become major topics in global economic governance. To build the new development pattern, which is an active strategic adjustment for changes in global economic relations, China has to rebuild its relationship with global economy. As a major functional platform of open economy, CIIE is an important carrier of policies that serves the cooperation of supply chains along the Belt and Road. We shall explore functional innovation and reform of operating mechanism, and bring the platform's ability in coordinating supply chain resources into full play based on evolution of regional development pattern and revolution of transportation mode. CIIE's promoting cooperation of supply chains along the Belt and Road is an important topic in the new development pattern. It requires innovation of functional positioning, optimization of organizational structure and promotion of institutional innovation.

Keywords: CIIE; the Belt and Road Initiative (BRI); Industry Chain; New Development Pattern

Abstract: The pandemic is still raging around the world, economic globalization encounters a countercurrent, international trade and investment shrink substantially, and economy slides towards recession in all countries. In the future, international competition may focus on supply chain and industry chain. By spurring and coordinating business activities of manufacturers, distributors and buyers through China International Import Expo (CIIE), we could realize the integration and guidance of global supply chains and industry chains, help upstream and downstream industries in the Yangtze River Delta to make up for weaknesses and develop strengths in domestic and international industry chains and supply chains, and eventually realize consumption upgrading and industrial upgrading. With the goal of building a new development pattern, we' ll build the Yangtze River Delta into a hub of the domestic circulation and a strategic link of domestic and international circulations.

Keywords: CIIE; Integration of Yangtze River Delta; Industry Chain; Supply Chain

Abstract: The COVID-19 pandemic brings a huge impact to the development of global trade in goods and trade in services. However, the development of trade digitalization effectively eases and remedies the impact of the pandemic on global trade. Since the first China International Import Expo (CIIE) was held, it has been accompanied by trade digitalization mainly in the form of e-commerce, and the digitalization trend is especially obvious at the third CIIE in terms of booths, exhibition halls, displays and forums, which represents the digitalization trend of global trade industry, exhibition mode, trade promotion approaches and trade rules. This report suggests that through the platform of CIIE, and based on technologies including big data, block chain and AI, we shall promote infrastructure construction for trade digitalization, tamp the foundation for trade digitalization by gathering the digital subjects, promote customs clearance efficiency with block chain technology, and explore the efficiency and safe supervision modes for cross-border data flow.

Keywords: COVID-19; CIIE; International Trade; Digitalization

Abstract: China International Import Expo (hereinafter referred to as "CIIE") has been successfully held for three sessions. The ever-increasing import trade is bound to bring a positive influence and financial innovation opportunities to development of Shanghai's real economy. As the "test field", "bridgehead" and "wind vane" of China's high-level opening up, Lingang Section of Shanghai Pilot Free Trade Zone shall intensify open economy risk pressure test, take the initiative to design more innovative, ground-breaking, leading and landmark institutional supply schemes, and actively grow into a special economic functional zone linking domestic and international circulations. This report focuses on such opportunities and explores possible financial innovation paths in Lingang Section of Shanghai Pilot Free Trade Zone. This report proposes to set up an offshore registration area boldly in Lingang Section of Shanghai Pilot Free Trade Zone, develop offshore registration and offshore finance and gradually build an offshore international financial center. By virtue of the good momentum that RCEP was just signed and entering into the implementation stage, we can make Lingang Section of Shanghai Pilot Free Trade Zone a node of Asia-Pacific international trade and international financial network, and make Shanghai a strategic linkage point of both international and domestic circulations.

Keywords: CIIE; Lingang Section of Shanghai Pilot Free Trade Zone; Financial Innovation; Offshore Registration; Offshore Finance

B.7 Study on CIIE's Promoting the Upgrade of Energy Level of Shanghai International Financial Center

Yu Zhonghua, Sun Yongtao / 125

Abstract: First, this report makes a brief analysis on the status quo of the construction of Shanghai International Financial Center, and proposes the combined development mode with the "policy-driven model" as the dominance and the "spontaneous driving model" as the supplement for upgrading the function of Shanghai International Financial Center in combination with national development policy and measures promulgated by the 3rd CIIE. Second, on the basis of the proposing the evaluation system at international financial center level, this report analyzes Shanghai's current energy level positioning as an international financial center as well as its restricted conditions and upgrading direction for Shanghai's function as an international financial center, and specifies the bigger development space brought by innovation highlights of the 3rd CIIE. Finally, it proposes specific suggestions for enhancing Shanghai's energy level as an international financial center by leveraging the platform of CIIE and seizing multiple supportive policies.

Keywords: International Financial Center; Digital Technology; RMB Internationalization

B.8 Study on CIIE's Promotion of the Development of Culture, Tourism and the Construction of the New Development Patten of Dual-Circulation

Li Meng, Chen Wenyan and Gao Yulu / 145

Abstract: China International Import Expo (CIIE) is a national-level platform to expand domestic demand, promote consumption, and facilitate mutual promotion between domestic and international circulations. Culture and tourism are part of important exchange and trading contents in previous CIIE sessions, with important functions and missions in serving the construction of a new development pattern in China. This report systematically analyzes the impact and challenges from the COVID-19 on development of international and domestic culture and tourism industries, profoundly expounds basic attributes and advantageous functions of culture and tourism industries in serving domestic and international circulations and promoting the forming of the new development pattern, and summarizes the 3rd CIIE's role in promoting culture and tourism-related fields in general. In addition, with the aim to further consolidate cultural exchanges and open cooperation functions, further promote domestic cultural and tourism consumption, further advance domestic regional cultural and tourism cooperation, further build online and offline circulations and further boost domestic and international circulations and promote the forming of the new development pattern, this report proposes ideas and suggestions on better promoting culture and tourism development and mutual promotion between domestic and international circulations.

Keywords: CIIE; Cultural and Tourism Consumption; Cultural and Tourism Cooperation; Dual-circulation

Abstract: China International Import Expo (CIIE), as an open platform for China to share market opportunities with the rest of the world, is an important window to connect domestic and international circulations and form a new development pattern. It plays an important role in expanding domestic demand and promoting consumption, especially new forms of consumption. In general, there is still a certain gap between China's consumption level, consumption structure and its driving effect on economic growth compared with developed countries. As the previous three sessions were held successfully, CIIE has made remarkable achievements in stimulating domestic market demand potential and promoting development of new forms of consumption. In the future, relying on CIIE, efforts shall be made to further accelerate development of the "6 +365" regular exhibition and trading platform, actively develop new business forms and models in the consumption field, strengthen construction of new-type industrial supply system, deepen the integration of Yangtze River Delta to form a unified big market, strengthen strategic linkage between CIIE and free trade zones and optimize institutional innovation environment, in a bid to fully release CIIE's spillover effect in expanding domestic demand and promoting new forms of consumption.

Keywords: CIIE; Expand Domestic Demand; New Forms of Consumption

B.10 Study on Promoting the Construction of International Convention and Exhibition Capital by CIIE

Abstract: As the world's first large-scale national-level exhibition with the theme of import, China International Import Expo (CIIE) is of great significance for Shanghai to build itself into an " international convention and exhibition capital" . It has not only boosted the development of a number of leading exhibition enterprises and brands, but promoted the perfection of urban comprehensive service level and support system and the coordinated development of exhibition, business, tourism, culture and sports. More importantly, CIIE has enhanced the knowledge and understanding of the convention and exhibition industry among government departments at all levels and the public, thus bringing great impetus for innovation to Shanghai's convention and exhibition industry. Starting from the evaluation of the status quo of Shanghai as an international convention and exhibition capital, based on the analysis framework of the impact of F&SE on host cities, this report analyzes the impact mechanism of CIIE on the construction of international convention and exhibition capital from the perspective of location factors' changes. On this basis, according to the basic framework of urban convention and exhibition industry development, from nine aspects such as the industrial development mission, the overall destination marketing, this paper studies the promotion effects of the CIIE on the construction of Shanghai international convention and exhibition capital, and then puts forward corresponding countermeasures and suggestions.

Keywords: CIIE; Shanghai's Convention & Exhibition Industry; Three-year Action Plan; International Convention & Exhibition Capital

后　记

《中国国际进口博览会发展研究报告（NO. 3）》与广大读者见面了。这本蓝皮书从选题组稿到编辑出版，历时近一年时间，通过上海研究院项目组的艰苦努力，于第四届中国国际进口博览会举办前夕正式出版，可喜可贺。在此，仅对本蓝皮书的各位作者及工作团队的辛勤付出表示真挚的感谢。在这本蓝皮书的研创过程中，全国人大常委、社会建设委员会副主任、中国社会科学院学部委员、上海研究院院长李培林给予了大力支持。社会科学文献出版社原社长、中国社会学学会秘书长、上海研究院特聘专家谢寿光对研创工作给予了具体指导。本书责编杨桂凤女士不辞辛苦，做了大量文案工作。科研处陈文彦和秘书处龚敏自始至终推进蓝皮书的各项工作。在编辑过程中，本书还得到了中国社会科学院社会学研究所助理研究员龚顺、中国社会科学院大学博士生徐婷婷、上海研究院助理研究员胡晓亮、上海研究院秘书处顾蓓蕾、上海研究院规划与合作处徐文静等的大力支持，在此一并致谢。

权威报告·一手数据·特色资源

皮书数据库

ANNUAL REPORT(YEARBOOK) DATABASE

分析解读当下中国发展变迁的高端智库平台

所获荣誉

- 2019年，入围国家新闻出版署数字出版精品遴选推荐计划项目
- 2016年，入选“‘十三五’国家重点电子出版物出版规划骨干工程”
- 2015年，荣获“搜索中国正能量 点赞2015”“创新中国科技创新奖”
- 2013年，荣获“中国出版政府奖·网络出版物奖”提名奖
- 连续多年荣获中国数字出版博览会“数字出版·优秀品牌”奖

成为会员

通过网址www.pishu.com.cn访问皮书数据库网站或下载皮书数据库APP，进行手机号码验证或邮箱验证即可成为皮书数据库会员。

会员福利

- 已注册用户购书后可免费获赠100元皮书数据库充值卡。刮开充值卡涂层获取充值密码，登录并进入“会员中心”—“在线充值”—“充值卡充值”，充值成功即可购买和查看数据库内容。
- 会员福利最终解释权归社会科学文献出版社所有。

数据库服务热线：400-008-6695
数据库服务QQ：2475522410
数据库服务邮箱：database@ssap.cn
图书销售热线：010-59367070/7028
图书服务QQ：1265056568
图书服务邮箱：duzhe@ssap.cn

社会科学文献出版社 SOCIAL SCIENCES ACADEMIC PRESS (CHINA) 皮书系列
卡号：626214866716
密码：

S 基本子库
UB DATABASE

中国社会发展数据库（下设 12 个子库）

整合国内外中国社会发展研究成果，汇聚独家统计数据、深度分析报告，涉及社会、人口、政治、教育、法律等 12 个领域，为了解中国社会发展动态、跟踪社会核心热点、分析社会发展趋势提供一站式资源搜索和数据服务。

中国经济发展数据库（下设 12 个子库）

围绕国内外中国经济发展主题研究报告、学术资讯、基础数据等资料构建，内容涵盖宏观经济、农业经济、工业经济、产业经济等 12 个重点经济领域，为实时掌控经济运行态势、把握经济发展规律、洞察经济形势、进行经济决策提供参考和依据。

中国行业发展数据库（下设 17 个子库）

以中国国民经济行业分类为依据，覆盖金融业、旅游、医疗卫生、交通运输、能源矿产等 100 多个行业，跟踪分析国民经济相关行业市场运行状况和政策导向，汇集行业发展前沿资讯，为投资、从业及各种经济决策提供理论基础和实践指导。

中国区域发展数据库（下设 6 个子库）

对中国特定区域内的经济、社会、文化等领域现状与发展情况进行深度分析和预测，研究层级至县及县以下行政区，涉及省份、区域经济体、城市、农村等不同维度，为地方经济社会宏观态势研究、发展经验研究、案例分析提供数据服务。

中国文化传媒数据库（下设 18 个子库）

汇聚文化传媒领域专家观点、热点资讯，梳理国内外中国文化发展相关学术研究成果、一手统计数据，涵盖文化产业、新闻传播、电影娱乐、文学艺术、群众文化等 18 个重点研究领域。为文化传媒研究提供相关数据、研究报告和综合分析服务。

世界经济与国际关系数据库（下设 6 个子库）

立足“皮书系列”世界经济、国际关系相关学术资源，整合世界经济、国际政治、世界文化与科技、全球性问题、国际组织与国际法、区域研究 6 大领域研究成果，为世界经济与国际关系研究提供全方位数据分析，为决策和形势研判提供参考。

法律声明

“皮书系列”（含蓝皮书、绿皮书、黄皮书）之品牌由社会科学文献出版社最早使用并持续至今，现已被中国图书市场所熟知。“皮书系列”的相关商标已在中华人民共和国国家工商行政管理总局商标局注册，如LOGO（ ）、皮书、Pishu、经济蓝皮书、社会蓝皮书等。“皮书系列”图书的注册商标专用权及封面设计、版式设计的著作权均为社会科学文献出版社所有。未经社会科学文献出版社书面授权许可，任何使用与“皮书系列”图书注册商标、封面设计、版式设计相同或者近似的文字、图形或其组合的行为均系侵权行为。

经作者授权，本书的专有出版权及信息网络传播权等为社会科学文献出版社享有。未经社会科学文献出版社书面授权许可，任何就本书内容的复制、发行或以数字形式进行网络传播的行为均系侵权行为。

社会科学文献出版社将通过法律途径追究上述侵权行为的法律责任，维护自身合法权益。

欢迎社会各界人士对侵犯社会科学文献出版社上述权利的侵权行为进行举报。电话：010-59367121，电子邮箱：fawubu@ssap.cn。

社会科学文献出版社

BLUE BOOK